THE 預知為什麼
SEARCH
FOR
WHY

目錄

簡介

　　科學是個有趣的東西，有時候枯燥乏味（除非你熱愛繁瑣、重複、不斷失敗的工作）；但如果你很享受挑戰謎團，喜歡幫未知找答案，那科學也可以很令人興奮。

　　科學可以說故事，解釋世間的道理，這點一直很讓我著迷。就算我們無法了解其奧妙，仍可以與旅程裡的主角（也就是科學家）產生共鳴。他們的點子是從哪裡來的？他們如何堅持自己的目標？如何成功到達目的地？

　　我對天文物裡沒太大興趣，但二〇二〇年六月二十四日《自然》（Nature）期刊的封面故事吸引了我，因為它完美呈現了科學論述的張力：〈中微子破解太陽核融合的最終秘密〉（Neutrinos Reveal Final Secret of the Sun's Nuclear Fusion）。[1]過去一百年來，關於太陽能的研究激發了無數的理論，讓許多科學團隊有忙不完的事可以做。那篇文章裡，科學記者達維德・卡司塔維奇（Davide Castelvecchi）寫道，「藉由捕捉太陽核心發射出來的中微子，物理學家終於找出了星星如何利用核融合發亮的最後一個關鍵細節。」我整個人驚呆了。那是最後一個關鍵細節啊，科學家終於解開了超過一世紀以前亞瑟・愛丁頓（Arthur Eddington）在《天文台》（The Observatory）發表文章〈恆星內部結構〉（The Internal Constitution of the Stars）

₂時提出的謎題，那是第一次有人對星體能量的來源提出假說。

我覺得這種的堅持與隨後帶來的發現，是人類少有的成就，讓我對未來充滿希望。現在的我們生活在疾病、歧視和經濟蕭條的渾沌之中，這個故事顯示科學的集體力量可以在前人的見解和證據上繼續發展，就像是拼上一千片拼圖的最後一片——然後突然間拼圖就在你家客廳裡活過來了。最終全體的力量，會遠大於所有零件（單獨部品）的總和。

本書的目的就是了解這樣的過程。我的目標是想要**解釋人們行事背後的原因**。當然這個問題很複雜，沒辦法立即得出完整的答案，但我們可以利用現在已知的資訊朝目標更靠近一點。在本書中，我會根據完整的理論和實證研究提出一種操作模型，幫助解決大家要面對的龐大問題。

我認為，**所有人都具有專屬的「本能特質（instinctual profile）」，這套特質會與我們的生活經驗融合在一起，然後創造出自己的世界觀**。如果能夠辨識、了解別人的本能特質，那就可以消弭分隔，產生調和——首先在人與人之間，接著在整個社會中達成。

以下是本書會探討的問題類型：

1. 二〇二〇年，我們發現幾乎所有議題——包括那致命且無差別攻擊的病毒——都被政治化了，不同群體的人分別選擇自己願意相信的現實，而且這些現實的差異甚大。這種情況可以發展到多極端？我們又要如何阻止情況變得更嚴重？這是一種習得的行為，還是一種更有系

統性的架構？我們會淪落到每天都要對抗這些事情嗎？

2. 為何有這麼多人投票時會違背自己的利益？為何住在貧困農村的人會反對平價醫療法案（Affordable Care Act）？為何川普總統常被指控性侵，仍有這麼多女性投票給他？為何有這麼多有錢人同意提高自己的稅額？

3. 為何很多人對各種議題的意見都很不理智？墮胎、死刑、邊境管控、氣候變遷。為什麼新知或邏輯似乎都無法改變大眾在這些議題上分歧的看法，我們又該怎麼縮小雙方差距？

當前有這麼多的危機，我們越來越認不得這個曾經萬能的國家。任何事都可以變成衝突的根源，文明社會因此動彈不得。我們要如何找回共同目標和共同利益呢？在本書中，我們將使用**原因模型（Model of Why）**來解釋哪裡出了錯，而我們又可以怎麼做。

脈絡是最終依歸

我們相信，任何一個單一的領域（不管是科學、社會、物理或生物），都不可能提供全部的解答。如果要真正解開人類行為的動機，需要藉助心理學的各個分支達成，包括社會、臨床、進化和神經心理學，以及社會學、經濟學、人類學、資料科學、衝突解決和政治學等相關領域。我們也不希望被心理學上面關於個體差異的看法所限制，換句話說，我們不相信人類

只是一些性格的集合，也不相信這些性格就能解析全人類的動機。實際上我們經常會發現個體差異——像是年齡、種族和性別——根本不能解釋人類行為的原因。有許多公司不斷探勘人口分布資料，想了解眾人投票、購物或參加活動的原因，但找出來的答案，卻往往禁不起檢視。

其他的理論模型（例如社會認同理論Social Identity Theory）則相信，一個人在個人和社會場域的身分認同會造成不同的行為動機，也就是有「我」的身分和「我們」的身分之別。社會心理學家坎貝爾・利帕（Campbell Leaper）說，「社會認同理論提到，根據人的內團體和外團體，社會認同會影響人的態度和行為的方式……團體範圍包含運動團隊、宗教、國籍、職業、性取向、種族和性別等。」[3]這聽起來簡單又直覺，但仔細一想就會發現非常繁雜。

我們先討論年齡對於「內團體」和「外團體」的影響。身為參與第二次世界大戰的最偉大世代（The Greatest Generation）的一份子有什麼意義？嬰兒潮呢？生在X、Y和Z世代又代表什麼？

或者來談談你的性別認同：人口普查的時候常會要我們勾選自己是男性或女性。那跨性別者、非二元性別者或非常規性別的人怎麼辦？

現在來探討你居住的地方，是鄉村、都市、郊區還是市郊？

收入呢？你是窮人、窮忙族、中產階級、富人，還是極少見的那種頂端百分之一？

填寫人口普查的時候，你會勾選哪個選項：白人？黑人或非裔美國人？西裔美國人、拉丁裔美國人或來自西班牙？亞洲人？美國印第安原住民？阿拉斯加原住民？夏威夷原住民？還是太平洋島民？

你愛誰呢？你是別人的丈夫嗎？還是別人的太太？屬於LGBT或Q嗎？是戶長？失婚？再婚？喔對了，你是人家的爸媽嗎？

你認同自己是民主黨的選民嗎？還是共和黨？獨立黨？基督教保守派？社會民主派？（政治立場保守的）茶黨派？女性主義派？忠誠支持美國憲法第二修正案（人民擁槍權）？還是「房租去他媽的太貴」黨的代言人？

你是否背負著污名，還是頂著光環？你有身體殘疾嗎？過重？是紐約客嗎？退伍軍人？退休人士？自閉症患者？你領有社會福利嗎？有沒有心理疾病？或者其他？

所以一個看似簡單的概念，成了難以梳理的問題。你又該如畫定界線，分辨哪些東西重要，哪些無足輕重？

本書提出的「原因模型」將結合人的生物與社會特質，讓我們能一窺為什麼我們會屬於某個群體的分類，而這又如何影響我們的生活。每個人出生時都已具有一些標籤——標示著我們是誰、無法改變的外貌特徵，以及我們的本能特質，影響我們怎麼過濾並理解自己的生活經驗。

這種先天的條件，並不會註定一個人的人生方向，但我確實認為這些特質足以預測一位成人會如何應對她在生活中碰到的情況和挑戰。假設你是一名三十二歲住在紐約大都會的白人

女性，而我們已知你的本能特質，那大概就可以判斷出來你的投票行為、你會買哪些東西、會加入哪些特定團體。同理，如果你是一名四十五歲住在美國南方亞特蘭大郊區的黑人男性，理論上我們也能讀懂你的行為。雖然目前仍無法看見事情的全貌，但我相信透過本書提出的工具，我們已經為人類史上難解的謎題提供了極具價值的見解，而我也希望這項工具能幫助大家在分裂的世界中再次產生聯繫。

應變型世代 The Age of Adhocracy

　　全球正在劇烈轉變。某方面來說，未來展望將是史上最好：世界已經有接近八十年沒有爆發全面性的大戰，過去十年間全球預期壽命平均增加了十年，全球識字率從一九六〇年的百分之四十二成長到二〇一五年的百分之八十六。隨著全球中產階級擴張，人類在解決貧窮方面也有巨幅進展。

　　在另一方面，我們卻沒有覺得特別樂觀。嚴峻的疫情挑戰著民主的極限，許多人正在受苦，有人死亡。我們的文化四分五裂，彼此不再有共同的目標。種族問題成為美國原罪，非洲裔人士喬治·佛洛伊德（George Floyd）在明尼亞波利斯市死於白人警察之手，全國各地爆發了大型抗議活動。

　　人是群聚的動物，面對改變的時候，我們在群眾層面與個體層面的表現大致相同。一九六〇年代初期，一群志向遠大的社會科學家開始記錄人們對於公民社會逐漸冷漠的現象。這種冷漠現象穩定延續，到了二〇二〇年，哈佛社會學家羅伯特·

普特南（Robert Putnam）的著作《獨自打保齡球：美國社區的衰落和復興》（Bowling Alone: The Collapse and Revival of the American Community）掀起了一波浪潮4。根據普特南所述，自一九六〇年起，「我們的社會資本存量，也就是我們維繫彼此感情的那條線，已經跌到谷底。」他的研究顯示，社區組織的成員數量或參與度下降了百分之五十八，家庭晚餐次數減少了百分之四十三；且只要每通勤十分鐘，就會讓所有形式的社會資本減少百分之十5。結果就是我們的社區再次產生隔閡與機會落差，富人和窮人之間出現了永久的裂痕，而且這些現象基本上會展現在現代生活的每一個角落：預期壽命、醫療照護、教育、收入和環境，更不要說根本不可能解決的數位落差。

《紐約時報》（New York Times）的觀點作家湯馬斯・佛里曼（Tom Friedman）提出「世界又熱、又平、又擠」6的觀念，後來又補上「且相互聯結」以描述現代生活的挑戰。對我來說，「相互聯結」這個詞組改變了一切。身為人類，我們首度能利用社群媒體（如臉書）與其他十三億臉書使用人口建立聯繫。它改變了所有的參照點，也改變了我們的期望。推特和臉書成為社會認同的新來源，原先我們對於國家的定義，似乎都不再永恆不變，現在大家都小心維護著社群媒體上的身分。

那麼我們要到哪裡找尋安全感呢？所有數據都顯示，政府、媒體和政治人物的支持度已創新低，我們活在「應變型世代」（Age of Adhocracy），這是企業顧問華倫・班尼斯（Warren Bennis）在一九六八年的著作《暫時社會》（The

Temporary Society）裡提出來的術語，指的是一種組織模型，特色為「以短暫、臨時促發為基礎，產生出來的快速適應、創新、彈性、詮釋性行為7」。在快速變換、不斷進化且資訊過量的世界裡，我們漫無目的地尋覓能結合自己與國家的全新聯繫、值得我們尊重的一套嶄新制度，還有最重要的，共同的期許。我們必須明白，雖然現代生活裡連線的魔法讓我們覺得自己彷彿有能力掌控一切，但現在世上的八十億人口都想跟我們擁有一樣的特權，意思是我們得要讓彼此看法一致，而且動作要快。

這也正是我撰寫這本書的原因，我相信人類的重大突破，將會出現在「數據」和「理論」這兩者交會的地方。通常我們會透過現今高階的資料學習、人工智慧機制和進步的工具來拓展研究，但本書的討論並不強調科技，而是著重於「原因模型」研究當中更深層的道理。我們的研究顯示，**人類並不會因為邏輯、「讚數」或突來的一句話就被說服改變自己的行為；相反地，訊息排列—— 文字、圖像和主題—— 也就是人腦非語言部位釋放出來的觸發訊號，才是最有可能打開死結的關鍵。原因模型的最終目的是要識別哪些觸發訊號適用於哪個人，並判別哪種圖像和主題最能引起他的深刻共鳴以促進聯繫，甚至也許還能夠改變他的行為。**

簡而言之，我們不需要探勘更多的數據，只要能回答問題就行了。

為何要做？

我對人類動機的興趣可以回溯到我的第一份工作，當時我是紐約雪城亨丁頓家庭中心（Huntington Family Center）以青少年為服務對象的社會工作者。我祖母是在雪城極貧困區域創辦該機構的創辦人之一，所以我對它瞭若指掌。

我的祖母很有智慧、公道又有憐憫心，是我第一位也是最重要的榜樣和老師。一九四七年我祖父過世後，她勇敢跨出一大步，做了在她的世代很少女性會做的事：就讀雪城大學並取得社會工作學位。大約同一時間，她認識了一對從德國移民過來的夫妻，因此想要開設一間安置處所為城市貧民服務。亨丁頓家庭中心秉持著美國自十九世紀末期「進步時代」（Progressive Era）開始的推動社會進步精神，為市中心窮困的家庭提供支援服務── 不僅提供飯食和日常用品，還有托兒、醫療照護、教育、職業訓練等面向。該機構服務的對象大多是邊緣族群：美國原住民、美國黑人、拉丁裔和貧窮的白人。我的祖母高度重視公平、正義和愛心，那裡簡直是她完美的工作環境，而我也很榮幸能告訴大家，時至今日雪城的亨丁頓家庭中心仍在營運。

你可以想像，這並不是一份朝九晚五的工作。我從小看著祖母面對社會弊病：貧窮、種族歧視、文盲、無家可歸和飢餓。她相信每個人都有愛人和被愛的資格，每個人都需要也想要工作，且大家都應該能夠從生活中獲得一定的幸福感── 或至少能有滿足感。我自己來到雪城讀書時，都會讓祖母知道我

的生活情況。不管課業有多艱難,她總是提醒我不要忘了人性的教誨,也絕不要小看一個人可以對另一個人產生的影響力。直到現在,這兩個觀念仍然是我做每件事的根本。

我認為我在亨丁頓的工作像是半正式的受訓,在與任何個案互動之前,我會先跟一位個案工作者檢視程序。案主在哪裡,我們就到哪裡碰面,通常會在街頭。不管他們過往有什麼紀錄,我們不會用任何像是不良少年或非行少年等法律用語稱呼他們。在沒有預設立場或標籤的情況下認識對方,我們可以更了解每個人的全貌,藉此贏得他們的信任。我們的工作就只是參與他們的人生、給予支持,提供真心的關懷和憐憫。長期下來,這種方法起了真正的效用。

亨丁頓中心讓我進入了一個全然陌生的世界,成為其中轉瞬即逝的一部分,不用背棄自己正在發展的世界觀。我的價值觀和生活經驗似乎合為一體,帶領著我前進,而我得到了自信,相信自己有能力影響別人的人生。我當時還不知道關於改變人類行為的研究,我僅是憑著直覺行事而已。

後來我取得心理學博士學位,這門科學給了我能夠好好研究這個世界的視角。我寫論文的時候,加入了一個研究小組,他們的處方療法在初期看起來就極具潛力── 這是一種新的療法,會根據每位案主的獨特需求,採用多種不同有效的技術,來執行心理治療。包含談話療法、身體治療、技能發展訓練。這種以案主為中心的療法要我們判斷「哪名病患搭配哪位治療師的哪種療法可以產出哪種成效?[8]」有別於採用特定單一的療法並相信它是案主所有病痛的萬靈丹,這種非傳統的個人化療

法對我更具吸引力。

　　不管在學校還是在實務場合我都學到，有意義的行為改變是極為複雜的。在實驗室內受到管控的情境下，心理學實踐往往能有驚人的結果，但在現實世界中，所有情況幾乎都不受控。我在亨丁頓家庭中心的經驗讓我學到，我們面對的挑戰經常無法用一種解方去處理。

　　這樣的想法，到了網路（它可說是一切轉變之母）登場時打醒了我。突然間我們所有人隨時都牽連在一起，原先的一切都不算數了，我馬上覺得很有既視感，感覺就像進入了沒有地圖的全新宇宙。我也全神貫注研究起我們要如何適應這個新的世界：世界是平的。就這樣，我的公司PathSight Predictive Science誕生了。我們專注於研究我在亨丁頓時就很有興趣的問題：我們知道人類行事的原因嗎？我們是否能理解彼此的動機，並利用這樣的知識建立更美好的世界，就如我祖母對她事業的期許？

　　我想用這本書回答這些問題，因為現在正是最應該找到大家的共通點的時機。我撰寫本書的目標是：

1. 我想告訴大家，**為何我們需要新的敘事、新的訊息和新的模型來理解人類的行為，在市場調查和客戶洞見領域尤是**（因為文化每天都在變動，且我們正經歷前所未見的全球醫療和經濟危機）。未來的故事將由誰來講述？如果我們不謹慎的話，誰將會享有這種權利，而誰沒有？

2. 我想介紹一個**能夠解釋人類行為的模型**，希望能幫助**我們更全面、更深入地描繪出人類為什麼做每件事的原因**。隨著人口不斷增長，人類變得越來越兩極化，這件事也越來越重要，而且因為問題範圍非常廣，因此需要全球合作才能達成。

3. 我想說明**如何提升彼此的溝通品質，縮小彼此的差異**，以解決社會上兩極化的問題。

4. 我也想教導**行銷、社運人士、作家和藝術家，以及任何需要專業遊說能力的人，如何設計自己的訊息，以便符合聽眾的需求**，讓他們樂意聆聽，樂意尊重其他人的意見。

5. 我想確保**書中提出的基礎模型能配合當代社會的思維，但又能與新的研究和智慧結合**。這個模型必須隨著文化的改變而成長茁壯。

我會在書中提到理論，但我對實作和現實情境更感興趣，因為理論結合實作，才是理解人類行為背後原因的理想方式。到今天我仍實踐著祖母灌輸我的觀念，這些觀念在今天的世界裡看起來更重要了。我邀請你一起加入這趟旅程，希望不只能讓你的事業、人生和人際關係更加豐碩，也能讓你對自己有新的認知。

- 本書第一部分將簡單介紹一下，書中探討之模型和理論的歷史淵源，亦即「道德基礎理論」（Moral

Foundations Theory）的所有背景故事。多年來我一直很著迷於科學可以預測人類行為這件事，而預測行為的起點，我相信就是要理解談話對象的特質。因此我們在第一部份就會解釋這個脈絡。（第一至二章）

- 第二部分會介紹「原因模型」，解釋原因模型的基本概念，以及這個模型如何逐漸納入各種不同的觀點。（第三至六章）

- 第三部分呈現我們怎麼將「原因模型」運用於相關的個案研究。我們將原因模型應用在許多不同市場的各個部門裡，蒐集到很多有用的資訊和經驗。我們注意到這項成品有很大的潛力，但也留意到不能讓任務變得太過複雜。（第七至八章）

- 第四部分讓你了解如何超越傳統思維，運用這個模型來改變世界。此刻的人類，才剛剛開始能夠真正領悟自己對於其他人、社會和群眾，到底能發揮什麼影響力。我們雖然對自己的所作所為感到興奮，但也明白，還需要極大的努力，才能消除文化中的不文明和論述中的派系傳統，才能回歸樂觀，再次信任彼此。（第九至十章）

那我們就出發吧！

第一章
為什麼要問「為什麼」？

　　我們來好好想想：人做每件事情背後的原因是什麼？他們為什麼會做某件事？長久以來，平凡人和智者都在探索答案；自有文明開始，世上偉大的思想家就辯論著人的動機和抉擇，以及理性與感性之間的競爭。

　　我不記得自己到底是從什麼時候開始，才明白「並非每件事都有答案」這個道理。小時候當我得知父母和老師也不知道所有答案時，還曾非常驚訝。但我打定主意要盡可能了解人類為什麼會有特定的行為，以及為什麼他們會做這些抉擇，不論抉擇是好是壞。我們如何分辨「正確」和「錯誤」呢？我研讀了亞里斯多德、柏拉圖、洛克、齊克果、孔子和康德的哲學思想，也探索了達爾文和愛因斯坦的科學理論，又閱讀馬克思、佛洛伊德、梭羅甚至是美國開國元勳的辯論。從史前時代穿越古代和中世紀再進入現代，我閱讀了一個又一個關於戰爭、和平還有文明建立又被摧毀的故事。事實證明，歷史極富教育意義。我越深入研究，就越著迷於人類動機和道德的複雜性，而且就算我還在尋找答案的路上，我仍熱切地想要把找到的答案轉變為行動。

　　心理學、社會學、人類學、經濟學、生物學和神經科學等

領域背後都有無數的理論、研究方法和機制。我讀了非常多文獻，渴望能理解人類的行為，把現有的全部資訊整合—— 再根據這些資訊有所作為—— 以解釋不斷變動的世界，並藉其中的各種可能性獲得益處。

總之，我認為沒有任何單一的學科能回答所有的問題，但人類確實進入了突破性的世代，因為我們不停把一門學科的概念帶入另一門學科，以創新並豐富彼此的研究。自我踏上這趟旅程以來，我一邊關注過去、鑽研歷史，一邊又關注著人類的未來，例如努力了解科技巨變對資料科學還有人工智慧的影響，因為人工智慧已經越來越厲害，可以揭露人類心智和情感的運作方式了。

了解每個人做每件事的原因並不是件輕鬆簡單的事。我認同神經生物兼靈長類動物學家羅伯特・薩波斯基（Robert Sapolsky）的說法：「如果你對生物學有興趣，例如候鳥如何導航，或母倉鼠排卵時的交配反射，這都很容易得到解答。但我們感興趣的不是這個，而是人類行為，人類的社交行為，很多時候更是異常的人類社交行為。這個學科實在是一片混沌，涉及腦部化學、賀爾蒙、感官提示、胎內環境、早期經驗、基因、生物和文化的演進以及生態壓力等等1。」簡而言之，了解人類行為是一件非常複雜的事。

要知道，複雜（complex）和繁雜（complicated）的問題是天差地遠的兩種概念。而我們探索複雜性科學不僅是要解釋其中的差異，更是要提供必要的觀點，以便追尋「為什麼」的原因，否則得到的答案就不過是猜測或個人偏見的延伸

罷了。我第一次聽說複雜性科學，是在跟科學研究交換學會
（Institute for Scientific Interchange）合作的時候，那是全球
首屈一指的資料科學研究室，總部位於義大利杜林（Turin）。
一九八三年成立以來，許多資料科學界的重大突破都有科學研
究交換學會參與其中──像是混沌論、量子計算和複雜網絡等
等，至今他們也仍透過研究不斷開闢新天地。

　　二〇一四年，我受聘擔任顧問，協助他們籌備下一階段的
成長。科學研究交換學會成立的宗旨為「以好奇心驅使的科學
研究」──意思是在沒有預設立場的情況下，以跨領域的知識
尋找艱深問題的答案。

　　我和科學研究交換學會合作的經驗教會我找到資料和理論
之間的平衡。他們主張「無邊際的態度」，「……（要能）為
時間、空間、各學科和研究領域牽線 2」，而我受到這種態度啟
發，學到答案可以來自於任何一種領域。該學會的觀點如下：
「在複雜性科學包羅萬象的範疇中，科學研究交換學會利用資
料和理論衝撞出來的貢獻，避免掉其他地方有過多科學孤島的
現象，整合資料、理論和影響力正是科學研究交換學會所有研
究領域的根本價值所在 3。」我常常在想，尋找資料和理論間
的平衡是否只是利用科學的方法，進行自我剖析罷了。

　　對於尚未踏入複雜性科學的人來說，向專家學習如何區分
哪項工作是繁雜的，哪項又是複雜難懂的，是很有幫助的一件
事。科學研究交換學會的馬里奧・拉塞蒂（Mario Rasetti）博
士經常這麼描述上述的差異：如果把一架波音七七七的所有零
件拆開、散落在足球場上，要再把飛機和它上百萬個零件重新

組裝回去，會是非常繁雜、困難（且無聊！）的工作。但組裝
這件事本身，尤其如果還附上使用者說明書的話，並不是非常
難懂，解決的方法是個線性的過程。

　　但相反的，預測感染性疾病在全球傳染的模式，就是個複
雜難懂的問題：需要了解不同系統的交織方式（像是天氣、大
眾運輸、風向、疾病傳染率和潛伏期），搭配極大量的變項，
才能得出一組包括時間和地點的預測結果，感染率、病毒是否
為空氣傳播型、爆發區域的人口數量都是需要考慮的變項類
型。另一個例子是了解氣候動態（繁雜）與準確預測未來的氣
候狀況（複雜難解）之間的對比。複雜性與困難度並沒有關
係，它只代表一個系統受多種推力影響，因此非常難證明其中
的因果關係。

　　簡單來說，我們預期為真的事物和資料顯示為正確的事
物，中間有會變動的張力存在。這種張力引導著我們追求所有
知識，且沒有任何單一的學科擁有足夠廣闊的觀點可以給出問
題中的所有答案。我們必須採取多學科的研究方法，才能真的
學會任何事情。

　　薩博斯基對此也有他自己的說法：「區分『生物性』行為
和所謂的『心理性』或『文化性』行為，完全沒有意義，它們
是完全交織在一起的[4]。」也就是說，我們當然必須用生物學
了解人類行為，但不能想要倚靠它得到全貌。

　　複雜性的另一項特色就是承認知識並不完整，意思是我們
假設從長期看來，複雜問題的任何解答都會是錯的，或至少是
不夠全面的答案。隨著人類擁有越來越多知識，就會有新的看

法，對於問題也會有更全面的理解。我們可以把它想像成是不斷爬上更高的山峰，每個山峰都讓你視野更加遼闊，但沒有一個能告訴你未來真正的全貌。

　　舉例來說，假設我們想要了解病原體的世界，以及病原體對人類健康的影響。首先，判斷人類生物學的因果性就是個典型的複雜問題，因為繁複的生物系統有太多的變項要考量。結果沒想到，建立了讓科學家和研究員可以觀察最小單位的工具（顯微鏡）之後，才發現會造成疾病的細菌、病毒、真菌和寄生蟲本身也都是複雜的問題。

　　為了要了解到底有多複雜，讓我們回到十六世紀，撒加里亞・楊森（Zacharias Janssen）[5]和他兒子漢斯（Hans）在一根管子中利用一疊鏡片，打造出第一副顯微鏡的年代。那副顯微鏡的放大效果並不好，但它為未來顯微鏡的迭代打下基礎。一六六五年，物理學家羅伯特・虎克（Robert Hooke）使用了一種簡單的單眼顯微鏡，他是第一個辨識出細胞結構的人。自此開始，因為顯微鏡學家必須學習傳統光學的限制以更加了解光的運作，科學快速發展了起來，最終發明出電磁透鏡，能夠看見構成世界的每一個最小單位。全球也注意到這件事了，一九八六年，諾貝爾物理學獎正是頒發給掃瞄透納顯微鏡；二〇一四年，諾貝爾獎再次頒發給超高解析度的螢光顯微鏡，讓顯微鏡能夠「看見」小於零點二微米的物體[6]。你以為這就是旅程的終點嗎？其實我相信，人性介面以及行為的繁雜性，應該可以說是史上最複雜難懂系統裡面，那個最複雜的節點。未來還有很長的路要走。

三元系統研究方法

我剛在雪城大學就讀心理學的時候，遇到了我沒想過的事。修完共同課程後，系所將學生分配到各個標準哲學學派，想說這樣可以引領學生下一階段的訓練。大多學生自然會被某一種哲學觀點吸引，認為這樣最能幫助他人。有人是弗里茨・皮爾斯（Fritz Perls）完形治療的忠實粉絲，也有卡爾・羅傑斯（Carl Rogers）案主中心治療的支持者、阿爾伯特・艾利斯（Albert Ellis）理情行為療法的擁護人，還有人喜歡佛洛伊德的分析學派。學生的選擇，完全就是一種「自我歸類」的行為（雖然當時我並沒有意識到這件事）：學生根據這些哲學思想與他們自己世界觀的契合程度，做出了決定。現在回頭想來，我當初應該把這個事件作為我研究人類行為原因的第一步。但我加入了另一群人，他們的目標是從處方觀點來看待治療，也就是說配合每位患者的個別需求和特性，來調整療法。現在聽起來這根本沒什麼，但在當時很創新，我們要思考以下幾點：

1. **病患**：在治療當中，病患帶進來了哪些專屬於他的性質？
2. **治療**：根據這些特別的性質，我們會建議哪種療法？
3. **結果**：我們期望達到什麼效果，而且這種效果代表成功或至少是有進步？

評估任何治療的成效時，必須考慮上述每一個要素，專注

於各個變項之間的交互作用讓我對交織性有了概念，這個概念也會在這本書之後的段落提到。

因為我相信沒有任何單一的理論可以回答我所有的問題，所以我的目標就是要建立一套研究方法，評估所有基礎理論或模型要如何搭配現今使用的工具來運作。我們還可以從其他哪些模型學習，並整合到正在建構的模型之中？如果我們建構了一套全面、系統性的模型，其他模型與它的相容程度又有多高呢？

研究「研究」這檔事

就算已經有多種觀點可以解釋人類行事的原因，也明白人類行為的複雜性，解釋人類行為仍然不容易。首先，若想要用一個通盤的理論，去針對任何與人相關的議題，提出全面性的見解，這項挑戰很容易退回到情境面，因為任何一種特質，都會有一小群特例的人。例如我們提出了一種理論，認為它能解決所有對職場發展不利的行為習慣，但這看似通用的解決方法，可能只適用於「相信每件事都有明確刺激和獎賞動機」的人。對於不這麼想的人來說，這招就不管用了。這並不意味著這個方法全然無效，只是欠缺通用性質。

錯誤的經驗法則：為什麼我們總是在騙自己

有一個研究領域具有四海皆準的特質，那就是認知偏誤。

大量關於人類做決策的研究已證實了這個重要且完整的領域：人類並不會像古典經濟學家相信的那樣，總是做出理性的決定或根據自身最大利益行動。我們的認知偏誤包括了選擇性記憶、注意力極限、興趣、不喜歡的東西等等，在在都是因為想要簡化處理訊息的過程，於是影響了我們的思考、理解、判斷和決策。理性選擇理論認為，人類不合邏輯和無法做出好的決策這點，其實是可預測的。經濟學教授理查·塞勒（Richard Thaler）根據心理學家丹尼爾·康納曼（Daniel Kahneman）和阿摩司·特沃斯基（Amos Tversky）的研究，發展出行為經濟學背後的科學理論—— 我非常推薦他的著作《推力：決定你的健康、財富與快樂》（Nudge: Improving Decisions About Health, Wealth, and Happiness）。＊這個理論回答了很多人類經濟行為的問題，並深入探討認知偏誤對決策的影響，挑戰市場上最具權威的認知。如果我們想為自己的生活做出更好的決定，就需要留意自己的偏誤和邏輯謬誤。例如負面偏誤，也就是比起享受「獲得」，人類更害怕「失去」，或者對負面經驗的關注程度遠大於正面經驗。試想某次有人稱讚你的工作做得很好，但接著給了你小小的建議幫助你進步，猜猜看你在意的會是什麼？你會在意他的負面評價大於正面，於是下一次執行工作的時候，你可能就比較沒自信了。在康納曼的著作《快思慢想》（Thinking Fast and Slow）中，他談到因為人類天生就是會趨避風險，因為我們把危機（比起機會）看得更為急迫 7。歷史上這種特定的偏誤增加了人類的存活率，而我們也將這樣的基因留給了後代，這樣他們才能在「適者生存」的競爭裡

勝出。

　　另一種類型的認知偏誤是虛談（confabulation），也就是人類會在做出決策之後（而非之前），替自己編出一套道理和邏輯。神經學家麥可・葛詹尼加（Michael Gazzaniga）在他著作《我們真的有自由意志嗎？意識、抉擇與背後的大腦科學》（Who's in Charge? : Free Will and the Science of the Brain）寫道，「我們決定解釋自己的行為時，都是利用後設觀察做出後設的解釋，而沒有探討無意識歷程。不僅如此，我們的左腦還會捏造事實，讓事情變成合理的故事8。」心理學家稱這種行為為推論（inference），其原理對我們來說實在太合理又自然，實在很難察覺到它的發生過程。葛詹尼加的意思可能是：說不定我們永遠不可能知道自己做事背後的原因！

　　羅伯特・賴特（Robert Wright）在他的著作《道德動物》（The Moral Animal）中，利用達爾文和演化論搭配演化心理學，指出人腦形成和表達意見的功能其實只是在確認它本來就相信的事而已。人的腦袋甚至會拒絕違背自己的信念，尤其有人試圖要改變它的想法時更是如此9。賴特認為：「人類與生俱來的辯論風格感覺絲毫不費力的原因，是因為辯論開始的時候，事情早就做完了。人腦很大一部分就是設計來『講贏別人』的機器，用來說服別人我是對的—— 因此大腦也會這樣說

＊ 關於更多行為經濟學的知識，可參考丹・艾瑞里（Dan Ariely）著作的專書《誰說人是理性的》（Predictably Irrational）。

服自己10。」我們的情緒和價值觀都歷經了數百萬年的歷練後才來到我們身上，呈現在我們眼前。這也再次回歸到葛詹尼加的觀點，「道德推理有助於人類存活11。」

所以好消息是，認知偏誤是一項四海皆準的特質，但壞消息是這種偏誤讓我們更難理解他人——而且我們還可能會欺騙自己。認知偏誤掩蓋了我們的思考，且在你試著理解別人行事的原因時，絕不能認為他們會理性行動又不帶有偏誤。事實上，通常還正巧相反。人類常常選擇一些能證實自己理念的選項，或盡可能迎合自己已經建立的世界觀，而不是尋求會挑戰自己想法的觀點。人類還會傾向達到共識，而不是花時間研究多種選項。聰明又細心的企業會在公司內減少這種錯誤的思維，方法包含訓練創新和研究，要求大家跳脫框架思考、願意冒險；另一個方法是鼓勵不同部門的人自由交流想法，而不要把安於現況當成最好或唯一的選擇。

另一種改善認知偏誤的方法是利用科技幫忙。強大的機器可以剖析數百萬筆資料並偵測出規律、辨識異常，而且還能保持客觀，這是人類做不到的。理論上電腦可以屏除個人偏誤和負面關聯，而且又不是以自然選擇建構，不會因為資訊過量而被壓垮，也不會判斷不出來哪些是重要資訊（現在我已不相信機器完全沒有偏誤，但通常資料科學家會想辦法減少偏誤，像是置入代表性的訓練集），規則可以持續套用，先是描述事件，再來分析或預期結果。電腦不會累也不會有時間壓力——至少目前不會！

大數據在捕捉和辨識微小的差異時，也遠比籠統的哲學基

礎有效。由於個體差異的資料比任何哲學家能夠想像的都還要多，現代工具的目的就是要延伸這些哲學觀點。這不表示我們要忘掉哲學家、社會科學家、行銷人和市場調查人員的努力，本書接下來的篇章裡，你反而會看到正巧相反的情況。大大小小的「專業」資料同心協力解釋所有現象──全部匯聚在一起讓我們懂得更多。成堆的資料如果沒辦法轉換成「了解人類行為背後動機」的關鍵資訊（再變成行銷策略或活動運用的知識），那就沒有價值了。

　　當然也有可能，上述所有的理論都不能了解「人類如何形成自己的世界觀」這件事。行銷人很希望資料科學就是那顆魔彈或是萬靈丹。雖然資料可以描繪「在某一組情況下會產生某個結果」，但無法告訴我們「只有在這一組情況之下，才會產生這個結果」，無法告訴我們「這些情境是直接的原因，導致了這個結果產生」，也無法告訴我們「這個結果是否只是個隨機事件」。我們需要一套基礎理論來盡可能解釋**為什麼一件事情會發生**，因此，完全只靠資料的研究方法並不管用，無法找出牽引著這些世界觀的那條線。就連現在我們對數據資料也仍抱持著合理的懷疑態度──沒錯，它確實能讓我們更接近答案，但還沒有真正找到答案。

客戶洞見及研究的功用

　　今日有一個價值數十億美元的產業正在快速發展，專門研究人類如何定義彼此，這一點也不意外。了解人類動機、

明白他們可能認為有意義的事物和知道他們會如何反應，會是一件繁雜的事，也很難直接證明，但並非不可能的任務。像是益博睿（Experian）、艾可飛、（Equifax）、埃森哲（Accenture）、第一資本（Capital One）、尼爾森（Nielsen）及無數的新創公司都利用大數據崛起和高階資料科學模型，不斷精進自己獨有的方法，擴展其在市場上的實力和影響力，都想要爭取廣告、行銷、政治和產品開發的競爭優勢。現在台面上的每一個政治候選人，都已經被一堆公關顧問公司徹頭徹尾地分析和研究，好確保政客的生存力和競爭優勢。

　　然而，就算有大筆資金投入，大部分的研究技術和模型都還不太能解釋人類行事背後的「原因」。表1-1顯示過去百年來，客戶研究和觀察的演變。

表1-1　客戶研究及觀察之演變

我們這樣描述他人	
當我們這樣看別人	就會這樣設計訊息
無差別	一種觀點，全部人通用
生命階段	因應受眾年齡調整訊息
性別	傳統角色下男性／女性
多元文化差異	針對非洲裔黑人、亞洲人、拉丁裔中南美洲人而調整
特質差異	不同特質而有不同生活型態
大數據區塊	可能有複雜特性

因人制宜

　　行銷和傳播的科學，一開始是無差別、單純的「一體適用」範式，當時的目標是要了解大眾市場。由於大眾市場基本上很一元化，因此大多模型都從傳統的人口結構分類而來，包括年齡、性別和種族。雖然企業也會參考家庭人數、教育程度和收入，但年齡、性別和種族仍是所有分類體系的依歸。如果要定義消費者的族群，要影響人類行為以得到想要的結果，那麼關鍵要素就是年齡、性別和種族。

　　我們來談談尼爾森公司，它大概是最廣為人知的評級公司了，擁有超過九十年研究觀眾的經驗 12。尼爾森一開始是為廣播電台、現場活動和電視節目與數位平台測量觀眾人數和組成，提供媒體尼爾森收視率（Nielsen rating）分數。一九六五年，尼爾森推出一項叫作電台指數服務（Station Index Service）的新產品，以便把不同時段的電視節目販售給廣告商。不出所料，時段也是根據人口統計資料分配的。第一項使用的人口資料是年齡，所有觀眾被分為不同的年齡層，像是十八到四十九歲、二十五到五十四歲或五十五歲以上，接著再以男性和女性區分，最後是教育程度、種族和收入。這種邏輯在當時很先進，讓尼爾森躋身國際。一九七九年該公司發產出另外一項產品Scantrack，讓客戶能夠追蹤特定的市場趨勢、產出客製化報告，並開發更優良的行銷和配銷計劃。

　　這已經非常接近我們探尋人類行為背後原因的核心了，發行這類評級數據的時候，這個產業也跟著擴張涵蓋了全新的服

務：尋找相關性（或關聯），以將廣告活動與傾向購買特定市場「菜籃商品」的觀眾連結在一起。「菜籃商品」指的是一套標準的商品，像是大家可能會在某個特定市場購買的一系列雜貨、玩具或衣服，行銷人很想要知道，多少媒體的報導和怎樣形式的媒體，才足以刺激買家購買那套產品。這類評級統計數據則將媒體量化。簡單來說這些資料表中顯示，特定小部分群體的特徵出現的頻率（例如教育程度）仍然是區隔市場的主要分界，它們能持續存在，一定有個簡單的邏輯，但它們不會告訴我們「為什麼這些特徵會讓別人購買特定的產品」。

這些企業和其他類型的研究公司賺進了大把銀子，但卻從來沒有認真研究過人類動機裡極其複雜的因子，顯然我們無法透過交叉表列分析年齡和收入找出難以捉摸的「人為因素」。心理特性分類法又擴大了研究的視角，帶入個人特徵、利益、興趣、態度和其他生活型態因素；換言之，這些是定性資料。引入社會學家的研究可幫助行銷人根據人類共通的世界觀把大眾分類。網路讓大家很容易找到想法相近的人並與之互動，這些人有共同的價值觀、目標、興趣和喜好。這類高度互動的社群和粉絲群鼓勵成員與他們的同伴，提高了身分認同感，卻不是與同齡、同種或住在同一社區的人產生共鳴。（高度個人化大幅造成現今兩極化的情況，後續我會再詳述。）了解特定的人群——範圍越小越好——會對我們很有幫助。

過去數十年來，行為區隔提供了企業即時的客戶行動、成交路徑和其他數位行為資料，然而，額外的分界並沒有提供足量的資料回答關於「原因／為什麼」這個問題——事實上，這

個問題的答案，才是傳播策略的必要驅動力。一直到最近出現了大數據和複雜性科學，我們才開始跳脫人口統計資料和所有其他形式的分類。

舉例來說，「社群媒體觀測social listening」是一種類型的數據分析，把客戶意見、行為和動機納入考量範圍內，所以現在我們能了解客戶對產品、議題、品牌或名人的真實感受，再也不用受到限制。客戶會自在地給予意見——大家都不會感到不好意思。這種作法的問題在於如何識別出握有最佳資料的線上群體。即便如此，原因模型仍可以容納這類的資料，不過就像所有極易取得的公開資料一樣，它的價值在於可以融入其他資料，而非它本身的意義。

產品行銷和廣告很巧合地幾乎也以同樣方式發展，從傳達基本、情感和實用的消費者需求，到人類購買產品更複雜的原因，像是滿足社交或自我實現需求。在廣告業的最初階段，廣告通常就是描述產品、產品的使用方式等，產品的價值全在於它的實用性或可以引起的情緒——這款漱口水讓我覺得自己更有魅力、這種清潔劑能搞定我家（和我的男人），或者這款湯品很方便、便宜又能餵飽我的家人。

舉例來說，一九○四年《星期六晚郵報》（Saturday Evening Post）上的早期可口可樂廣告告訴我們，可樂是「清新好喝（Delicious and Refreshing）」的東西，這是可口可樂最長壽的標語——一共用了三十四年[13]——簡單明確又好記。相形之下，買一輛凱迪拉克（等於今天的特斯拉）或萊卡相機，這兩者的購買動機比較像是地位或自尊，因為這些產品會

被認為是「有錢人」用的、「很酷」、「有環保意識」或者「明星們也在使用同款商品」。為了開發更高層次的價值，行銷人和廣告人借用社會學的嚴謹態度，以便瞭解如何採用不同的訊息，直通不同的類別。

一九六〇年代曾有人試圖想用性別作為分界，以具有男性（怎麼搞定餓壞的男人？）或女性（親愛的，妳終於可以擁有了！維珍妮細菸 Virginia Slim）等不同的特質來兜售產品。當然，具性別特質的廣告並不代表正規的身分認同研究，產品和其中的訊息可以當成是主流價值觀裡對於男性（運動、汽車、啤酒、男性衛生）或女性（時尚、美妝、浪漫喜劇）的刻板印象，一直到很久以後，才有人開始關心女性或男性特質真正的意義所在（而且即便如此，也與現今的性向和性別認同光譜相去甚遠）。

產業開始留意到不同生命階段後，動機的概念就變得越發重要，不過主要還是只有單一面向。顧客資料、選民資料、求職者資料都還是從年齡、性別或人種問起，所有討論的目的都與人口統計學的預測有關。可是一旦討論到最關鍵的那個問題，這些資料就派不上用場了。

精神疾病會遵守人口統計學的分類嗎？那忠誠度、同情心或公平這些人格特質呢？知道一個人的人種就能預測他有沒有同理心嗎？一名公關業務、廣告業主、政治人物、活動或運動主辦人想好好定義他們想觸及的理想對象時，一般都會從以下的描述起頭。他來自千禧世代？嬰兒潮？收入或教育程度如何？是美國黑人嗎？拉丁裔？我們得改善這種情況，我們怎麼

能接受自己描繪出一群人在人口資料上的現實情況，但描述的
方式卻無法與這些人產生連結？

融為一體

　　了解人類行為，是個複雜的問題，需要使用手上所有的工
具，從所有面向檢視問題，直到找到真正的答案為止。我們要
以這種方式建立成熟的模型，而且隨著科技使我們的能力不斷
增強，依舊保有足夠的彈性，可容納新的觀點和更多資料。到
今天，那些看起來相對新穎的能力，其實早在客戶洞見和市場
研究領域都已有悠久的歷史，人類的知識來源，並非單一的。

　　我們看到有很多方法都可以解釋人類為什麼會做出某些行
為。舉例來說，先前討論的認知偏誤就可以讓我們稍微了解人
在做選擇時，心智是怎麼運作的。研究進化論和認知發展或行
為改變的學者對我們的幫助特別大，我們多少都聽過一些經歷
時間考驗的科學理論——巴夫洛夫（Pavlov）的古典制約、皮
亞傑（Piaget）的兒童認知發展和達爾文的演化論，這些理論
在各方各面都走出了實驗室，進入我們的生活，但也都花了非
常多的時間才達成。一開始，要先經過嚴謹的方法調查、搜集
數據、分析、測試，並在受管控的情境下精進，接著拿到現實
世界中再次測試。最後，只有經過系統性的實驗後，商業市場
才會利用這些研究成果。

　　現在企業和廣告裡很常提到達爾文的「適者生存」，而皮
亞傑的理論挑戰了兒童是小大人的概念後，大家也能理解兒童

與成人並不一樣，臨床研究員、教育家和父母都留意著年輕人在轉變成自主成人的關鍵階段，腦部會隨之發展。

當然，身為消費者的我們，大多也就跟巴夫洛夫的狗一樣被制約了。你是不是也培養出習慣去參加定期舉行的商品特賣會？

科學家和很多人提出解釋人類行為的新基礎理論，幫助我們更加了解人類行為，了解人類如何改變自己的行為。雖然近年來大數據和複雜性科學持續進步，可幫助我們釐清一些範圍，但這仍然是極為複雜的領域，我們會追蹤大量的管道，利用不同的分析起始點吸引不同類型的人。例如，如果要把某產品賣給一名屋主：

- 對有些人來說，照顧家庭時最重要的就是負責任，如果東西壞了，就去把它修好，你得有個備用金戶頭以備不時之需。
- 其他人可能更在意能用合理的預算過日子，房子只是眾多開銷的一部分。
- 這兩種動機也可以同時存在於同一個人身上。

同理，我們也可以想像有一群人想要這項產品，但偏好不同的銷售經驗、媒體組合或廣告台詞。

然而理解人類行為和思考會如何影響行為改變，這個過程既辛苦又挫折，一部分是因為一般人不想面對複雜的問題，他們想要縮小問題的範圍，簡化成單純的因果關係。但這樣的

話，一個不小心就會使得資料科學和複雜性變成拉低了成功標準。例如原本的市場菜籃分析模型可望替非常複雜的行為結果提出最直接了當的研究方法：排定三十秒的電視廣告時段和實體報紙廣告，絕對能讓克里夫蘭市內這個市場裡的某款鞋子銷售量大幅提升。如果鞋子銷售量確實上升，那這個媒體組合就被認為是正確的。市場菜籃分析模型最常用於判定消費者會定期一併購買的產品——可以想成是購物車裡的一組產品，用以預測未來的銷售量。有些經常性購買的產品會同步出現（薯條要不要配三明治？），其他則沒有那麼明顯的趨勢：尿布配啤酒[14]。不過現在有這麼多類型的媒體，客戶也開始有不同的購買管道，客戶購物的歷程不再遵循線性軌跡，因此行銷人需要開發更成熟的工具，以預測客戶行為走向，而新的媒體排程可能會散布在網站、社群媒體和傳統媒體各處。我們經常代換結果（例如產品銷售量）和造成銷量的一系列行為，可能會相信這是評估消費者購買行為較佳的方式。通常接續的步驟比較容易用數位分析量化，像是按讚數、推薦數和點擊量，這樣一來，大數據分析就會把點擊量當成是銷量，降低了成功的門檻。這些都是運用媒體促進銷量的例子，但不是人類行為背後原因的例子。

　　二〇〇七年，曾經擔任廣告業務的賽門・西奈克（Simon Sinek）轉職為作家和演說家，他在 TED 大會上談論大家為什麼為購物，很發人深省。他清楚觀察到人類並不是為了產品的「本質」或甚至不是因為產品的「製作方式」購物，消費者反而會看重產品和品牌的生產原因[15]。根據西奈克的說法，大

部分的人／組織／企業「都知道自己在做什麼，有些知道自己
怎麼做事，但只有最有成就的那群知道自己『為什麼』做這些
事。」

這些人都是市場上獨樹一格的領導者，因為有能力激發其
他人思考。

舉蘋果公司為例，西奈克解釋了蘋果的使命一直都是「挑
戰現狀、跳脫框架思考，創造使用者友善的優秀產品。」這是
蘋果「為什麼」存在的原因、是它的產品「為什麼可以」不
斷保持超群的原因，也是消費者「為什麼會對品牌忠誠」的原
因。蘋果最忠誠的客戶會購買蘋果推出的任何產品——就算這
款新的手機跟他現有的東西差距很小，也無所謂。同樣的道理
也可以套用到不同領域中具影響力的活動、運動和其他領袖，
像是民權領袖馬丁‧路德‧金恩（Martin Luther King, Jr.）或
發明飛機的萊特兄弟（Wright Brothers）。

只要活動、發明和創造是基於明確的目的或信念而來，也
就是有其「為什麼存在」的原因，那它肯定能激勵人心。

第二章
理解的再進化

　　如果我們能真正了解每個人「為什麼做每件事」背後的原因，以及是怎樣的生命經驗讓他走到這裡，或許我們就能對對方更有同理心，比較不覺得受到他的威脅，也更能合作以找到共同的理想，達到共同的目標。

　　我們對他人的理解來自於許多不同的地方，一開始是意識到對方如何看待這個世界、如何看待世界裡的自己，預期他會對外在有何反應，以及了解他會怎麼評斷這個世界。知道別人行事背後的原因，讓我們不僅能夠影響特定行為（購物、參與活動、投票），甚至能夠帶著同理心和同情心，更有效率地溝通。若我們能用對方聽得見且聽得懂的語言說話，那麼對話——和正向的改變——就真正展開了。

　　我曾在Spelling Entertainment和Carsey-Werner從事多年的電視與媒體工作，內容包括監管研究和行銷服務。當時我認為我們行銷做得不錯，能夠對核心受眾推出節目，但我卻很困惑為什麼沒辦法對更廣的群眾達到類化的效果，或說沒有吸引力。我不解為什麼我們無法讓公司觸及更廣大的觀眾，為什麼我們沒有利用更多的基礎模型來理解人類行為。那時候感覺很像是在為我們推出的每一檔節目建立客製的軟體程式，雖然最

後都很成功，但很花錢又費時。

隨著我將所學運用到工作上，我發現就算沒有普世的真理或通用的理論來支撐我們的工作，仍然需要以不同的方式作業。很快地，我明白了在電視台市場裡我們要跟誰說話、並直接對他們開口的價值所在。

我們為一九九〇年代獲獎且廣受好評的電視節目打造了創意廣告，像是《茱蒂法官》（Judge Judy）、《歪星撞地球》（Third Rock from the Sun）和《七〇年代秀》（That 70s Show）。在公司裡我們的任務是重複利用非聯播節目，並為首播節目建立全新的觀眾群。我們的目標是要接觸全新的觀眾，將專為他們打造的訊息直接傳達給他們，與他們互動，並獲得收視率。

《茱蒂法官》一直都是強檔節目，這是一檔法庭節目，主角法官茱蒂·席德林（Judy Sheindlin）會討論真實的糾紛索賠案件。這個節目聰明、無釐頭又真實。一九九六年時電視觀眾開始分化，我們被要求提供給觀眾一檔節目，裡頭有一名來自紐約的無名家事庭法官，如果要成功，就得要在第一季的前十二週拉攏足夠的觀眾衝破收視率。我們決定追求混合型的觀眾，分別是一般市場的成人女性，這是這個產業給她們的稱呼（主要是白人），和美國黑人，原因是白天的觀眾主要都是女性，而美國黑人在電視上耗費的時間比其他觀眾平均多了百分之五十。

在那個時候，一般市場和美國黑人的節目收視率只有在兩個地方有交集：美國國家美式足球聯盟和《六十分鐘》（60

Minutes）1。我們非常仔細地研究了為什麼這群特定觀眾會對
《茱蒂法官》有興趣——表面上看起來這項工作非常困難。我
們發現，一般市場的觀眾最感興趣的是茱蒂法官真的是一名法
官，而且裡頭也都是真實案件，因此我們的行銷活動就著重在
標語上：「四點鐘的真人、真事、真法官。」

　　然而，向美國黑人家庭推銷這檔節目時，我們發現他們最
喜歡的是要有衝突和解決。考量到這點，我們用這樣的訊息邀
請他們一起看《茱蒂法官》：「心裡不爽？那就來找法官。四
點鐘敲響法槌。」節目首次上檔時，對美國黑人家庭的吸引力
極大，比它取代的那檔節目多了一倍的觀眾，開啟了接下來
二十五年的成功。我們將此歸功於傑出的才能，還有知道自己
要對誰說話的影響力。值得留意的是，在只能取得極少數據的
情況下我們就能達到這種成果，對比現在眾多的數據，要分析
觀眾已經簡單多了。

　　另一檔讓我們想要找出某種通用概念的節目是《歪星撞地
球》，這是美國國家廣播電視公司上最紅的節目。這檔廣受好
評又曾獲獎的情境喜劇內容是外星人在探險時降落在地球上，
與地球人共同生活，因為一些有爭議的主題吵得喋喋不休。這
檔節目備受期待，但在市場上表現卻不好，沒有帶來高比例的
美國黑人觀眾。我們做了一項研究，測試邀請大家來觀看節目
的人對這件事有沒有影響。誰來推銷節目會有差嗎？如果我們
的廣告可以反映出美國黑人的情感，收視率會增加嗎？

　　我們執行了雙盲研究，把電視台跟同一時段與同樣的節目
陣容配對，或者由電視節目、廣告和電台廣告購買的時間區

段，創造出兩種類型的推銷廣告。一種是稀奇古怪的一般市場主題，表現出節目的故事主軸，而針對美國黑人的版本則主打文化相關、測試觀眾的廣播廣告、海報、傳單和明信片。我們的合作夥伴 MEE Productions 建議我們在電台廣告中加入百樂門樂團（Parliament）〈百樂門放克風（想要放克）〉（P. Funk (Wants to Get Funked Up)）的旋律，並使用「讓我撞地球」（Make My Rock the 3rd Rock）的口號。在配對市場中測試廣告時，文化相關的行銷顯示出收視率增加，後續廣告轉回一般行銷策略時，收視率又降回之前的比率。我們並不覺得這是個良好的通用特徵，但這確實是「了解消費者」之價值的另一種樣貌，利用他們比較有共鳴的文化指涉，用能夠吸引他們注意力的方式對他們說話。

還有最後一個例子，就是我們在市場上推出《七〇年代秀》的事。《七〇年代秀》一開始並不是火紅的節目，在福斯傳媒（Fox Network）上的網路電視排名只有七十五。但有趣的是，我們推出整合式多平台的行銷之後，原本主要瞄準吸引十八至三十四歲男性的觀眾，結果引來了所有線上的觀眾開啟多層次的交流，在短短六週內有一百二十萬人造訪了網站。這是二〇〇一年的事，網路行銷還在很初期，而且在當時這並不是常見的策略。使用多平台配置系統搭配數種脈絡相關的娛樂點，並隨時間調整，有廣播和有線電視、線上和直接回應（包括一台七〇年代懷舊的轉譯器和線上抽獎）、印刷品、電台、窄播、草根和公關，我們觸及了更多且更投入的觀眾。聯賣的頭兩週該節目排名第一，且尼爾森收視率達到四點一，因此我

們初始的研究證實了邀請群眾觀看節目很有用，以文化相關的方式推銷非常重要，而用他們喜歡的媒體傳遞訊息是決定性的關鍵。

　　二〇〇一年時我在卡西魏爾納公司（Carsey-Werner）試著想要了解新的市場，於是開始進行一場領先所有人的數位實驗，結果證明我們很有先見之明。我們在喜劇製作（像是《天才老爹》（Cosby）、《我愛蘿珊》（Roseanne）、《歪星撞地球》、《女拳》（Grace Under Fire）、《七〇年代秀》）拍攝和甚至是讀本時取得片段畫面，截取短片後在高流量的網站和入口連結播放，並在前後加上廣告以盈利。二〇〇一年，我們的營收超過百萬美元，別忘了在那時候全國不到百分之二十五的人擁有寬頻數據機。消費者轉型知識—— 他們會往什麼方向去，還有他們願意接受什麼訊息—— 的力量實為驚人。

　　雖然我覺得我們已經運用了電視圈所有可用的工具，做出富洞察力的決策，用具深刻共鳴的方式提供節目內容給觀眾，但我也曉得我們目前的方式無法碰觸到更深一層的知識。二〇一四年我成立了PathSight Predictive Science公司，任務是要解釋和預測我們客戶之核心觀眾的行為，幫助客戶提升溝通品質和效率。我的目標是要把在媒體和行銷產業研究學到的東西，和大數據時代裡複雜性科學嶄新的潛能全部融為一體，但我也想找出研究的基本領域，將每個企劃的成果連結到更深層

的通用原理。在探索可以尋找WHY（原因）的其他方法時，我開始對道德發展領域的社會道德心理學越來越有興趣。

強納森・海德特（Jonathan Haidt）在二〇一四年出版了他極具影響力的著作《好人總是自以為是：政治與宗教如何將我們四分五裂》（The Righteous Mind: Why Good People Are Divided by Politics and Religion）2，我也在同年度創立了PathSight。那本書裡，海德特綜合了道德心理學領域發展的關鍵研究，其中一部分詳述了他和克雷格・約瑟夫（Craig Joseph）的道德基礎理論。道德基礎理論建立在理查・蘇威德（Richard Shweder）和艾倫・費斯基（Alan Fiske）以及羅伯特・崔弗斯（Robert Trivers）、穆扎弗・謝里夫（Muzafar Sherif）和馬克・沙勒（Mark Schaller）等研究學者的成果之上，而且道德基礎理論主張，**大多數人類行為都是五種本能造成的結果，而每種本能在每個人體內的強度不同（有時文化間也有差異）。五種本能分別為關愛／傷害、公平／互惠、忠誠／背叛、權威／顛覆和聖潔／墮落**3。

我還記得我第一次讀到這本書的反應。那時我們正在建構新公司PathSight做研究的新方法，而道德心理學在我看來很像大多數典型消費者和市場研究實務中缺少的根本面。我想要繼續鑽研，看還能從它這裡挖掘出什麼。雖然我偶爾會在像是政治戰略等職業的研究裡看到有人提及道德心理學的作品，但這些內容鮮少被應用研究員拿來打造各種類型的影響型溝通。最先進的學術領域通常不會轉化到真實世界裡，無法交由實踐者直接採用。且對我來說，更大的阻礙似乎在於運用道德心理

學的知識會需要專業溝通研究員賭一把，還得承認有些古老的作法其實行不通。

　　我在想，或許我們可以先利用道德心理學中比較有趣的新知，探索並擴張「尋找WHY原因」的旅程。這些知識看起來確實挺雄厚的，足以涵括我們在思考的問題，也能跟過往行為改變專家使用的理論和技術相容。它能夠融入最新的分類研究與實作，最重要的是，這些知識可能會降低目前過度偏向資料科學的情況，進而宰制複雜性科學。切記，資料科學以及學術觀點大量融合之處，就是可以得到「喔，原來如此」答案的地方。

　　隨著PathSight成長，我們探索著道德心理學能怎麼支持我們的研究，也透過海德特和約瑟夫的道德基礎理論類別4，看看除了道德推理之內的領域以外──人類判定對錯的思考過程──其在文化中還有沒有更多用途。還有，這種推理也能適用於購物的決策嗎？聯合基督教會（United Church of Christ）是以自由聞名的教會，信徒都非常重視公平與同情心。假設現在有一位這裡的教區居民，他要買新車的時候，一樣的價值觀也可以沿用到買車的決策過程嗎？我們想要透過研究，探討人的道德決策和選擇生活形態的方法、吸收的新聞和所做的交易決策之間，到底有沒有關聯。

　　根據道德心理學的理論，我們相信眼前出現了大好的機會，能幫助我們尋找到原因，而且我們確實也找到了。我們把這份研究整理到模型裡，把五種基礎本能分類為五種**本能特質**（Instinctual Pattern），讓我們有辦法理解人會怎麼看世界，以

及世界會怎麼回應人的行為。我們相信這能幫助大眾、企業和一般人更深入且真切地了解彼此。本書將包含三種層級的應用方法：

1. **個人**。本能特質的基礎為何，又會如何影響我們的世界觀？
2. **社會生態系統**。我們生活在群體之中，卻有著非常多元的現實經歷，試問我們該如何了解自己和他人？
3. **大眾**。如果我們畫出全國和全球人口的世界觀分布，我們能明白整個社會的機會所在嗎——或說該怎麼解決會影響所有人的問題嗎？

不過，我們先來仔細理解其他道德心理學的內容，以及海德特和約瑟夫的道德基礎理論，介紹之中我會特別融入我的研究裡其他相符的內容。

我曾在心理學、資料和媒體領域工作，各自有珍貴的一面。心理學提供了我能理解自己和他人的基礎，資料讓我感覺到能夠窺探未來的可能性，媒體則注入了世界彼此交織的概念。搜集客戶需求和偏好的傳統方式——包括人口統計和心理特性資料——當然也能部分準確衡量，只是不夠精準。我認識道德心理學後，感覺它就像是個真實又全面的起點，可以整理我們對世界的認知，與今日我們早已厭倦的資料報告形成強烈對比。

透過道德基礎理論，海德特和約瑟夫導入了深植於人類生

物學和演化中五種基本影響力的概念，他們主張這些基礎是每個人形成世界觀和文化與個人身分認同中不可或缺的要件 5。如果想要全盤了解這個理論和相關的研究，你可以閱讀強納森・海德特的《好人總是自以為是》。這本書極具革命性，不過在這邊我會快速介紹一下道德基礎理論，至少讓你明白它與我在本書中提出的論點有何關聯，讓你有個概念，知道道德心理學可以提供怎樣的功能性管道來認識自己和他人，還有改變如何成真──它正是我過去幾年的研究基礎。

你可能聽說過演化生物學裡很紅的一則迷因：「你可以讓人脫離石器時代，卻不能讓人沒有石器時代。」難道我們現在的行為，真的都受到原始自我的影響或控制嗎？其實，我們的模樣同時受到普世的「人類特質」和「各式各樣的個人差異」所影響，重點是要了解特定行為或特質中先天和後天之間的交互作用。你可以想見，影響一種特質或行為的變數組合多如牛毛，因此雖然原始自我「殘存的DNA」可能真的與人類動機有關，仍然很難證明它對任何特定行為有直接的影響。

根據韋氏詞典（Merriam-Webster）的定義，本能是有機體絕大部分可遺傳且無法改變的傾向，可以使我們在不必進行推理思考的情況下，針對複雜且特定的環境刺激做出反應。換句話說，這是自動的反應。「戰鬥或逃跑」反射就是典型的例子，而且非常合理，因為一種特質或直覺要稱之為本能，必須與提升存活率有可見的關聯性。但大多數本能對人類行為的影響卻細微得多，難以從環境因子中分離出來。

根據海德特的說法，建立道德基礎理論「是用於了解為什

麼不同文化間的道德觀會有這麼大的差異，但卻又有很多相似和重複的主題。簡言之，該理論提出數種先天和普世的心理學系統作為『直觀倫理』的基礎，接著每種文化會在這個基礎上建構價值、敘事和體制，藉此建立世界上獨特的道德觀，當然在國家內也會產生衝突6。」海德特和約瑟夫提出該基礎的大綱如下：

- 關愛（關愛／傷害）
- 公平（公平／欺騙）
- 忠誠（忠誠／背叛）
- 權威（權威／顛覆）
- 純潔（聖潔／墮落）

為了簡化一些，之後我們會以關愛、公平、忠誠、權威和純潔簡稱它們。

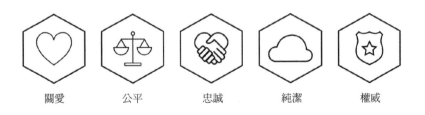

關愛　　　公平　　　忠誠　　　純潔　　　權威

這個理論會如此有趣的原因在於，它同時納入了我們的本能起點，以及真實生活經驗對本能表現的影響。在理論中海德特採用加里・馬庫斯（Gary Marcus）的研究，馬庫斯形容，

心智就如同一本書的手稿：「大自然給出了初稿，接著初稿會被經驗修改……『天生』不代表無法改變，只是它『出現在經驗之前7。』」海德特和他的同事又進一步整理出基因是從胚胎階段到兒童時期的「初稿」，往後兒童時期（甚至成人時期）的生活經驗就會不斷改寫初稿8。

　　寫這本書的時候，我發現這個比喻特別適用。我在尋找「為什麼／原因」的過程也是從某個初稿開始，初稿寫入了神經組織之中，這種直覺並非天生或必然的，而會影響我們如何與世界互動。

　　關愛／傷害本能來自於我們需要保護和養育孩童，我們的祖先脫離遊牧生活而開始群居後，孩子的苦難—— 生病、飢餓、威脅、漠視、貧窮—— 激起了這些情緒，在行為上的回應就是提升關愛／傷害本能指標。做得好的話，就會有更多孩童存活下來，成為群體中的成員，因此這個群體就能發展下去。越大、越有生命力的群體，越可以提升所有人的存活率，所以我們的特質裡都有這項本能，只是每個人之間的強度和能力會有所不同。

　　幾千年過去，這個過程進化了，但仍然根植於原始的刺激源中。海德特在《好人總是自己為是》裡解釋道，看見玩具和珍藏的兒時物件、照片，或甚至像是海豹寶寶這種無助的動物圖像，都可以喚醒你內心的關愛／傷害本能9。這種情緒反應可以稱為具有慈悲心、保護慾或養育之心—— 我們都有能力關愛他人，能夠感受對方的痛苦與快樂。這種反應也會引起對造成傷害的人的憤怒感，而且這還是最常被市場力量看上的本

能，例如慈善推廣活動、寵物領養網站和兒童癌症基金會都會使用催情的圖像；善待動物組織（PETA）說的「己所不欲勿施於人」；美國心臟協會（American Heart Association）說的「健康帶來好處」；救助兒童會（Save the Children）說的「不該讓母親看著孩子挨餓」也都是這類例子。

公平／欺騙本能則是為了輝映互惠關係（對比隻身單幹）的適應性挑戰。若要說關係有什麼雙向的好處，那就是它能使更大的群體更積極且有效地運作。原始的刺激源可能來自於欺騙、詐騙或不公平的結果，因此才會出現正義、個人權利、自由和自主的概念，當代的刺激源可能像是對婚姻不忠。遇到這類情況的時候，如果我們是受害者，通常反應都是憤怒和憎恨，如果是受惠人，則是感恩和感激。

忠誠／背叛本能的功能是鼓勵我們建立具有凝聚力的團體。「我類，對比他類」的動態關係就是源自於此，而刺激源則從團體所受的威脅而來。當然，在現代也有很多類似於想要與原始群體產生身分認同的本能，例如對國家、姐妹會／兄弟會、運動團隊、宗教或家庭展現忠誠，全都是可以激發這種反應的例子，為團體自我犧牲也是。

想要遵從階級的概念則反映在**權威本能**上面，能夠在階級中建立和維持關係，對於創建平順運作的團體極有幫助。這種本能很強大的人，可以完全自在地穿梭於領袖和追隨者，或贏家和輸家的自然秩序之中。早期這種刺激源可說是高低位階的象徵，而現在則以主管和員工、政治人物和選民等方式呈現。其中會產生的情緒是尊敬權力，表現方式是順從主管和服從規

範。

聖潔／墮落演化自必須避免疾病的本能，其根本就是潔淨的本能。原始的刺激源是要避開受污染的食物、廢棄物和肉眼可見患病的人，如今這項本能則會由像是移民、性行為等被視為脫軌的行為和會產生噁心感的事物引起。一樣事物被視為「不自然」的時候，就有可能引來厭惡或嘲弄。這種本能很強大的人，通常很重視自我約束、信仰虔誠和廣義的潔淨。

❧

道德心理學提供了令人信服且非常有用的道德觀：它並非絕對，反而是動態的。透過這本書，我的目標是要在這些真理上繼續發展，利用所有已知的動機和行為改變知識，希望能符合這個世代的需求（這些需求，又受到科技高速發展的推動）。我們所處的情況雖然快速變動，但我們可以利用石器時代的本能來因應。海德特、約瑟夫和他們的研究員夥伴在道德基礎理論中，提出了能夠過濾輸入源的方式10。

1.**先天論**：道德心智是「初稿」，出現在經驗之前。
2.**文化學習**：在特定文化裡，發展的過程中初稿會被編輯。
3.**直覺主義**：先有直覺，才有策略推理。
4.**多元主義**：世間有許多反覆出現的社會問題，所以也有許多道德基礎。

　　簡而言之，人類道德觀的進化史不只是簡單的對錯問題而已，還會延伸到我們的世界觀，它會將事物當成動機：為什麼會投票、參與活動、購物、愛人等的原因。我們對人際關係中公平的感受——亦即我們關愛脆弱事物的方式——會怎麼影響我們購買的車款？我們在社交時偏好什麼團體？我們可能選擇什麼洗髮精或智慧型手機？

　　道德觀是很複雜的，而且針對同一種行為可以得出相互矛盾的解釋。舉例來說，偉大的哲學家可能會推論：人的道德感來自受到榮譽或忠誠等普世價值或特質限制的某種行為。其他人則可能偏好集體解釋，像是「合作的道德觀」（Morality-as-Cooperation）11，認為道德感來自於人類合作對雙方的益處。他們認為合作可以有很多不同類型，像是家庭支持、互利和衝突解決，也有不同來源，像是家庭價值觀、互惠、勇敢和尊敬等等。牛津大學認知與演化人類學研究所（Institute of Cognitive and Evolutionary Anthropology）的資深研究員史考特・柯瑞（Scott Curry）和他的團隊把這個概念濃縮為專門的合作觀，「認為道德觀是人類社交生活中，針對反覆出現的合作問題，提出之綜合生物與文化的解決方案12。」

　　我們必須要了解權威、忠誠、關愛等這些本能運作的脈絡。一開始，本能具有生物傳播性，基本上並不是習得或社會化而來的觀點。本能和本能引起的複雜行為密不可分，個體的本能和傳統人口統計學中的年齡、性別和種族的關係則很微弱。如果你只知道一個人的年齡、性別或種族，那你很難有把握地預測他的本能會有什麼樣的規律。我們相信的是，這些基

礎本能會形塑我們對造成人類身分認同那些事物的看法，像是他的文化、生活型態和年齡／生命階段、性別與種族特性。大部分的分類模型都會優先從年齡開始，接著依序是性別和種族——這是這類模型的三大支柱。但我們認為你不能只知道這一點點，事實上，真正的差別在於你怎麼理解這些要素。

這些本能會同時浮現在社會和物理科學之中，對實際人格和價值觀的影響則取決於它們的影響由腦部哪個部分編碼。例如二〇一一年，加里·路易斯（Gary J. Lewis）和蒂莫西·貝茲（Timothy C. Bates）利用功能性磁振造影技術進行了一項研究，展現出道德價值有兩種不同的面向，分別與腦內不同部位有關。「這兩類道德價值可以分為『個人化』（傷害／關愛和公平價值）和『約束性』（順從權威、團體內忠誠度和純潔／聖潔）13。」路易斯和貝茲這麼寫道。同時間，二〇一一年由艾莉森·萊納·艾登（Allison Lehner Eden）執行的研究發現關鍵證據，顯示「道德內容會根據道德關聯性，觸發相異的神經區域。與過去的道德神經科學研究相符，道德相關內容對比道德無關的內容，會觸發『腦中的道德判斷網路14。』」這項研究的含義是道德判斷的過程有別於其他一般的神經活動，是腦部負責的功能。

幸運的是，你不需要成為神經科學家，也可以知道人腦和本能運作的知識。我們仍不斷學習著腦部運作的方式，邊緣系統就是最好的例子。邊緣系統首先在一九三九年被發現，當時認為這是中腦的非語言區域，僅負責處理情緒，現在科學家則認為它是個複雜系統，包含像是杏仁核、海馬迴、視丘、下視

丘和穹窿等區域 15。

　　我們早就知道邊緣系統會分類人的情緒反應，其中也包括道德判斷，近期研究則顯示這種分類不只是為了要管理記憶，更是為了預測接下來會發生什麼事。神經科學家、心理學家兼作家麗莎・巴雷特・費爾德曼（Lisa Barrett Feldman）的論文就很明確且直接地表示：「我的論文的獨特貢獻，就是呈現出邊緣組織由於其結構和神經元的構成方式，使其具有預測性，負責指揮皮質中任何其他地方的預測，而這讓它非常強大 16。」

　　如同喬・奧康奈爾（Joe O'Connell）在線上刊物《東北大學新聞》（News@Northeastern）中所描寫，「與之前所認可的理論相反，近年來科學家發現人腦會預測，而不只是回應腦袋從外界接收到的感受。專家表示人類的反應其實是人腦根據上一次遇到類似狀況時身體的狀態預判，而身體隨之調整的結果 17。」這種反射是本能，且會立即出現。

　　我們也知道，人腦的結構會在出生到五歲之間建構並演化，道德基礎理論核心的五種基礎本能就是從孩童時代開始烙印於腦中。想想嬰兒時期主要會接觸到的文字、圖像和主題都是從家庭開始，再來是托兒所的老師和同學。孩子進入幼兒園的時候，他們就有穩健的一套方式梳理他的認知和互動關係。你可以把遭遇的經驗看作回答以下問題的長期回饋回路：「這個世界會怎麼回應我和我的本能觀點？」這就是經驗改寫心智的「初稿」最早期的例子，這種動態的交互作用會在我們的人生中不斷發生。

　　我們再回頭看本能觀點和人口統計觀點的差異。典型的心

理測量測驗沒有辦法太深入── 僅探究了我們對自己講述的故事，而且是不斷改寫「初稿」後發展出來的故事── 也就是剛才提到的交互作用。這種「自我敘事」會成為我們的人格特質，而價值觀也會嚴重受到我們的志向影響。我想成為怎麼樣的人？我會如何把自己呈現在世界面前？被問到探索性問題的時候，這類偏誤── 我們希望別人怎麼看待自己── 就會影響我們的答案。只有在了解對方的本能基礎時，我們才能看透一切，找出較不受改編的版本，可以更加清楚對方是怎樣的人，還有他的意圖可能為何。

那這些本能基礎究竟會如何影響我們的世界觀？我們又要如何利用這項知識，更有效地與他人互動？其中一種作法是思考圖像、主題、擺設和文字可以怎麼吸引特定的本能。二〇〇

表2-1　道德基礎字詞（取自道德基礎字典）				
	關愛	公平	忠誠	權威	聖潔
德行	仁慈 憐憫 養育 共感	公平 平等 公義 權利	忠誠 合群 愛國 忠貞	權威 順服 尊敬 傳統	純潔 成聖 神聖 完整
邪惡	受苦 殘酷 痛苦 傷害	欺哄 偽冒 不公 不義	背離 叛國 不忠 叛徒	顛覆 不服 不敬 混亂	污穢 骯髒 墮落 非自然

九年傑西‧格雷姆（Jesse Graham）、強納森‧海德特和布萊恩‧諾塞克（Brian A. Nosek）為學界建立了一本道德基礎字典（Moral Foundations Dictionary）[18]，以善惡編排。前頁表格中有一些用於各種基礎的純文字範例[19]。

不過語調和語境也同樣能引起本能反應，例如新聞主播負責傳達一則重要新聞的時候，如果講得很快，語調誇張且節奏不穩，可能會比文字描述來得更令人驚嚇，令人感到驚慌，帶來焦慮。但如果換成是穩定的語速、洪亮的嗓音、說話時還帶著自信，就算是不好的論述也能有正面的感覺。研究顯示，用於影響他人的「文字本身」這項變項，其影響力經常被高估。

本章大概描述了當代道德心理學的一些重要概念，對我過去幾年來工作中利用的研究方法有所幫助。接下來，我們會利用道德心理學研究作為基礎，朝實用的模型邁進，以求能夠了解人類行事的原因。我們將著重在行為的基礎，比傳統上應用傳播研究裡使用的資料（如年齡、性別、種族、收入、喜好或購買行為）挖得更深，也更能拓展我們對資料的理解。接著，我們要明白自己的決策和忠誠度都受到廣告、傳播活動和媒體影響。最後我們將提出建議，告訴你未來我們將如何應對派系傳統、制度衰敗的世界和全新的選擇觀點。

第三章
建構原因模型

　　在我開始研究道德心理學，還有把它的思想應用在PathSight的模型之前，我的工作是利用各式各樣的工具去影響群眾。我的任務首先一定是要定義目標受眾，這樣才能判斷：針對這群觀眾最佳的訊息是什麼。在每個研究計劃中，我們使用了年齡／生命階段、性別和種族等變項作為各個群體的基本特徵，接著再分析哪個媒體平台最適合觸及那一類的觀眾。

　　到今天，儘管已有成熟的資料模型撐腰，但上述仍然是慣用的行銷研究方法。現在我們同樣使用這些變項，但會採用「本能基礎」的豐富視角進一步過濾，靈感來自於海德特和約瑟夫的「道德基礎理論」架構。分層的策略讓我們能設計出強大、專門的行銷活動和溝通方法。

　　要把道德心理學的研究方法加入我們的模型時，一開始我們對超過一千人發出問卷調查，目的是要探究（前一章提到的）「道德基礎理論」的核心本能類別，如何與社會文化的基本面向連結。我們問了一些隨機的問題，主題從娛樂到健康、教育、政治、財經、體育、經商、家庭和人際關係都有。我們得到足夠的資訊，足以確認我們的假設：這些本能可以應用到許多不同的行為上。不久之後，我們又展開了更大型的全國調

查，涵括三千三百四十五人。我們還有資料科學家和軟體工程師團隊幫我們解釋獲取的資料。

接下來五年，我的PathSight團隊持續經營研究內容，總共蒐集了近五萬份研究問卷。每項研究都有一個重點，有些是要衡量核心本能類別對個人的影響，其他則是要找出更宏觀的社會議題的答案，像是：為什麼有人會去賭場？人們如何選擇音樂？捐款人如何挑選慈善機構？大家對健康有什麼想法？有些調查有一千五百人參與，有些則有一萬五，每項研究都與年齡、性別、種族、地區等等的人口普查變項結合。我們再從這裡拓展，記錄受試者的特性、態度、喜好。從研究中我們獲得了非常多的知識，包括在抽樣中看見非常顯著的本能特質分布，協助我們探索人類「為什麼」會做出某樣行為的一些初步答案，包括項目如下：

- 誰最有可能諮詢金融仲介？
- 誰最有可能捐款給慈善機構？
- 哪種特質對美國人來說最重要：成就、性別、種族、宗教、世代還是家庭？
- 政治立場最佳的預測指標是什麼？
- 你比較有可能被謀殺，還是無法取得乾淨的水源？
- 誰比較可能會在國外或國內旅遊？
- 誰會對醫師提供的醫療檢驗結果不屑一顧？
- 住院時，良好結果最重要的預測指標為何？
- 誰相信健康是上天賦予的，因此我們對它無能為力？

　　不久之後，我們發起了一系列的研究，希望能找到經營現代生活和人類遠古本能之間的連結。我們探索了數種題材——音樂、電影、健康、財經、美食、旅遊、賭博、投票、餐旅、體育、建築、文化和活動，看它們如何引發五種「道德基礎理論」特質裡的不同反應。

　　根據密西根州立大學艾莉森·艾登教授的說法，「道德基礎理論」架構認為腦部有兩種不同的網路，負責回應自治（Autonomy）對比社群（Community）的議題。在《道德行為對個人知覺歷程之影響：功能性磁振造影研究》（The Influence of Moral Behaviors on Person Perception Processes: An fMRI Investigation）中艾登寫道，「自治領域包括違反他人的自由（像是意志或健康，也就是海德特說的傷害領域）的行為，還有強調付出或擴大他人自由的美德（即海德特的公平領域）；而社群領域則有違反社會的內容，尤其義務、階級、相互依存和群體價值，這也包括了不直接涉及抗拒或維護他人權利的規範性行為[1]。」神經心理學家經常在研究中使用功能性磁振造影，確認這兩個區域確實存在，社會科學家也進一步在其他研究中證實了這件事。

　　我們想要了解如何運用這項知識，預測特定人物會怎麼看待世界，以及當我們知道了他的世界觀後，又能怎樣幫助我們更有效地與這個人互動。舉例來說，我們推測傾向「自治」面的人可能會覺得我們文化裡的傳統限制過多，不願配合；傾向「社群」面的人可能會認為傳統是建構和諧文化再自然不過的方式，所以覺得服從等同於美德。

社會約束力光譜

隨著我們不斷挖掘，規律就開始浮現。這些規律展現出一個世界觀的完整光譜，從一個極端（最遵照「自治」觀點的人），到另一個極端（最能擁抱「社群」觀點的人）都有，該光譜就此成為了PathSight「原因模型」的基礎，以下簡稱它為「社會約束力光譜」（Social Binding Spectrum）。最靠近自治那一側的人，我們歸類他為具有個人主義傾向；最靠近社群側的人則呈現出所謂的社會約束傾向 2。

我們也發現，有一群人處在這兩者的正中間，但這一群人有獨特的世界觀，並不僅僅是妥協於兩極之間而已。簡單來說，這種人完全擁抱現況，他們直接面對現狀，並不覺得自己真的接受了它。他們選擇了中庸之道，並且每天都驗證著自己的選擇是否正確—— 他們同理其他個體的差異，且重視文化傳統以自我約束。對他們來說，做正確選擇的關鍵在於是否取得了平衡。

這類中庸派的人在任何群體裡基本上都是大多數。而在中庸派之內，又可以依照每個人對於特定個體差異有多麼敏感，再加以區分。比較在意個體差異的人，非常容易留意到個體差異的展現方式；而比較不在意個體差異的人，當然就不太在乎這類差異，他們在社交互動上採取的是比較全面性的策略。關於這方面的細節，我們將在下一章探討。

原因模型中故事的地位

在探索「為什麼／原因」的旅程中，因為牽涉到學術及行為科學的應用，所以我們必須先說清楚幾個用語，免得帶來混淆。三個最主要的描述用語是：世界觀（Worldview）、敘事（Narrative）、故事（Story）。

世界觀指的是一個人外表、個人和社會身分的總和，包括基因、基礎本能、年齡、性別、種族、生活型態、人格特質、靈性和生命經驗，因此基本上它具有無限多種變項。

儘管我們現在已經有了精進的資料模型，可以把人群區分得非常細緻，但這些資料模型還是無法幫助我們理解人類行事的原因。作家瑪雅·安吉羅（Maya Angelou）的名言很有道理：「我的朋友啊，我們雖有許多差異，但我們更多的是相似之處。」透過研究，我們很肯定儘管道德觀在文化和群體中可能差異甚大，但人類描述各自的世界觀時，仍有非常多相同之處。我們將這些世界觀分為五種元世界觀（Meta Worldview）。

我要再說一次，世界觀是極為個人的事，因此沒有討論空間。因此若將世界觀當成資料，困難點在於它只有部分可供大眾檢視。大家並不會把自己所有的思想都分享給全世界，我們只能靠推理得出剩下的部分。

你可以把世界觀想像成一間房子，如果房子有寬敞的前廊，代表這棟建築對外開放，但不管前廊有多大，我們都無法得知裡面有多少階樓梯。有時候我們甚至難以得知你的世界觀

反映的是真實的你，還是你想成為的那個人。

　　從這裡，就可以銜接到我們要探討的下一個層次：**敘事**。敘事是學術圈和應用科學裡很常見的術語，心理學家（尤其是研究認知、行為和道德心理學領域）也早就熱衷於用敘事描述人的性格。

　　一九八九年，西北大學心理學教授丹‧麥克亞當斯（Dan P. McAdams）在文章〈敘事認同發展〉（The Development of a Narrative Identity）中這樣描述他的研究主題：「過去十年，我自己的研究和推理，可說是承襲了社會科學當中的勇敢創新傳統，也就是所謂『生命的研究』或『人格學傳統』—— 可追溯至莫瑞（Murray，一九三八年）、懷特（White，一九六六年、一九八一年）和湯姆金斯（Tomkins，一九八七年）等人提倡的研究方法。就如莫瑞在五十多年前所預示的情況，人格學家應盡力研究全人，並在完整的社會歷史脈絡中理解這個人的框架和內涵。人格學家追隨莫瑞（一九三八年）《人格探索》（Explorations in Personality）的方向，實證探索全人時，必須把動機和生命故事當作首要重點[3]。」

　　道德基礎理論出現後，成為麥克亞當斯研究方法的現成材料，焦點放在敘事的三大元素：動機和情感主題、自傳式推理及結構面向[4]。

　　這項研究成果—— 人的世界觀，遠比商業市場所以為的還更易觸及—— 對我們的研究有重大貢獻。發展「原因模型」的過程中，我們開始將敘事當作解密特定世界觀的關鍵。將一個人的基礎本能與他的年齡（生命階段）、性別和種族接上線

後，就能取得他的世界觀的核心元素，這就是個好的開始。不過謹慎建構的敘事，則能對此人完整的人生有更加深入的了解。

在商業市場上，通常我們都無法取得完整的資料，因此呈現符合這些敘事的資訊時，資訊會來自數種不同層面。我們會利用大眾可取得的資料、心理變數資料（第二大類別）和更私密且受保護的資料（第三層）來解釋五種元世界觀是怎麼形成的。

最後一個需要澄清的術語是**故事**。對我們來說，故事其實只是敘事的簡化版，主要用於認識和影響他人。大多時候我們只在乎一段敘事的部分片段，畢竟我們跟大多數人互動的時候，並不需要深入了解對方的操作型敘事。但如果你想要改善或影響一段關係，它能幫你把普遍的敘事範圍縮小到情境特定的故事。故事的這項功能經常出現在行銷、傳播甚至是人力資源之中。

那麼，以上這三種訊息是怎麼合而為一的呢？假設你想要知道有多少人會想要買某件商品，在群眾層級我們可以識別出特定的元世界觀，這種人可能會有興趣試用該產品。在這組人裡面，我們可以根據他們的敘事（還有可得的資料和模型）探討為什麼有些人比其他人更可能喜歡這樣商品。最後要說服某人購買時，我們就會利用故事聚焦。同樣的架構也可以套用到購買產品以外的領域——投票、參與活動、「按讚」、獲得忠誠度或改變行為。

元世界觀　　敘事　　故事

　　實際上，我們發現這個過程不僅可以影響特定行為，更可以影響我們討論這些行為的方式。身為人類，我們傾向透過故事來溝通想法。著名的經濟學家兼諾貝爾獎得主鮑勃・席勒（Robert Shiller）是這麼說的：「人類不管在哪裡都會對話，天生就如此，人腦是圍繞著敘事建構的。我們稱自己為智人（Homo sapiens），其實不太恰當，因為 sapiens 指的是『智慧』。演化生物學家史蒂芬・傑伊・古爾德（Stephen Jay Gould）表示我們應該被稱作敘事人（Homo narrator），你的心智生來就是為了敘事，特別是關於其他人類的敘事 5。」

　　我們的研究成果顯然也支持這個論點。我們相信，在社會約束力的光譜上，真正能讓大家聚合在一起的因素是故事——人在組織自己的世界觀時，會有反應的故事；而不是像年齡或種族這種剛好大家都擁有的固定特質。故事也是我們選擇朋友和伴侶的方式；人類的人際關係會建立在能夠產生親密感的共享故事上。

　　舉例來說，竭力確保個人權利的人可能會認為，「就算把預算裡的所有錢都花掉（花在特定的社會方案），但只要能拯救一個家庭，這樣就值得了。」可是一樣具有同理心的人可能一點也不這麼認為，差別或許是因為他們對關愛／傷害本能的敏感度不同。再往光譜下方走去，第三個人可能會反對把任何一毛錢拿出來投入社會方案裡。

我們的「原因模型」之所以會有妙用，會有力量，就是因為人類關注故事。我們不認為知道一個人的收入或教育程度後，就可以確知他們行事原因的決定性因素；而我們知道的是，鮮明的故事能超越人種、階級和世代在內的所有差異。

我們已經有能力定義不同人群中，合乎規範的期待或可預期的結果（例如哪個市場分類中，可能會有多少個人主義者），但我們的目標是要更加深入。我們相信，了解人「為什麼」行事的原因，遠比單純知道一個人會做「什麼事」還要重要且具影響力。

原因模型

我們在此再次複習一下模型的基礎——道德基礎理論架構的五種核心本能，如下圖。

關愛　　　　公平　　　　忠誠　　　　純潔　　　　權威

原因模型的基礎，是在道德基礎理論的五種基礎本能（關愛／傷害、公平／欺騙、忠誠／背叛、權威／顛覆和聖潔／墮落6）當中，找出關聯性。我們研究了這些本能如何影響人的決策方式之後，找出了五種獨特的**本能模式**（Instinctual Pattern），如圖3-1所示。每種特質裡的個別行為都會受到特定

的主題、文字和圖像以可預期的方式影響。縱軸代表的是各個本能特質對個體差異的敏感度，以忠誠度分數評量。忠誠度分數高的人通常對差異非常敏銳，像是年齡、性別、種族、生活型態和宗教；忠誠度分數低的人表示傾向普遍性，這些人比較會覺得每個人都有相同的機會獲得文化中的利益。

我們辨識出了五種本能特質，如下所述：

- 本能模式0：平衡者，第0元世界觀
- 本能模式1：中庸者，第1元世界觀
- 本能模式2：個人主義者，第2元世界觀
- 本能模式3：社會約束者，第3元世界觀
- 本能模式4：宿命主義者，第4元世界觀

圖3-1　原因模型：元世界觀的分布圖（以美國為例）

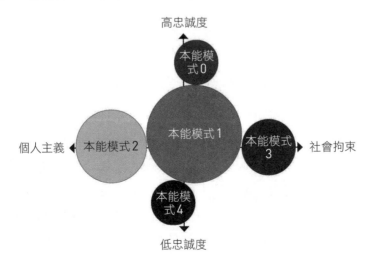

接下來我們將詳述每種本能模式。有了基礎知識，我們就可以探索這些特質會如何表現在各種人口統計、心理特性和行為特徵上。我們發現，**將本能模式的資訊，結合在龐大的資料上，將可產出更豐富、更複雜的知識，對廣告、行銷、傳播、人力資源和一般行為管理更是如此**（如待會所見）。在下圖 3-2 的模型裡，我們會從這個全新的起始點，追蹤第 2 元世界觀的資料。

圖 3-2　原因模型：元世界觀的分布圖（以美國為例）

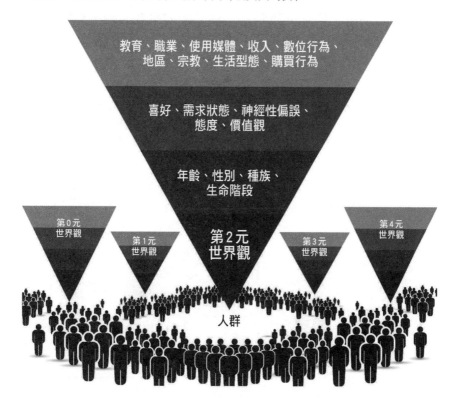

　　每種本能模式代表不同的起始點。這個倒三角形裡面的各種輸入源累加起來，就可以得到很完整的面貌，足以了解是什麼造成了個人的品味、偏好和習慣——還有最重要的，「為什麼」的原因。因此，我們無須再參照其他的傳統模型了。

　　如同第二章提到的，很多企業花了數十年的時間，相互競爭誰能用最有效（且最賺錢）的方式把人分類。下面表3-1呈現的是現代市場如何管理這個流程，在大多數個案裡，各個媒體平台的行銷活動注重於獲得特定人群的讚數、參與度、忠誠度、喜愛、投票數和購買力，顯示於表3-1的上層部分。

　　換句話說，如果你想要某人對某種方案有興趣，傳統模型會建議參考他的生物學特徵（年齡、性別、人種）、描述（教

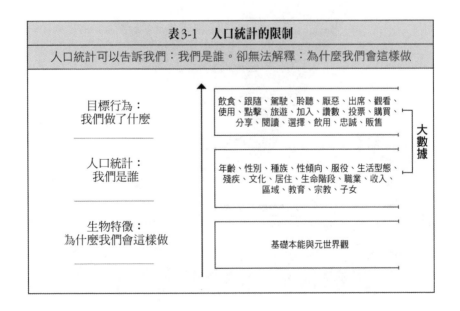

表3-1　人口統計的限制

人口統計可以告訴我們：我們是誰。卻無法解釋：為什麼我們會這樣做

目標行為：我們做了什麼	飲食、跟隨、駕駛、聆聽、厭惡、出席、觀看、使用、點擊、旅遊、加入、讚數、投票、購買、分享、閱讀、選擇、飲用、忠誠、販售	大數據
人口統計：我們是誰	年齡、性別、種族、性傾向、服役、生活型態、殘疾、文化、居住、生命階段、職業、收入、區域、教育、宗教、子女	
生物特徵：為什麼我們會這樣做	基礎本能與元世界觀	

育程度、收入、生活型態）、行為（態度、人格、習慣）或地點（實體、數位）。然而，人口資料雖然有助於定義我們是誰，或我們會做什麼，但討論到「為什麼」的原因時卻無用武之地。

這類的人口統計資料，不論是分別使用或融入在模型之中，仍然無法適當呈現數十年前尼爾森公司販售的「市場菜籃」商品。

而當代的道德心理學研究（以「道德基礎理論」最為精華）則承諾，**只要了解人類更高層次的道德概念，就會對我們與世界互動的方式，造成更大的影響**（比年齡、性別或收入等帶來的影響更大）。假設你有強烈想追求公平的本能，它肯定比像是出生順序更能預測你的行為，這也是為什麼這五種本能模式會成為我們「原因模型」的基礎。接下來，就讓我們來看看能從自己身上學到什麼，還有更重要的是，能從他人身上學到什麼。

第四章
第2元世界觀：個人主義者

在前一章裡，我列出了PathSight發展出的五種元世界觀。我希望此時你已經能明白傳統的分類模型雖然有用，但無法提供人們行事原因的完整面貌。在深入挖掘各個元世界觀前，我們再看一下這個倒金字塔圖形（圖4-1），裡面有多種不同來源的資訊，用以了解人類行事的原因。

圖4-1　敘事的藍圖

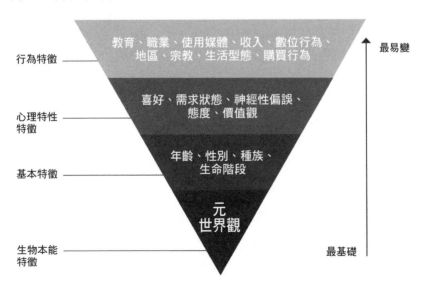

　　圖形的最下方是「元世界觀」，也是這個模型中最具影響力的資料基礎，也是最難發現或挖掘的一塊。這裡放的是我們的本能模式。而描述性的人口統計資料（除了年齡、性別和種族等等資料之外），位於倒三角形的最上面，最容易觀察，但如果想要提出什麼真知灼見，它們也最不具可信度和意義。你可以把這個模型想像成，將一層一層的資料、內容和變項整理為三角狀，幫助我們深入且全面地了解他人。從倒金字塔的最下方開始，我們要調查人群或評估描述他們的資料以取得本能特徵。如先前所述，PathSight在過去五年中發出超過五萬份問卷調查，專門用於搜集這份資料。在探索原因的過程中，我們相信這層資料是所有裡面最有用的，因為它會影響其他所有層次。我再重申一次，「本能」反應了我們生物學的「初稿」，而其他所有特徵都能透過這個本能視角來分析。

　　接下來是從下面數來第二層，亦即生命階段（年齡）、性別和種族，這些大多都是出生就註定了。隨著這些代表自我意識的基石不斷發展，它們也會讓神經印記裡的本能成長。在研究中，我們看見元世界觀與生命階段這兩個層次，比起更往上方的元素，更是塑造我們身分的主要來源。這裡出現了一種規律──倒金字塔越高處的特徵，會離基礎越遠。

　　再往上一層，介於「基本特徵」和（最上層的）行為特徵之間的層次，則是一個較廣泛的類別，稱為心理特性特徵，也是許多分類模型的出發點。心理特性特徵包括個人或群體的態度、喜好、意見、成就和人格特質等資訊。再次強調，在我們的模型中，我們相信如果能透過核心本能模式視角理解心理特

性資料，一窺最原始的人性，那這些資料會更有意義。這些資料都是用標準的工具取得，像是人格測驗、價值澄清問卷或屬性和偏好的相關性測量法（也就是如果你喜歡這部電影，可能也會喜歡那部）。

　　現在，明白倒金字塔的層次概念後，我們來認識第一種元世界觀吧—— 第2元世界觀個人主義者。

第2元世界觀

　　第2元世界觀的人看待世界的角度，是「每個人如何被對待」。我們如何彼此照顧？我們享有相同的機會和正義嗎？這種本能可以有很多不同的表現方式，但常見的模式是容忍差異的本能，還有不願順從的本能。

第2元世界觀的特徵

　　第2元世界觀的基礎是個人主義，在乎的是個體性、同情心、公平和正義。除非對方造成了傷害，不然第2元世界觀傾向給予他人的個人行為大量的自由。他們想要保護、養育弱者及無法供養自己的人，不會對別人有太多意見，喜歡有多種可能、喜

圖4-2

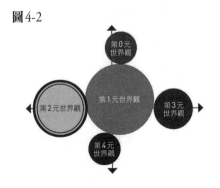

歡刺激和個人自由的人生。與其尋找複雜的符號來表達自己的成就，他們更自豪的是自己成為那個引領潮流、使商品熱賣、突破現況的那人。當外界順應第2元世界觀個體的價值時，他們就受到了肯定（其實我們大多數人何嘗不是如此），因為這種自然的和諧狀態而喜悅。但在另一種情況，如果文化要求他們遵從，他們則是第一個跳出來反對的人，且經常是透過諷刺或嘲諷式的幽默表達。

圖4-3

第2元世界觀位處在原因模型中社會約束力光譜的最左側，如圖4-2所示。**而第2元世界觀主要的本能推力，則是關愛與公平**，如圖4-3所示。

第2元世界觀的故事

如先前所見，每種本能模式都會由一種敘事呈現，反映出其專屬的本能模式會如何在日常生活中被激發。以下是一段典型的第2元世界觀特質的敘事：

看看周遭，我看到這個世界充滿了新鮮的事物，有許多選擇和方式能夠表達自己。我可以利用新的科技，挑戰生活的極限，這對我來說很刺激，也樂於享受這種感覺。我正好熱愛藝術和音樂，能夠輕易使用各種能想像得到的方式探索音樂。

　　但我憂心的是，整個世界變得太過於武斷，我看見社會上有一大群人想要別人用他的方式做事情，不接受的話就會被懲罰。我很擔心，因為我覺得如果不關你的事，那你就別把意見說出來，每個人都有權利以自己認為適合的方式表達自己。我看看周遭，發現很多人狀況也都不佳，而我認為我們沒有盡力做到確保每個人身下都有張安全網接住他。有太多例子都是有人並未受到法律同等的保障，這是不對的，我們有義務確保這種事情不會發生。

　　讓我們來一層一層檢視這個敘事，以更全面地了解它的內涵。

喜歡發現新知

　　第 2 元世界觀的人天生帶有好奇心。例如我們的音樂消費研究顯示，這類消費者會廣泛體驗音樂，且橫跨數種類型。（有趣的是，音樂的類型似乎並不重要，可預測的反而是類型的數量。）在測試的共十二種音樂類型中，第 2 元世界觀的消費者平均喜歡九種；相反的，具有社會約束力本能的第 3 元世界觀（社會約束者）平均只喜歡三種音樂類型。

　　有一篇有趣的文章標題叫作〈自由派和保守派的隱秘生活：人格特質資料、互動方式和他們捨棄的事物〉（Secret Lives of Liberals and Conservatives: Personality Profiles, Interaction Styles, and the Things They Leave Behind）[1]，由心理學家兼柏克萊加州大學商學院副教授達娜・卡尼（Dana Carney）撰寫，

強調了有關黨派支持者自我分類的精采內容，與我們研究中識別出的第2和第3元世界觀本能非常相近。卡尼表示，隨著時間推進，每個人的特徵會產生穩定的規律。在其中一項研究觀察中，自由派（主要為第2元世界觀）偏好大量不同的書籍，而保守派（通常是第3元世界觀）閱讀的書籍種類就很狹隘。

第2元世界觀的人會期待新鮮的觀點，喜愛比較好的做事方式，但他們對於「好」的定義不一定相同。實際上這群人的社會功能就是讓我們的文化產生無限多種觀點，他們經常就是尋找和發現新事物、提出點子以改變世界的那個人。像是Airbnb和Uber這種破壞式創新的概念，以全新的方式呈現已經存在的服務或商品，如果有人要第一個去做，那大概就是第2元世界觀了。

沒有批判的地方

這是第2元世界觀的另一個關鍵敘事，他們會擔心某些人和某些信念會造成過大的影響力。如範例的敘事所述，他的核心信念是：「如果事情不會影響到你，那你就不該把意見說出來。」以制訂規範和治理的角度來看，意思就是「不造成傷害」。

第2元世界觀的人，不太接受道德基礎理論中注重傳統、秩序和規則的權威本能。他們更重視的是與互惠及相互尊重緊緊相扣的公平—— 注重個人而非團體。精益（lean）創業和敏捷（agile）開發的概念就是第2元世界觀思維的最佳範例——

協作產品與團隊（scrum team）；同儕網路；更平面、平等的組織；當然還有激進性創新。你可以想想節目主持人史蒂芬·荷伯（Stephen Colbert）在節目上的開場白，內容通常是關於偽善的政客、過分蔓延的清教徒式道德，還有集體社會不太容許他人的自由。近期我們執行了不同電視節目吸引力的研究，發現具有第2元世界觀的人是這檔節目最死忠的粉絲。

同等的保護

同等保護的概念，可歸類在公平本能之下，也是第2元世界觀這群人的核心理念。他們通常會展現出強大的同情心，因此非常能容忍多元性，他們也認為文化需確保裡面所有的成員都有平等的機會。個人主義眼中的美國社會雖沒辦法保證有平等的結果，但我們至少要能保證每個人都有平等的資源。不意外，其他世界觀的人大多都不同意這個觀點。可是這個信念就是讓第2元世界觀的人有別於他人的地方。

同等保護也來自於強大的關愛本能，每個人類個體都應該受到關愛，這在個人主義者的核心信念中再重要不過。第2元世界觀在關愛的影響力，比其他所有本能模式都還要顯著得多，但關愛本來就是一種本能，存在於每一種本能模式裡。就我們所知，這項本能原先來自於生物學上需要保護幼者，但也可以套用到人類同理心的每個面向——塑造身分認同、投射且最終與他人的感受有所共鳴——且帶著感性和同情心。在其他的世界觀裡，關愛可能一點都不重要，或比其他本能次要，但

它是最接近普世特徵的本能。

第2元世界觀的身分認同要素

從這段簡短且基本的敘事裡，我們就能對這群人有如此多的認識。為了要了解如何透過第2元世界觀過濾大量的特性或人口統計資料，讓我們首先從年齡、性別和種族等基本特徵開始探討（其他人口統計資料當然也有幫助，像是都市對比鄉村或社經狀態，但都不如年齡、性別和種族來得基本）。

我先簡單解釋一下，圖4-4的每一塊代表什麼（在市場研究中，人口統計和心理特性資料都可以提供客戶洞見）：

- **基本特徵**：長久以來辨識目標受眾特性的標準核心特質，通常包括年齡／生命階段、性別、種族、收入、教育程度、家庭大小、宗教和地點（鄉村對比都市是相對新穎的資料點）。一般認為這些特質最容易量化。
- **心理特性特徵**：興趣、嗜好、動機、意見和態度。心理特性較難量化，通常是透過調查、問卷和正式的心理測量工具取得。
- **行為特徵**：透過觀察某人的行為取得的特徵。這類特徵可立即取得，經常稱為人口結構特性，一般來說變化無常。上述都是整合進我們模型中可公開取得的資料，用於加強個人化資料。

圖4-4

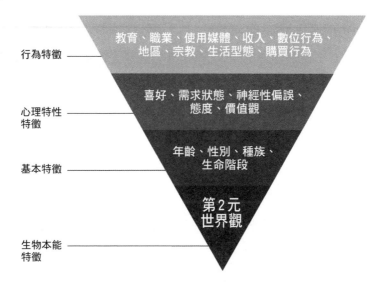

行為特徵　　　　　教育、職業、使用媒體、收入、數位行為、
　　　　　　　　　地區、宗教、生活型態、購買行為

心理特性　　　　　喜好、需求狀態、神經性偏誤、
特徵　　　　　　　態度、價值觀

基本特徵　　　　　年齡、性別、種族、
　　　　　　　　　生命階段

　　　　　　　　　第2元
　　　　　　　　　世界觀

生物本能
特徵

　　首先，讓我們回到年齡／生命階段、性別和種族。這些特徵不一定能夠預測某人對特定本能模式的敏銳度，而我們更感興趣的則是這些基本特徵——年齡／生命階段、性別和種族——會怎樣與特定的本能特質結合，產生獨特的世界觀。把人口統計資料、觀察和心理測量分數加進來並結合本能，長期來說將可給我們更加全面、更具影響力且可預測的知識。

　　從二〇一五到二〇一七年，我們在PathSight公司裡訪問了超過兩萬人，詢問他們在對他人描述自己時，會不會強調年齡／生命階段、性別和種族。這個看似直截了當的問題造成了非常複雜的答案，等我們討論到「多元交織性」的概念時我會再次提到。這三種描述用語放在人的本能模式脈絡下理解時，

圖4-5　幾種自我描述用語的重要性

當你對其他人描述自己的時候，以下三種自我描述用語的重要性

就能為身分認同概念創造出全新的起始點。

　　圖4-5顯示，美國人眼中這些特性的影響力。我們要留意，這些人裡面約百分之七十六點五認為自己是白種人，在群眾層級這顯然是壓倒性的結果，不過等我們檢視個別群體時，你就會發現這種一般印象會完全改觀，但它仍是衡量美國文化情感良好的指標。我們將上述計算為「淨」好感度分數，也就是把正分減掉負分後，呈現出特質的相對強度。這些人在對他人描述自己時，認為他的世代是最易得知的資訊，性別被評等為中性的特質，而大家在描述自己時，種族則不是重要的指標。

　　我要再說一次，這是人口統計結果，很容易掩蓋重要的個體差異，因而無法看見關鍵且重要的參考點。

年齡／生命階段與第 2 元世界觀

　　我們千萬不可忽視世代指標的影響力，它已證實很方便，

很容易使用且難以忽視。看看美國市場對世代稱呼的執著──千禧世代、Ｘ世代、嬰兒潮、Ｚ世代，這種現象在其他國家可沒那麼盛行。

　　當然，這些世代團體真正的差別並不在於它本身的要素，而是他們的**生命階段──如何在特定的情境下處理生活中的需求**。每個世代之間賦予需求的本能特質基本上是相同的，改變的是那套情境經驗，各世代會遭遇不同組合的挑戰，並會用自己的方式解決，而我們卻誤把這些解決方式以為是世代特質。舉例來說，許多人都在討論千禧世代和他們與工作的獨特關係──他們要求員工休息室要有電動遊戲、要求到職時要有特別的介紹儀式，公司明文寫出對於工作的期待、要求更多彈性工作時間等等。可是這個世代的人成長的時候，正逢經濟大蕭條，要面對數不清的財務問題。有鑑於就業市場的情況、學生貸款的重擔、生活費高漲、需要存更多錢應付平均壽命延長等等因素，千禧世代的「特質」，其實可能只是在不穩定的勞工市場中，因為無法爭取到真正的工作保障，只好要求這些無關痛癢的利益。

　　一個人的世代印象會怎樣受到「本能模式」的影響呢？最簡單的答案就是取決於他的生命階段和專屬的本能模式。畢竟，每一種不同的本能模式，都是透過人的本能、他們的生命階段、經驗等等因素交互作用之後，才形成的。我們可以把生命階段想像成是一個人的喜好和行為的指標，而不是單純的人口統計資料，這樣就可以幫我們檢視不同的本能模式是如何處理與年齡有關的議題。舉例來說，第 2 元世界觀者面對「典型

的六十歲長者應該如何行事為人」這個問題，就比較不會受到
文化規範的束縛，相較之下第3元世界觀的人就可能比較遵守
傳統。第2元世界觀的中年人碰到傳統的社會期待，可能會很
不爽，而第3元世界觀的人則樂意服從社會期待。在你一生的
過程中，在各個年齡階段裡你對自己年紀的感覺，以及社會對
於你這個年齡的人的期待，都是透過你所屬的本能模式來加以
檢視。

　　關於這個主題已經又有不少研究，像是在《青少年與成人
道德基礎的年齡差異》（Age Differences in Moral Foundations
across Adolescence and Adulthood）中，艾斯‧薩赫爾（Ece
Sagel）提出個人化和社會約束特質以縱向呈現的不同方式[2]。
薩赫爾認為，各種生命階段的需求通常都具有個人化或社會約
束的主題，例如在青春期後期就有很多規則和服從的挑戰：宵
禁、駕照考試、校規、宗教和社會規範。這些重大事件都具有
社會約束力，就像是設計出來的成年禮，把小孩送進大人的世
界。但不久之後又會有一套新的挑戰，內容完全只與個人主義
者觀點有關：第一份工作、第一份租約、第一次保險。這也是
大多數人開始定義自己的界限和生活型態的時候——這類選擇
極可能定調了他們往後很長一段的人生。最後，完全進入成人
階段後，挑戰就會回歸社會約束力的方向，需要償還學貸、處
理房貸、支持家庭和存退休金。

　　改變，會對每個人個別的本能模式造成不同挑戰。進入新
的生命階段時，需要考量至少兩種不同的要素。第一，這項挑
戰屬於社會約束力還是個人主義面向；第二，面對改變時，人

的本能模式會如何展現。

　　舉例來說，在成年初期，第2元世界觀可能會以冒險者的正面態度擁抱生命中的「第一次」。假設你剛從大學畢業，在新城市裡找了一份新工作，交到新朋友、培養了新的習慣（例如新的健身菜單）。這些都可以具有刺激性，激起你從不知道自己擁有的興趣和熱情，開發更多的可能性。

　　對於第3元世界觀（或說社會約束者）來講，感受可能就大不相同，因為他具有服從規則、社會從眾、傳統和保障的自然本能。下一章將會探討社會約束者的生命階段經驗。

性別與第2元世界觀

　　根據我們的調查，大多數人介紹自己的時候，性別似乎不如世代來得重要—— 至少在美國是這樣，但我們倒是知道不少不同本能模式對性別的看法。

　　在群眾層級，性別看起來可能不大顯著，畢竟它在圖上也只有比零多那麼一點點，但這可能是關於性別議題所產生的情緒，所造成的結果；以及性別議題的情緒是以兩極化的方式，平均分布在正極和負極。我們可以看看圖4-6，裡面比較了所有女性和所有男性的評分，兩者差距跨度為二十八，女性的分數是正面的十四，男性則是負十四。也就是說，女性整

圖4-6　用性別進行自我描述

差距達28點

體認為性別對於自我描述是重要的，是具有淨正分的情感；相反的，男性把性別評為負分因子，原因是在當今的文化裡，男性通常被視為是一直擁有權力的。男性認為，在進行自我敘述的時候，性別並不重要。而女性則認為很重要。對於第2元世界觀的女性來說，性別特別重要，她們善用了自己在公平與關愛的這兩種本能，將性別視為「不是一個固定的角色」，常在言談間提到性別，隨情況不同而重新定義角色。如果可以更廣泛地衡量這種情緒，再搭配其他和權力相關的特徵像是收入、教育程度和職業，看看差異是否仍然存在，肯定會非常有趣。這麼一來，我們在指涉性別的時候，使用的就是它社會化後最廣的定義：性別如何與人格特質和行為產生關聯，以及它在經濟、法律和政治上的含義。

種族與第2元世界觀

種族是另一個會大幅影響我們如何看待他人，還有如何與他人產生聯繫的核心特質。如前所述，第2元世界觀通常很能容忍差異，傾向將差異視為資產。整體來說，美國黑人、拉丁裔和亞裔美國人在把種族當成自我描述時，表達的情緒很相似。但白人卻比較不會用種族來描述自己，這點和男人不太用性別來自我描述的情況很像，意味著白人先天就不認為對他人自我描述時，有必要談到種族。這當然會牽涉到種族包容的議題，我們或許可以推測，在文化規範下，白人先天就不認為應該用種族來表達一種不同的觀點。一般來說，第2元世界觀的

人會正面看待多元性，因為關於種族與族群，已經歷過太多社會上的、認知上的偏誤了；在族群以及自己世界觀這些議題上，人所看見的其實都受限於自己的期待、推想和偏誤。我們知道，個人主義者的論述確實有助於推動一種「重視多元性」的包容本能，不過這種本能還沒帶來有如膝跳反射那般明顯的行為。所以在種族、族群與我們本能的議題上面，未來要做的事情還很多。

例如，人類很根本的一種認知偏誤是內隱偏誤（implicit bias）。《美國教育家》（American Educator）一篇名為〈了解內隱偏誤〉（Understanding Implicit Bias）的文章中，柯溫研究所的資深研究員雪洛兒・施塔茨（Cheryl Staats）寫道，「內隱偏誤指的是自動且無意識的刻板印象，會讓人以特定方式表現或決策3。」美國心理學會（American Psychological Association）避免歧視與提倡多元性小組（Task Force on Preventing Discrimination and Promoting Diversity）二〇一二年的一篇報告發現，偏誤——包括內隱偏誤在內——遍布於人群和組織之中4。雖然兒童的行為可能會影響大人的決策過程，

圖4-7　第2元世界觀：用種族進行自我描述

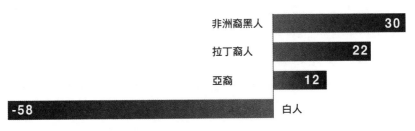

但性別和種族的內隱偏誤，則可能影響別人對行為的看法以及用什麼方式回應某種行為。再加上隨著時間累積，造成惡性循環，使不平等持續惡化5。我們認為，如果每個人都能提昇自己對於本能模式的意識，就有辦法了解兒童會怎麼理解這種偏誤，了解生活經驗會如何使偏誤透過個人獨特的世界觀獲得強化，藉以幫助我們在現實生活中，得知偏誤會怎麼與人的基礎本能交互作用。

交織性的起點

切記，我們提到的「本能模式」並不是僵化的特性，這些特質不能測量，也無法代表某種量化分數。這些基本特徵雖代表了我們的年齡、性別和種族（也就是人口普查時你會勾選的選項），但它們無法幫助我們理解人的世界觀。打從出生起，我們的基本特徵就已然存在，還會不斷從生活經驗裡得到回饋，同時間專屬於你的「本能模式」會協助你理解自己正在建構的世界觀。如果還有人以為我們可以在個人身分認同裡面分配明確的配比給性別或種族，那就是根本不了解這個道理。

一九九一年，加州大學洛杉磯分校和哥倫比亞大學的法學教授兼公民權推動者金柏莉・威廉斯・克雷蕭（Kimberlé Williams Crenshaw）完成了〈描繪邊緣人：交織性、身分政治與對有色女性的暴力〉（Mapping the Margins: Intersectionality, Identity Politics, and Violence against Women of Color）一文。這篇論文一般認為是交織性觀念的源頭6。在簡介中，她簡潔地

寫出解釋人種與性別的架構：「然而，擁抱政治身分一直與社會正義的主流觀念有所拉扯。人種、性別和其他身分類別最常在主流自由文本中被當成偏見或壓迫的證據──也就是本質為負面的架構，而社會權力會在其中運作以排除或邊緣化不一樣的人。」

根據這樣的解釋，我們解放的目標應該要是屏除任何具有社會意義的類別才對，然而，像是女性主義和種族解放運動中隱含的意義則是社會權力在勾勒差異時並不需要成為宰制的力量，而可以是社會賦權和重建的動力。

我們可以看到，要搞清楚這些影響如何與人的身分產生關聯，乃是極為複雜的知識，而且我們才剛剛開始明白而已。不過我們可以用一些比較基本的現實情況來解釋這個主題。在取得有關這些主題的知識時，我們需要先知道，並非所有資料都是相等的。前面說過，脈絡是最終依歸，我們在解釋這些資料的時候要記得，大多數的意見都來自於百分之七十六點五的人口的觀點，而且他們描述自己為白人。因此我們必須思考，如何分解、萃取出多數決裡面的「異類」想法和能量。當然，如果能了解一個人的本能模式，就比較有可能取得不一樣的看法，所以我們在下結論的時候一定要小心。以下，我們就來試試看如何描述這些特質。

在以下的幾張圖裡，我們可以看到美國全體女性在所有本能模式中，如何給種族、世代（年齡）和性別打分數。我們可看見，整體人口（最左邊邊線）──包括百分之七十六點五的白人在內──給種族的分數是負十七，性別是二，世代是

七十一。如果把種族（黑人）和性別（女性）結合起來，會看到非常不一樣的觀點。請從各圖的左方到右方檢視一下，我們可以看到，在所有世界觀之間，人的世代（或年齡）非常一致，且分數很高，這個類別似乎不太受到人口變異的影響。然而性別種族這兩個類別，則與人的本能模式更加緊密地交織在一起。種族的總分是負十七，性別的總分是二，而第〇元世界觀（平衡者）的人當中，種族和性別都落在四十四附近。分數最低的則是由第4元世界觀的黑人女性所打出來的（見圖4-8），種族是二十六分，性別是三十八。

圖4-8　非洲裔女性黑人：幾種自我描述元素的重要性（依照元世界觀區分）

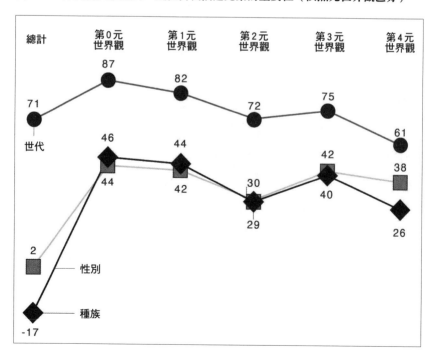

　　有人可能會誤以為這是只有在黑人女性才會出現的問題，那我們也可以看一下拉丁裔和亞裔女性對這幾個類別的影響。同樣的，加入種族和性別到公式裡後，性別仍然不大受影響。拉丁裔和亞裔女性有些差別，拉丁裔女性的種族和性別本能模式一樣緊緊相扣，但程度比黑人女性低，亞裔女性第3元世界觀的種族分數為五十，與黑人女性相近。至於性別則比其他特質不起眼。我認為，有些分數與個別的世界觀特質有關，現在就讓我來解釋清楚。

圖4-9　拉丁裔女性：幾種自我描述元素的重要性（依照元世界觀區分）

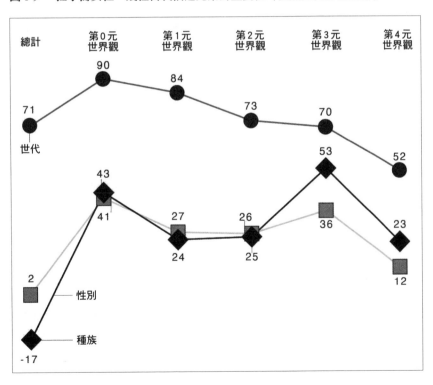

圖4-10　亞裔女性：幾種自我描述元素的重要性（依照元世界觀區分）

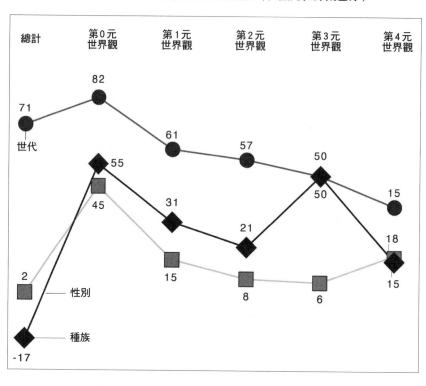

第2元世界觀－個人主義者資料

以下是第2元世界觀最在意的事：

- **個人自主性**：個人主義者優先考量個人，才考慮融入群
  體。這些人傾向從個體身份的視角，來檢視性別、年齡
  和種族議題。大體來說，這些人的資料和敘事顯示他們
  比較能包容各種不同的生活型態、傳統和行為——就算

他們最終選擇了以傳統方式過生活。

- **平等至上**：個人主義者會希望所有人都能享有正義和平等的機會，不分人的年齡、性別、種族或能力為何。個人主義者會謹慎地以公平和關愛檢視各種議題和生活情境，並在這些議題上盡量不受情緒的影響。

- **抗拒服從**：第2元世界觀的個人主義者不喜歡權威，他們可能會反抗有關性別、年齡和種族的傳統角色和規範。他們的道德觀指引他們注重多元性和包容性，拒絕會使人選擇受限的事物。他們會主動抵抗規範，且一直是個人權利及表現的忠實推動者。

- **成為嘗鮮人**：這是個人主義者的標誌性特色，也是讓他們自豪的事。他們在所有的群體中，最可能成為「有影響力的人」，對於他們支持的活動也是如此，由他們支持或發起的運動通常都會被廣泛採用。

　　還記得四十年前莎莉・菲爾德（Sally Field）主演的電影《諾瑪蕊》（Norma Rae）嗎？諾瑪・蕊是棉織廠的勞工，長期在惡劣的環境下超時工作，薪水又很低，於是她開始為工人奮戰，不僅為自己也為其他工人創造更好的工作環境。安吉拉・艾倫（Angela Allan）在《大西洋》雜誌（The Atlantic's）一篇名為〈四十年前，《諾瑪蕊》已知如何以合作將人種武器化〉（40 Years Ago, Norma Rae Understood How Corporations Weaponized Race）的文章裡寫道，這部電影「不僅堅持種族團結可以解決經濟上的不正義，更認為勞工團結可以解決社會

上的不正義7。」主角諾瑪‧蕊——根據真實女性改編——正屬於典型的第2元世界觀,不墨守成規又展顯出高度的關愛和公平本能。你還想得出其他很明顯是個人主義者的例子嗎?那就是電影《永不妥協》依據的真實人物、環保鬥士艾琳‧布羅克維奇(Erin Brockovich)!

或者想想人類如何處理新冠肺炎疫情,疫情不只在生理上影響了我們,更威脅到人類文化以及生活的方式。以美國為例,它使人們看見國家可以變得多麼兩極化——就連戴不戴口罩都可以變成政治行動——並看見社會是如何遺忘了那些邊緣人。如果我們能退一步思考大家面對這個疾病的方式,就能發現它頗符合第2元世界觀(個人主義者)和第3元世界觀(社會約束者)的特質差異。就如艾登的研究所言,個人主義者「比較倚賴情緒上的煩惱」,而社會約束者「比較在乎對自己的批判8。」

第2元世界觀的人面對病毒立即的反應,就是要為所有人提供相對安全、不受疾病影響的環境。他們首先在乎的是要怎麼避免更多人患病,還有要怎麼樣好好照顧已經確診的人。研究顯示第2元世界觀的人在考慮怎麼進行下一步的時候,會參考非常多的標準:疾病的本質、疾病的傳染率、嚴重性、共病症的影響還有受感染的人。以上所有事情都是第2元世界觀的指標風格(而且情緒更強烈)。對他們來說,「就地避難」的概念對所有市民來講是個殘忍的要求,尤其在經濟上更是如此,不過是可以理解的。個人主義者比起社會約束者,更願意用經濟困境換取安全、預防措施和照護。也就是說,第2元世

界觀的人要做出道德判斷以決定如何行動的時候，他們考慮的是對個體的多種影響。

而另一方面，社會約束者會將決定簡化，採取制式化、二元式、還原論的作法。他們會問：根據我的信念，封城還有因為不戴口罩而被罰款，究竟是對是錯？這些是不是正當的觀點？當然我們相信，在討論一個人的世界觀的時候，並沒有對或錯的問題，下一個章節提到社會約束者觀點的論述時還會再談到這點。相對於想不想戴口罩這個問題，第 3 元世界觀社會約束者在思考經濟和病毒的取捨時，比較不會計算「相對的風險」。當他們在考慮要不要守法、防疫方針客觀上是否正確、訊息的來源客觀上是否正確等主題的時候，經濟和病毒之間的取捨就不討論了，對他們來說，這比較像是非題。第 2 和第 3 元世界觀打從根本上就不相同：如果你是個人主義者，你可能明白描述社會約束者的詞彙，但大概永遠無法真正理解要怎麼從那種觀點解讀世界——反之亦然，就連疫情對我們的本能世界觀來說也是主觀的。

這種還原論的觀點會以許多不同方式展現；人們並不喜歡自己的生活被別人指手畫腳，想想槍枝、環保和墮胎的話題就知道了，這些話題受到我們本能的驅動，但爭論的策略卻又與原先引發爭辯的情緒脫鉤了。舉例來說，若我們的「權威本能」受到攻擊，我們可能會對外界那些抽象又沒有根據的言論感到很憤怒，我們可能不再信任外界提出的解決方案，不相信那些人有辦法把事情做好。最後，這些感覺和思維全部匯聚成一個單一的情緒：「你們無權指使我做任何事。」我把上述過

程形容成一種放出稻草人的策略，用來取代原始的情緒。而「你們無權指使我做任何事」這麼強烈的情緒，往往意味著難解的僵局。

第2元世界觀的本能如何展現在疫情之中：

- **普世關愛**：他們更加關懷、照護與同理需要面對病毒的人，不只是對自己的社群、也不只是對病患，更是展現在這些人的家人、第一線急救人員和醫療照護工作者身上。個人主義者認為不只要幫助跟自己有血緣的人，而是必須幫助每一位受苦的人。

- **需要公眾協助**：個人主義者覺得這場難以責究的天災應該能打破美國人一直以來自力更生、拒絕公眾協助的情況，更能夠合理化全民醫療衛生、暫時性薪資補助，當然可行的話還有對環境的幫助，這也是為什麼許多具有個人主義特質的人會批評肉類加工廠勞工的待遇不公不義。

第2元世界觀的人檢視世界的時候，會覺得每個人根本上都是平等的，所有人都該享有安全感，如果能有幸福感那就更好了。他們會問，我們要如何對待彼此？如何關懷彼此？我們真的都擁有相同的機會和一樣的正義嗎？

小結論

　　如果我們能更深入地探討，那麼不只能看到一個人生命中的個人故事要素，更能看到整張藍圖，指出形塑他決策方式的觀念、思想、信念和世界觀。下面的例子顯示出第2元世界觀的人會怎麼用幾句話描述自己、他們所認為的美好生活以及幾部電影，其中具有能夠展現出第2元世界觀精神的角色。

　　表格4-1和下頁的表格4-2整理出數個第2元世界觀個人主義者的獨家特質、刺激源，以及與他們相關的正面和負面詞彙。在你開始了解另外四種不同本能模式、還有它們的相同或

表4-1　第2元世界觀總結
敘事
思考人生的時候，我真正關注的是人，還有他們如何被對待。我希望每個人都能有平等的待遇，在生活中擁有一樣的機會並受到公平對待，出生時的情況不該限制人生的可能性。
理想的美好人生
• 生命是在能夠保護每個人生活、自由和追求幸福的政府裡，與其他人和大自然取得平衡。 • 我過生活的方式可以滿足我的個人主義本能。 • 我的生活展現出對其他人的關愛、支持他們的目標，並期盼能公平地對待每個人。
娛樂中的範例
• 《銀翼殺手》 • 《月光下的藍色男孩》 • 《斷背山》 • 《阿凡達》 • 《梅岡城故事》

表4-2　第2元世界觀			
價值觀			
生命中充滿新意與可以挑戰極限的機會。	個體自由的重要性大於服從。		要給別人空間，讓他們用自己的方式過日子。
成就可以滿足自我，要不要逐一記錄成就則在個人。	擁抱不同的觀點可以帶來實質的好處。		能挑戰權威的幽默感非常了不起。
多元性與個體性的進步式政治。		每個人都應享有人權和公平的機會。	
描述用語			
異變	多元性	風險對比獎賞	對他人有利的活動
普遍性的人文觀	社會運動	同情心	公平
投票情形			
10%共和黨	59%民主黨	4%自由黨	27%獨立選民
刺激源			
變異與選擇	痛苦和受難（尤其在小孩身上）	欺騙或信任的圖像	人際關係中的互惠
正向連結			
關愛	和平	同情心	同理心
憐憫	保護	防禦	保衛
保留	協助	安全	保險
負向連結			
殺害	危害	殘酷	粗暴
戰爭	傷害	毀滅	摧毀
拋棄	唾棄	損壞	剝削
傷口	虐待		

相異之處時，這是個方便的參考依據。我們也納入了一些跟投
票行為相關的細節9。

第五章
第3元世界觀：社會約束者

第3元世界觀的人處於社會約束力光譜的最右，與第2元世界觀個人主義者對立，因此他們對世界有著截然不同的看法。這群人塑造自己觀點的時候，兼顧了五種基礎本能當中的每一種，而且平均發展。

圖5-1

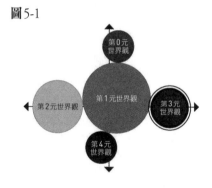

第3元世界觀的特徵

第3元世界觀的人把群體和社會的聖潔擺在個人之前。對第3元世界觀社會約束者來說，我們的角色與責任，是由權威和傳統所定義的，每個人在階級社會中都有屬於自己的位置。這種世界觀認同權力分配並不平均，社會上有領袖和追隨

圖5-2

者、贏家和輸家，這是自然現象。順著這樣的邏輯，如果有人的人生偏離了正軌，那他得自己決定要不要負責，要不要重新融入社會。第3元世界觀的人比較不會像第2元世界觀個人主義者那樣，重視平等的權利或自在地散播關愛之心——他們反而認為，公平的程度會與人對社會的貢獻成比例。

事實上提到同情心這回事，通常第3元世界觀對自己群體以外的人都沒什麼同情心。他們並不喜歡犧牲，但如果非要抉擇的話，那也必須依照個案來給予個別考慮。此外，第3元世界觀會特別保護自己的群體不受惡意攻擊，因為他們痛恨不忠。社會約束者高度尊重那些「盡力維護自身文化價值」的制度，對自己的原生團體有強大的忠誠度（不論原生團體的定義為何）。對第3元世界觀來說，「排名」這個概念就意味著特權，這很正常，表示在團體中取得重要的地位通常就會順帶獲得額外的福利和特權，這都是事物自然秩序的一部分，參與團體或文化本來就會使負責維護社群的人得到一些好處。同樣的，他們也會遵守行為準則，設法避免那些會影響到所有人的社會禁忌，通常這類準則跟潔淨中的純潔有關，大多也會激發更強大的精神能量。

第3元世界觀的故事

就如第2元世界觀的本能模式有一段代表性的敘事，反映他們的本能如何在日常生活中被觸發，社會約束者也有一段描述他們專有特色的敘事。第3元世界觀會這樣訴說他的故事：

　　簡單來說，我會這樣看世界：世界上有自然的秩序，有對和錯的做事方式，如果你遵守秩序，生命通常就會很順遂。世上有領袖和追隨者，有喜歡團隊合作的人和喜歡單打獨鬥的人，有贏家和輸家。其實事情沒有這麼困難，假如我去上班，而每個人都把自己份內的事做好，事情就會很順利，但有時候有些人以為自己懂得最多，硬要自己來，事情就難做了。就像我說的，其實沒有這麼困難。我知道我從自己跟上帝的關係裡獲得了許多力量，我不安的時候，我有地方可以尋求指引。

　　大體來說，我過著明智的人生。我不覺得需要瘋狂追隨最新的時尚、電子產品或甚至是流行樂，我並不關注潮流，這樣我就不會把時間和金錢浪費在會消逝的東西上。

　　但如果有人忽視我的文化中偉大的傳統，那就會惹毛我。如果可以讓每個人的想法都一致，那事情就可以運作得更順利。假設我們能把大家都當成同一種人，而不是分裂成各種特殊的群體，我們就能達成任何想做的事，而若是我們把個人利益放在至高的善前面，那世界就會崩壞。我們得意識到外頭有會危害生存的威脅，只有團結才能堅持下去。有時候我會覺得有太多人只想到自己，我明白每個人都會遭遇困難的時刻，但我們都要為自己人生的後果負責。

　　如果我們把這段敘事各個層面拆解開來，就可以更全面地了解它的內涵。

自然當中存在著秩序

生命的自然秩序是第3元世界觀的根本信念，他們非常相信每件事都有正確和錯誤的作法，而他們的任務就是要遵守規範，這些規範則由傳統強化。如同前面那段敘事所說的，「事情哪有這麼困難？」權威本能與第2元世界觀個人主義者鍾愛的公平主義相衝突，第2元世界觀的人相信「如果事情不會對你產生直接的影響，那就別表達出你的意見」。就跟個人主義者一樣，社會約束者對於昭告自己的信念從不感到遲疑。

上述這套客觀的行為是經過時間學習並發展的，但會把世界看成「正確與錯誤的對立」以及「自然與不自然的對立」，這種特質則來自於偏好秩序和穩定的本能，因此他不會有疑慮，也不會出現內在失衡而想要抑制。自然秩序源自於權力的階級，領袖擁有比追隨者更多的權力，而且這是自然現象，因此誠心遵守規範和完成生命的責任也是取得更多權力的正當管道，等到你累積到足夠的成就，你就會得到你的回饋。

與上帝的緊密關係

純潔這項本能，經常與來自神聖力量之至高秩序的概念連結，非常適合愛好秩序和傳統的人。他們的目標不是「當自己受到禁忌之事所影響時，務要出面抗拒」，而是要「徹底預防那些禁忌的事項影響到自己」。有些特定的事物，在上帝眼中是神聖的，所以務要避免它們受到污穢之事所褻瀆。舉例

來說，貞潔是神聖的，因此需要保護，免得受到污穢之事所破壞，像是戀童癖、亂倫和強姦。

相當明理的人生

受到其他本能影響，想要服從的慾望變得更為繁雜。例如，第3元世界觀對自己的原生團體具有強烈的忠誠感，可能進而發展成「我類與他類」的想法。順從的獎賞通常僅限於特定原生團體的成員享有，不會延伸到外人，同樣的，如果團體的基本元素遭受攻擊，不管有沒有真的造成傷害，第3元世界觀社會約束者都會有激烈的反應。

至於生活型態方面，第3元世界觀認為自己很明理。這群人認為追逐潮流是在浪費時間和資源。一般來說他們是很慢才接受新潮流或生活型態的人，而他們將「美好人生」定義為穩定，以傳統和服從為特色。如果這群人真的用了新的方式行事，通常都是為了更長遠的路。由於第3元世界觀在乎忠誠度，他本能地會尋找能夠區分我類與他類的事物，理所當然會同時產生分歧與團結——與團體中的人團結，與外部的分歧。但社會約束者的本能並不專屬於任何一種文化的任何團體，世界上有各式各樣的社會約束者，例如美國的白人和黑人族群裡的社會約束者都同意（但卻是基於不同的原因），不要相信政府會告訴我們新冠肺炎病毒的真相。一邊的人可能認為新冠病毒其實和一般的流感差不多，因此疫情只不過是一場「自由的騙局」，是政府裡面有人為了攻擊川普總統和批評他的執政而

想出來的藉口；而另一邊可能單純覺得政府在醫療衛生不具信譽，僅此而已。

如果第3元世界觀的人遭遇困難，他會認為回歸正途的方式就是由個人承擔責任，他對政府的撫卹機構或計劃沒有信心。雖然他們並不希望任何人墮落迷失，但如果被迫要在「有人墮落迷失」和「導致整個群體陷入危險」之間作個抉擇的話，群體的神聖性絕對會勝出。

第3元世界觀的身分認同要素

從第3元世界觀那段簡要且根本的故事裡面，就可以幫助我們深入理解第3元世界觀社會約束者。首先我們利用這群人的敘事或故事，理解社會約束者的本能若遇到年齡、性別和種族等基本特徵的時候，會如何表現。

年齡與第3元世界觀社會約束者

如同我們在探討個人主義者群體時所提及，世代和年齡之間的交互作用非常繁雜。與第3元世界觀有關的特質很明確，但在不同生命階段，這些特質表現的方式會有所變異。以下是一些我們從基礎敘事得知與年齡相關的事：

- **年齡是群體的識別符號**：比起大多數其他的本能模式，第3元世界觀更會認同自己是世代裡的一員，能夠劃分

圖5-3

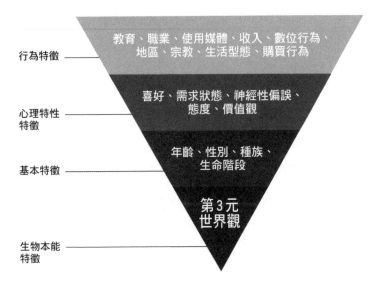

特定世代的傳統和規則對社會約束者來說會有特殊的
意義。對於在一九七〇年代長大的第3元世界觀來說，
年齡相關的文化衝突可能被簡化為「我類嬉皮風」對
比「他類沉默多數」的分歧狀況。在今天的世界，世代
之間的衝突，實在不勝枚舉，像是千禧世代不滿嬰兒潮
留給他們的學貸、長期爭戰、破碎的環境和悲觀的經濟
前景等等。而當今有更多能看見彼此差異的方式——政
治、生活型態、性別等等，因此單單年齡的差異或許已
不如過往來得有影響力。

- **年齡是尊重的表現**：第3元世界觀社會約束者有個很大
  的特色，那就是長者具有特別的地位，應順從並尊重他

們，這種情況也是領袖和追隨者、贏家和輸家情境的延伸。根據年齡排序而給予不同程度的尊重，是不同文化的第3元世界觀共有享的價值觀，也是這種本能模式極具標誌性的特色。

- **世代生活型態**：社會約束者的生活型態通常會符合各個世代典型的作風，他們崇尚禮貌的傳統和根深蒂固的規範與標準──「美好的舊時光」。了解這群人對社會規範和傳統的特別看法之後，你就能明白為什麼明明現今成人的社會成規是以名字稱呼彼此，但有些年輕人還是可能會使用某先生或某小姐尊稱他們之間的長者。

性別與第3元世界觀

第3元世界觀社會約束者懷著對「自然秩序」的敏銳度，在快速變遷的世界中會特別將性別作為界定的特徵。

- **性別角色**：對於這群人來說，假設每個人都已經有預定要扮演的角色，生活就簡單多了。男性與女性的傳統角色一直以來都深植人心，是解決事情最快速又簡單的方式，也能提升純潔本能成為社會禁忌的推力，並透過某種形式的宗教來加以強化。定義性別習俗裡什麼是「污穢」的而什麼不是污穢的，也是第3元世界觀本能的一部分。當性別角色的詮釋出現了大幅變動的時候，社會約束者這群人極可能會非常抗拒。

舉二〇一六年川普當選美國總統為例，他有厭女的紀錄還曾被指控性虐待，一般人都認為女性會痛恨這位候選人，但票數開出來之後，他獲得百分之四十七的白種女性支持，以百分之二勝出希拉蕊・柯林頓。這點令專家跌破眼鏡，但要是他們當時能理解社會約束者的情感，肯定就不會這麼驚訝。川普承諾回歸更傳統的性別角色，跳脫當代性別流動的文化潮流，正是他致勝的關鍵。

- **性別認同**。我們對性別光譜認知的演變，絕對使得第3元世界觀的人難以承受。他們很難調適自己去接納女同性戀、男同性戀、雙性戀、跨性別者和酷兒／疑性戀等人。這當然也是一種跨文化的本能，很多美國黑人社群都還不太接受「同性婚姻已經是政治現實」。由於不同的本能模式會有不同的變異，每個人抗拒改變的程度也會不同，不過任何形式的抗拒都是社會約束者的特色。但是，只要一件事放在大眾眼前久了，社會約束者就越能把它當成是新傳統的一部分，使它融入他們的世界觀。

種族與第3元世界觀

如上所述，把種族當成特質描述一個人的時候，通常都要用極為感性的方式看待，才能理解它的影響力。不過，影響力大幅取決於這是由誰來描述。比起白人，美國的少數族裔團體

更會認為種族是自身的優點。下圖呈現的是社會約束者群體的實際人數，大多數人（白人）把種族視為負面特質，而少數族裔團體則視它為優點。

圖5-4　第3元世界觀：用種族進行自我描述

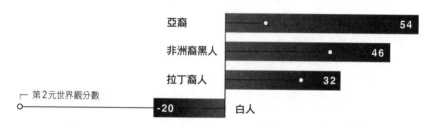

我們必須了解評分中多數人代表的意義。如果從白人特權和權力的角度來看待種族的重要性，他們描述自己的時候種族相對不重要，而美國據統計有百分之七十六點五的人自認為是白人1，所以種族就不會是他們優先想到的特點。原因在於，他們是屬於「大多數」這個族群。

當然，種族是個複雜的概念，而接下來對這群人在這個議題的簡介也更能呈現出他們會怎麼理解這類普遍的特徵。簡單來說，第3元世界觀在思考如何定義「自己人」的時候，人種和種族通常就是個起點。

現在有許多關於內隱或稱潛意識偏誤的討論，我覺得有必要說清楚。內隱偏誤是所有人類都具有的特質，但研究顯示一個人就算具有某種偏誤，並不代表他就會根據偏誤行動。我們認為先讓大家意識到認知偏誤，再配合不同本能模式的角色知

道我們要怎麼反應，會是很有幫助的事。

　　近期包括星巴克在內，許多企業都引進了認知偏誤的訓練來討論人種和種族議題，我們認為應該擴大這類的訓練課程，且如果能加入本能的角色還有習得行為，應該會更具影響力。

- **內團體偏誤**：第３元世界觀非常在意「內團體」，這點應該不意外。忠誠和權威的本能迫使他們必須要明確定義自己的原生團體，還有團體內成員必須適用的傳統。至於性別和世代方面，傳統派相當抗拒重組原生團體。然而我認為，生活經驗和狀況必須要考慮進去。個人的性別差異經驗、更多的種族光譜體驗，甚至是跨種族婚姻比例提升等等因素，經常都會推翻久遠的傳統，至少在私人領域是如此。不過在最糟的情況中，他們也會把對他人的非人性待遇合理化。

　　從以下圖5-5可以看到白人、美國黑人、亞裔和拉丁裔群體間第３元世界觀社會約束者的差異。我們推估美國有百分之十四的白人是第３元世界觀社會約束者，相較之下美國黑人有百分之七點三、亞裔美國人有百分之七點五，而拉丁裔美國人為百分之九點一。不過我們得思考第３元世界觀社會約束者的本能模式如何包裝一個人的生物、社會、人際、演化和個人經驗，並融合為一個整體，才會起到真正的作用。如同模型裡的每一種本能模式，我們會需要解釋一些相同和相異之處。第３元世界觀有清楚的視角，對於喜歡或不喜歡、圈內人或圈外人

圖 5-5　**第 3 元世界觀的種族分布**

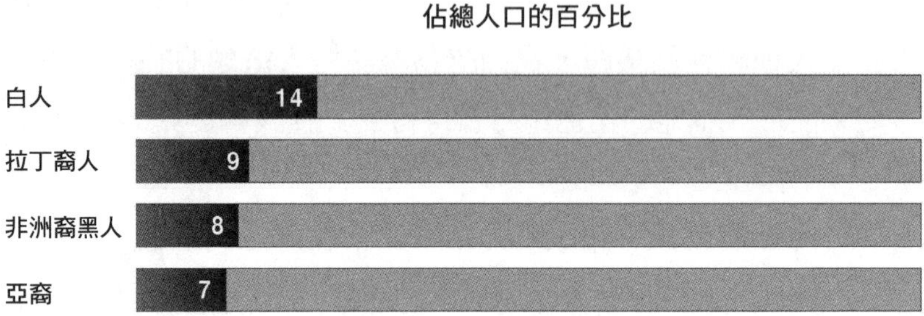

佔總人口的百分比

白人	14
拉丁裔人	9
非洲裔黑人	8
亞裔	7

都有近乎二元論的決策方向，但就像其他類型的人一樣，他們的本能也會有各種表現方式，納入年齡、性別和種族對於定義第 3 元世界觀的動機很有幫助。

　　我很喜歡舉的社會約束者例子，出現在《巴頓將軍》（Patton）這部電影裡，該片很微妙地在一九七〇年越戰時期上映，獲得該年度奧斯卡最佳影片獎。這是一部有關二戰美軍著名的裝甲兵指揮官巴頓的傳記電影，由喬治・史考特（George C. Scott）飾演。巴頓正是典型的社會約束者——穿戴著掛滿勳章的制服，展現出權威、階級和社會秩序。一九七〇年《紐約時報》一篇標題為〈向叛逆者致敬〉（A Salute to a Rebel）的影評中，表示巴頓是「只會對制度產生真正情感的人[2]。」男主角的獨白就說明了一切：「美國人都喜歡打仗，所有真正的美國人都喜歡戰爭的刺激感。美國人喜歡贏家，而無法容忍輸家，美國人參戰就是要贏。」

　　那麼第 3 元世界觀社會約束者遇到像是新冠肺炎這樣的疫

情時，典型的反應為何？讓我們從本能起點開始思考。

第3元世界觀的本能如何展現在疫情之中：

- **以社群為中心**：他們習慣採用更廣的社群角度來看待各種難題，就算是細微的個人小事也一樣。這種觀點通常採用一個簡化的視角：這件事對團體來說是好還是壞？他們急著相信，新冠疫情已經過於「情緒化」了，因為死亡人數和毀滅程度明顯是虛假的，因此最終他們認定政府的處理方式並不恰當，應該抵抗。

- **傾向權威**：這群人能自在地處於權力階級中。在疫情初期，所有人都相對服從，不過第3元世界觀很快就開始遲疑，不太支持保持社交距離和中斷經濟的政策。每個人所受的待遇都相同，這簡直像是在玩弄他們的階級權威概念。他們也具有一種相同的想法：國家的力量絕對能夠控制住死亡率，而當時預測的死亡率大約相當於季節性流感，因此根本沒有必要服從，結果導致（某種程度上）讓整個社群處於更大的風險之中。他們認為這是在經濟健康和個人健康之間抉擇，而他們選擇賭在經濟上。

- **忠誠是關鍵**：根據你的「內團體」，在疫情剛開始的時候，很容易會覺得這些事情大多都發生在「別人」而不是我們身上，這樣的差異造成了「富人」和「窮人」的區別。雖然病毒能有效又公平地重新分配命運，但資源

不足的人在生活上的風險絕對會變高。具有高度忠誠本
能的人會覺得把經濟福祉納入考慮範圍後，風險又變得
更加複雜了。這會使「富人」變成大多數的白人，而
由於美國族群分布的關係，「窮人」就幾乎都是有色人
種、各種移民狀態的人、較貧困的人和就業狀態不定的
人。有了這些變項再加上社會約束者本來的高度忠誠本
能，使他們深信值得放手一搏，開放經濟，特別是因為
沉重的風險都是由「窮人」來承擔。還記得美國各地
肉類加工業的困境嗎？從業人員被歸類為「必要的勞
工」，所以他們被迫去上班還要面對感染的風險。

- **順從是丟臉的記號**。因為這些性格傾向的雪球效應，所
以光是做出遵守社交距離的動作——例如配戴口罩——
對許多社會約束者來說就無法承受了。他們認為風險應
該由其他人承擔才對，遵守社交距離等於是跟敵人站在
同一陣線，也就是降服於其他人的意志之下，而這是第
3元世界觀的人最厭惡的事。

小結論

下面的表5-1顯示出第3元世界觀的人會怎麼用幾句話描
述自己、他們所認為的美好生活以及幾部代表性的電影——電
影中的角色都能彰顯第3元世界觀的精神。

以下的表5-2整理出許多社會約束者的獨家特質、刺激
源，以及與他們相關的正面和負面詞彙，你可以利用這張圖比

表5-1　第3元世界觀總結

敘事

你出生在這個地球上，就得要面對一些現實情況：生命有自然的秩序，有領袖和追隨者，有正確的行事方式。如果願意服從規範，事情就會有最好的結果。

理想的美好人生

* 我根據投入多少就會獲得多少的概念過日子，在這個體系裡每個人都能好好生活、擁有自由並追求幸福。
* 我過生活的方式讓我能工作和盡我的義務，並得到我付出後應有的報酬。
* 我的生活方式會批判我的價值，以及我是否遵守規範和支持自己的文化。

娛樂中的範例

* 《巴頓將軍》
* 《梅爾吉勃遜之英雄本色》
* 《納尼亞傳奇》
* 《經典老爺車》
* 《暗夜》

表5-2　第3元世界觀

價值觀

社會和諧和秩序是基礎。	世間有正確和錯誤的行事方式。	生命有自然的秩序，還有凌駕於我之上的東西。
你不是跟我站在同一邊，就是跟我敵對。	對於自己人會產生：同情心與尊重。	對於外人沒什麼同理心。
傳統會指引我們該怎麼做。	以保守的共和黨為主，以及20%的獨立選民。	不可因為個人苦難而犧牲團體。

描述用語

愛國主義	秩序	和諧	界線
規則	傳統	安全	潔淨

投票情形			
54%共和黨	21%民主黨	3%自由黨	22% 獨立選民
刺激源			
有條理：組織架構圖	生活規範、價值觀、道德規範	身分、地位、特權的符號	對欺騙或背叛的敏銳度
安全與傳統	尊重與規則		
正向連結			
服從	義務	法律	崇敬
榮譽	尊重	母親／父親	悲觀
位階	傳統	地位	遵從
領袖	階級		
負向連結			
反抗	不尊重	異議	不服從
暴動	不忠	反叛	叛逃
不遵從	抗議	拒絕	譴責
叛亂	妨礙		

較我們在本書裡討論的另外四種本能模式。

　　上一章的第2元世界觀和這章的第3元世界觀，恰好代表著社會約束力光譜的兩個極端。第2元世界觀展現的是個人主義面向，而第3元世界觀則強調集體價值。第2元世界觀獨立自主，優先考慮個人的需求和權利，非常有鬥志；第3元世界觀則在乎相互依賴、和諧、融入，經常考慮到他人，會接受或配合群體的需求和責任。這兩種世界觀都相信且會為自由的原則而戰——代議政府、人權和自由市場體系中的經濟機會——但每個人都有各自的方式，有人像是文學名著《梅岡城故事》當中的律師亞惕（Atticus）那樣，用他的公平、正義和關愛生物本能，替遭人誣陷的黑人湯姆·羅賓遜（Tom Robinson）辯護；也有人用十三世紀蘇格蘭武士威廉·華勒斯（William Wallace）那樣的衝勁，為自己蘇格蘭同胞自由而戰。

　　現在我們來看看最後三種元世界觀，他們都是中庸者，但忠誠度各不相同。

第六章
中庸者類群：第1、0和4元世界觀

　　現在我們來到最後的三種本能模式了，我喜歡將他們稱為中庸者類群，因為他們都具有部分的中庸者傾向，一起造就了現況。這群人處在極端的第2元世界觀（個人主義者）和第3元世界觀（社會約束者）的中間，同時具有兩者的特色，又試圖在所作所為中尋找平衡。他們相加起來是最龐大的一群，但因為有些人比較靠攏個人主義者，有些人更偏向社會約束者，而有些人則處在中間，所以我們有足夠的差異能夠分出三種不同的類別。

　　在我們的人口模型中，第1元世界觀（或稱中庸者）是最常見的類型，位於光譜上兩種極端（第2元世界觀個人主義者和第3元世界觀社會約束者）的正中央。這並不代表第1元世界觀的人安於現況，或者他們在政治上都是「中間派」，而是指這群人具有均衡的本能，每種本能對他們的選擇和行為造成的影響大致都相等。

圖6-1

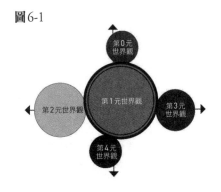

第1元世界觀的特徵

這群人可以在「個體性」與「社會秩序的傳統與和諧」當中取得平衡，因此他們經常是現狀的代言人，會真心憐憫處於艱困情況的人，但又會試著在廣義的社會秩序裡運作以幫助那些可憐的人。他們的選票分布在各個政黨和獨立候選人之間，大約與全國平均配票和投票參與度相當。他們非常尊重文化的基礎，喜歡那些「不會打破文化基礎」的娛樂（這好像是出自直覺似的），並重視各式各樣的另類方案。最能簡要描述他們人生哲學的幾句話大概就是：只要認真工作、按規則行事，所有事都會迎刃而解。

圖6-2

第1元世界觀的故事

我們所居住的世界有許多噪音和壓力，掩蓋了世界其實很美好的事實。每個人在世界上都有自己的位置，有要滿足的期待與要達成的責任。在符合自然秩序的情況下，我們都擁有非常大的自由，而關鍵就是要在這兩者間取得平衡。理論上這不難，只有在我們的作法變得太過自私時才會出問題。有些人喜歡給我們的傳統和歷史惹是生非，我知道這不是什麼嚴重的大

事，但我聽到的時候還是會不高興，我大概就是不喜歡吧。我
們可以找到共同的立足點，但要是有人堅持要採取極端姿態，
問題就來了。

在我們退一步把事情搞清楚的時候，要留意必須捍衛自己
擁有的東西。歷史照映出大家共有的價值觀和夢想，這些東西
一直以來都讓我們過得不錯，我們要彼此照顧，但要切記沒有
任何個人比群體來得重要。我們不應安於現況，而是要投入現
況，在現有的根基上讓每個人都能發展。進步是好事，但如果
只是為了與眾不同而改變，對我來說毫無意義。

我們過得不錯⋯⋯期待與責任

這種「我們過得不錯」的感覺是在稱讚現況值得期待。中
庸者對他人具有的同理心和對社會傳統的尊重一樣多，個人主
義者最強調的公平準則，則是由中庸者對傳統和團體文化的使
命感加以節制。

傳統與歷史

第 1 元世界觀中庸者提到傳統與歷史時，通常指的是規範
性行為，也就是文化賴以建立的基石。當其他人詆毀規範的時
候，就算只是在開玩笑而已，他們也會覺得不舒服，因為他們
非常在乎主流文化。但中庸者又跟武斷的社會約束者不一樣，
中庸者捍衛的是自己所認為的多數，不信任極端的立場（不管

是哪一方），也很少追求新的潮流或風格，他們很滿足於當前的文化流行用語和傳統。舉例來說，幾年前象徵肌萎縮側索硬化症的「冰桶挑戰」首先在臉書上爆紅的時候，早先是由個人主義者推動，成為全新的獨特募資方式。後來進入主流變成公開訴求的活動後，中庸者就接受了這個概念。

共享的價值觀

這段敘事裡，最重要的就是了解生命必須同時面對好與壞的結果。我們要關懷和同理處在弱勢情況的人，但也要時時切記不能過度扭曲自己的價值觀。這種平衡的方式以及追求界限的極限，就展現出了第1元世界觀的觀點。

第1元世界觀的身分認同要素

從以上這段簡短且基本的敘事裡，我們就能推測出非常多有關第1元世界觀中庸者的事情。

我們可以跟之前一樣，透過其他像是年齡、性別和種族等基本特徵一項一項檢視細節。

年齡／生命階段與第1元世界觀

比起任何其他類別的人，第1元世界觀中庸者在所有的層次上都更能代表「主流」對年齡或世代的反應，想想他們的音

圖6-3

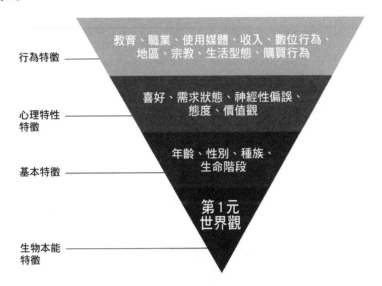

行為特徵 —— 教育、職業、使用媒體、收入、數位行為、地區、宗教、生活型態、購買行為

心理特性特徵 —— 喜好、需求狀態、神經性偏誤、態度、價值觀

基本特徵 —— 年齡、性別、種族、生命階段

第1元世界觀

生物本能特徵

樂品味就知道了。當然一定還是會有差別——如果把年齡相關的偏好也考慮進去，像是年齡就造成千禧世代和嬰兒潮對嘻哈的不同偏好，千禧世代喜歡嘻哈的分數比嬰兒潮多了十分。但更有趣的地方在於中庸者在所有世代之間的角色

我們曾針對十二種音樂類型進行過調查，看看第2元、第1元、第3元世界觀的人在音樂類別的喜好上有什麼關聯。

下圖6-4顯示出，第2元世界觀「強烈喜歡」任何音樂類型的比例最高，「強烈厭惡」任何類型的比例最低。第3元世界觀則正巧相反，在所有類型的人之中，「強烈喜歡」的人最少，「強烈厭惡」的人最多。而就如我們所預期，第1元世界觀正好在中間，這是很有趣的事情，展現出各種元世界觀的音

圖6-4　對各種音樂類型的喜愛程度

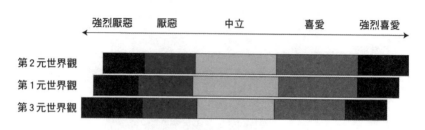

樂偏好。更有趣的是，這些數據顯示出更廣泛的特質：第2元世界觀的人最可能在各式各樣的議題中開發新事物，在音樂中我們也預期他們會有一樣的行為，比起其他人，他們願意嘗試，且更喜歡不同種類的東西。第3元世界觀的人比較知道自己喜歡什麼且會死守著那樣東西，就像他們展現出最高比例的厭惡一樣。第1元世界觀則顯示出他們受到各方的些微影響。

性別與第1元世界觀中庸者

在現今文化中，性別往往是衝突的引爆點。主流很難理解性別表現和性向的新發展，而第1元世界觀既然身為本能模式中最大多數的人，當然會有各種不同的反應。有些人排拒傳統角色的變化，其他人則比較開放。談到適應本能的方式，對這群人來說，他們需要時間適應改變，需要時間接受新的傳統。

在整體群眾的層級，性別作為自我描述用語的時候，分數是二，可能代表整體而言大家對這項特質沒什麼感覺。但在本能模式層級，性別評分標準卻似乎是個重要的變項。男性第1

元世界觀在考量自我描述時，把性別評為極負面的特質（負十三），但女性第1元世界觀中庸者並不認為性別與她們的自我描述無關，性別在他們的自我描述中，獲得了十五分。我們先前就討論過，身處於一個相對有權勢地位的人，以及男性，在自我描述中就不太重視性別。

圖6-5　第1元世界觀：用性別進行自我描述

各元世界觀當中的總人數：女性：+14，男性：-14

種族與第1元世界觀中庸者

種族也能替第1元世界觀的中庸者訴說一個合理的故事。首先，整體人口給種族這項特質的分數是負的（負十七），表示整體人口認為種族並不是重要的自我描述元素。但就跟其他本能模式一樣，從子群體的分析觀察時，細節就會浮上檯面。白人女性認為種族非常負面（負三十六），黑人女性則評為非常重要（正四十四）。

男性第1元世界觀中庸者的差異，則與女性的反應相類似。白人男性評斷種族極為負面（負三十三），而黑人男性的回答反而更加正面，肯定種族的重要性（正四十二）。有別於其他文化潮流的變遷，這種嚴重分歧的情況可能沒有主流的解決方式，反而是在警惕我們就連主流意見都會受到種族的界線所蒙蔽，而且這樣的狀況可能還會持續很長一段時間。

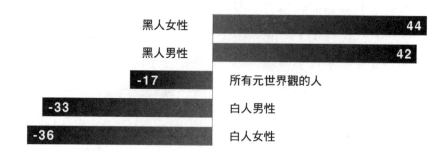

圖6-6　第1元世界觀：用種族進行自我描述

第1元世界觀主要由哪種本能推動？

　　如同之前所提及，第1元世界觀中庸者會利用許多不同類型的本能，他們會平衡自己的公平和權威本能，藉此再次強化他們對現況的執著。

　　如果以電影來詮釋第1元世界觀的情感，往往能反映（電影拍攝當時的）主流文化觀點，像是《阿甘正傳》（Forest Gump）、《來去美國》（Coming to America）、《早餐俱樂部》（The Breakfast Club）或甚至是《大國民》（Citizen Kane）都是可以想見的例子，關鍵就是要放在歷史之中理解電影代表的是誰的視角。舉《阿甘正傳》為例，這是湯姆・漢克斯（Tom Hanks）主演的奧斯卡獲獎電影，是許多影迷的最愛，於一九九四年上映，帶領美國回顧了二十世紀最後四十年許多的歷史事件，重現了民權運動、約翰・藍儂（John Lennon）之死、越戰、尼克森總統訪華等等情況。就算經歷了

這麼多事件，阿甘也不曾說過美國一句壞話。該片的音樂監製喬‧西爾（Joel Sill）在接受《洛杉磯每日新聞》（L.A. Daily News）訪問時還提到，所有原聲帶裡的樂團都來自美國。「裡面使用的所有素材都來自美國人，導演鮑勃‧辛密克斯（Bob Zemeckis）很堅持這麼做，他覺得阿甘只會接受美國製的東西。」這就是全心全意支持現況的例子[1]。

小結論

表6-1　第1元世界觀總結
敘事
我們所居住的世界有許多噪音和壓力，掩蓋了世界其實很美好的事實。每個人在世界上都有自己的位置，有要滿足的期待與要完成的責任。在符合自然秩序的情況下，我們擁有非常大的自由，可以找到共同的立足點，但要是有人堅持採取極端姿態，那就會出問題。
理想的美好人生
・我知道設置政府體系的目的是要確保每個人都能好好生活、享有自由並能追求幸福。 ・我的生活就是在我所欲求與我所擁有之間取得平衡。 ・我的生活方式認可我們享有的自由，但同時也認知到讓我們擁有自由的傳統價值。
娛樂中的範例
・《阿甘正傳》 ・《獅子王》 ・《魔戒》 ・《蝙蝠俠：開戰時刻》 ・《大國民》

表6-2　第2元世界觀			
價值觀			
我們其實過得不錯。	問題只在於平衡與否。		生命有自然的秩序。
行事方式有對錯之分。	排名裡面就有特權。		地位象徵成就。
民主黨、共和黨與獨立選民。	公平與階層式權威之間的角力。		
描述用語			
愛國主義	安全	安危	遵從
傳統	社會和諧	同情心	公平
投票情形			
2%共和黨	39%民主黨	1%自由黨	28%獨立選民
刺激源			
地位的圖像	社會秩序	個人安全	
正向連結			
關愛	防禦	保護	公平
權利	權益	共同	家庭
集體	參加	圈內人	傳統
許可			
負向連結			
曝光	傷口	背叛	排除
不尊重	叛逃	不守成規	抗議
拒絕	譴責	叛亂	妨礙

第0元世界觀

在本能模式的圖形裡
（見圖6-7），第0元世界觀
（或稱為平衡的個體）位於中
庸者的上方，他們最關注的
本能為忠誠。身為中庸者，
第0元世界觀也會大幅度受到
五種基礎本能的影響。

圖6-7

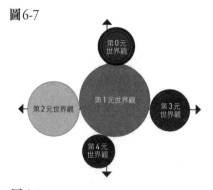

第0元世界觀的特徵

圖6-8

第0元世界觀的特徵是他
們對個體差異非常敏銳，這
種敏銳度是由忠誠本能造成
的，而且原本是連結回去人
的原生團體。可是對第0元世
界觀的人來說，這種敏銳度
還能套用到各種事項上——當然包含人種、種族和性別，甚至
還有政治、經濟和其他質性議題。

在很多方面，第0元世界觀的平衡者都具有中庸者的觀
點，但他們更能夠銜接古今，例如由個人主義者群體開發出來
的新趨勢在進入主流的途中，通常會由第0元世界觀的人擴散
出去。

第0元世界觀的故事

我看著這個世界，感到極其興奮，在這個連結越來越緊密的世界裡，科技和娛樂等領域都有非常多精彩的發展，但我也謹慎留意到許多事物都可能會把我們帶往不同的方向，變得分崩離析。

因此，雖然活在這個世代很令人振奮，我們也要小心注意自己的傳統和歷史，以及它們在我們所作所為上面所扮演的角色。我們都要為自己負責，且在擁抱世界的時候，必須保持在正途上。

對我來說，大家都必須明白有種力量凌駕於我們之上。它能讓我有根可循，就算你沒有宗教信仰，冥冥之中仍有個比你還要強大的東西存在。我們要保護自己在乎的事物，但保護不一定是要靠挑戰常規來達成。我想著我們的傳統的時候會備感安心，事情進行順利的時候會很有安全感。簡而言之，我們應該享受眼前安穩的世界。

我努力謹記：只有在我們都盡可能讓事物為了更偉大的目標順暢運行時，才有可能實現這個目標。那只是我們不斷成長的另一種方式而已，我們得要把新的音樂、新的美食、美好幸福的新概念融入原本的行事方式，這些事物才能發揮最大作用。我們的生活其實非常美好了，就讓它繼續保持在正軌上吧。

各方的拉扯

因為第0元世界觀對個體差異——社會關懷、家庭、地

位、人種、性別、年齡，任何你想得到的事情——的敏銳度極
高，他們認為就算是看起來很微小的差距，也可以造成人群之
間的鴻溝。

凌駕於我之上的力量

第0元世界觀的人與凌駕於他們之上的力量有種特殊的關
係，覺得生命需要一種超越任何單一觀點的解釋，可以是宗教
性的或更廣義的靈性層面，但無論如何都意味著需要倚靠外力
扶持。

安全感

就跟大多數中庸者群體一樣，第0元世界觀在生活順遂時
會有安全感。這群人的人生目標就是在同情心和秩序之間取得
平衡，他們覺得人不需要靠挑戰常規而得到平靜。

新舊間的橋樑

這群人有一個不可動搖的特質，就是新舊必須融合。為了
促成逐漸進步，而同時又能「讓事情維持在正軌上」，就必須
讓各種概念融合。

第0元世界觀的身分認同要素

　　從這段簡短且基本的敘事裡，我們就能推測出不少有關第0元世界觀「平衡者」的事情。一如既往，我們會利用年齡、性別和種族等基本特徵逐一檢視。有鑑於「平衡模式」與「中庸派」的特質非常接近，因此主流的結果通常可以同時適用於這兩種人，這些中庸者的趨勢可以揭露年齡、性別和種族的基本資訊。現在，讓我們來看看平衡者特質對年齡／世代、性別和種族還有什麼額外且獨特的作用。

年齡／生命階段與第0元世界觀平衡者

　　就如我們在其他地方討論過的，一個人在對他人描述自己

圖6-9

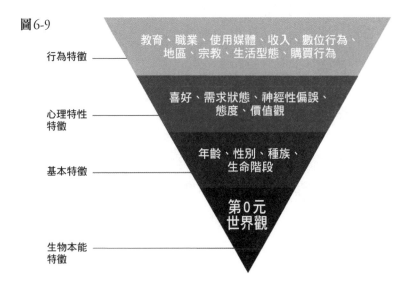

行為特徵 —— 教育、職業、使用媒體、收入、數位行為、地區、宗教、生活型態、購買行為

心理特性特徵 —— 喜好、需求狀態、神經性偏誤、態度、價值觀

基本特徵 —— 年齡、性別、種族、生命階段

第0元世界觀

生物本能特徵

時，年齡經常占有重要地位。事實上，在我們研究的特質裡，年齡甚至是評分最高的一項。不出所料，第0元世界觀平衡者群體的人比起一般大眾，更加認為年齡非常重要，可能原因是他們意識到了世代差異會成為衝突或撕裂的真正來源。

圖6-10　第0元世界觀：用世代進行自我描述

還記得嗎，在整體群眾的層級，我們看見第0元世界觀的男性和女性對於性別重要性的評價差距極大。整體群眾認為性別是相對來說不重要的（正二），而第0元世界觀男性的給分也很類似（正三）。反觀第0元世界觀女性，則評定它為頗為重要（正二十二）。為了做出比較，下圖同時列出與第1元世界觀者的得分。第0元世界觀的男性和女性和第1元世界觀的男性女性相較之下，第0元世界觀的兩性都認為年齡這個特質比較重要。

種族與第0元世界觀

對於第0元世界觀的人來說，種族則呈現與年齡類似的現象。在整體群眾層級，受到人數佔最多的白人族群的影響，一致將種族評定為自我描述當中的負面影響。但如果我們要求第0元世界觀的平衡者給種族評分，得到的結果卻很有趣：白人

子群體裡極為負面的評分不見了，反而被中性的評分取代。考量到美國的人種和種族如此多元異變，這是非常重要甚至鼓舞人心的結果。（第0元世界觀的黑

圖6-11　第0元世界觀：用性別進行自我描述

各元世界觀當中的總人數：女性：+14，男性：-14

人，仍然將種族評定為具有強烈正面影響力。）在美國，白人觀點開始出現中性的結果非常令人振奮，至少這個族群開始承認種族的重要性，尤其是與人數較多的第1元世界觀族群相比。

第0元世界觀的個人資料

如先前的討論，大多數潮流和生活型態都是由個人主義者帶頭引起，但第0元世界觀的人通常是下一個追隨的人。一位

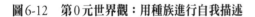

圖6-12　第0元世界觀：用種族進行自我描述

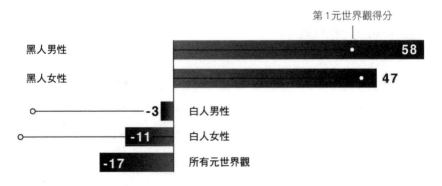

前美國國家美式足球聯盟球員曾不經意跟我提起一個第0元世界觀者的好例子，他說大部分有成就的美式足球隊在更衣室裡都有種獨特的氣質。「基本上，職業運動員都是守規矩的人，」他表示，「但在非常成功的隊伍裡，通常都會有幾個人特別有天分，有能力跟其他人解釋事情要怎麼運作。」他解釋道，有些厲害的球員是那種「自我中心」人士，也就是說他們不願意把團隊放在個人成就之上。團隊中如果只有少數的「自我中心」人士，那還好應付（尤其如果他們的球技超凡入聖，當然沒問題），可是從團隊角度看來，「我們很需要有人能讓大家的想法一致，知道哪些事可以被接受、哪些不行，這才是真正的差異所在，」他表示。這就是第0元世界觀者的角色。

小結論

表6-3　第2元世界觀			
價值觀			
隨時注意周遭環境。	如果有計分的話，我肯定會勝出。		只要我想，就能達成。
努力突破，但也不偏離正軌。	我喜歡我擁有的機會。		世間有凌駕於我之上的力量存在。
「我們」乃是由「你」和「我」共同組成。		民主黨、共和黨和獨立選民。	
描述用語			
新意	有遠見	連結	同情新
坦率	傳統	福祉與靈性	負責任

投票情形			
36％共和黨	38％民主黨	1％自由黨	25％獨立選民
刺激源			
養育	界線	合作	傳統
樂觀	責任	服從	
正向連結			
同情心	同理心	故鄉	愛
關愛	保衛	家庭	秩序
平等	正義	成員	同盟
合法	國家		
負向連結			
傷害	不正義	欺騙	冷漠
拋棄	不誠實	特權	矇騙
無恥			

理想的美好人生

我們的政府能在合理的範圍內，讓大家享有自由並能追求幸福。

過生活的時候，我明白自己擁有自由時，也附帶著責任。

過生活的時候，我明白是我們的文化讓大家不同，能身在其中非常可貴。

娛樂中的範例

《美國隊長 2：酷寒戰士》
《神鬼交鋒》
《薩利機長》
《早餐俱樂部》
《大白鯊》

第 4 元世界觀

在本能模式的圖形裡（見圖 6-13），第 4 元世界觀者位於第 1 元世界觀「中庸者」的下方，忠誠本能較少。這種世界觀與前面提過的第 1 元世界觀「中庸者」密切相關，也會受到五種基礎本能的大量影響。他們的本能同時傾向於社會約束性和個體性，因此能有平衡的人生。

圖 6-14

圖 6-13

第4元世界觀的特徵

第4元世界觀與第1元世界觀的「中庸者」具有很多相同的本能，關鍵的差異在於第4元世界觀的人忠誠本能比較少，他們認同的原生團體大多指的是家人和真正與他們有直接私交的人。不過這並不代表第4元世界觀者會排擠他人，實際上他們也一樣願意張開雙手接近大家。他們假設每個人都有權利獲得生命的好處，很多對其他本能模式來說是人與人之間嚴重隔閡的東西，像是種族、人種、收入、年齡和宗教，對這群人來說都不那麼重要。

第4元世界觀的故事

要我描述自己的話，我會說我覺得大部分的人都盡力做到最好了。雖然我認為日子過得很不錯，我也有信心能完成想做的事，但我也認為有很多事情並不在我的掌握之中，例如自己的健康。其實有時候我甚至不想收到我的醫療檢驗報告，因為我怕看到不好的結果。

我知道外面有很多不公義的事，但我不知道該怎麼辦才好。我並不想唱衰別人，但如果有壞事發生了，我也不會覺得應該要有所作為。我覺得現代社會的一個好處就是，我們有好多新的方式可以用來探索，科技開啟了各種全新的道路，所以大家都不應該守著古板的方式做事情。我希望我可以做自己想做的事、不受任何人干擾，我也會以一樣的標準對待其他人。

我最關注的事，就是發生意外以前，我的家人就已經受到照料。我盡力把我所知道的事都告訴我愛的人，這樣他們就不用跟我犯一樣的錯。我認為只要大家都按規矩來，那每個人都應該享有平等的待遇。

有很多我們無法控制的事

第 1 元世界觀中庸者的觀點「生活其實挺美好的」與「我們無法掌握生命中的事件」這兩種信念之間的關係，即是第 4 元世界觀特質的最佳範例。「生活很美好」的感覺，雖然可以追回到第 1 元世界觀者全心全意支持現況，但第 4 元世界觀最大的特色，就是接受「人的掌控能力有限」，有時幾近於冷漠或漠不關心，甚至等同於宿命論。也就是說，在有些議題其他類型的人（就算是對立的類型）回答都大致相同，但第 4 元世界觀宿命主義者卻經常有截然不同的答案。例如這個主張「我認為教育是通往美好生活的關鍵」，所有應答者中超過百分之八十的人都會同意這個論述，但相反的，第 4 元世界觀的人不論世代，給這個問題的答案都很模糊，就連假定對大眾都有利的教育議題，這群人也抱持懷疑態度。

切勿太過投入

跟其他中庸者的信念相同，第 4 元世界觀會追求在個人層面有同情心，在群體層面則有神聖性。不過他們對他人的同情

心並不等於想要參與他人的事物,他們能同理處於困境的人,但不會覺得有責任要拿出行動。這種迴避的策略就是第4元世界觀可以在中庸者的信念裡保持均衡特色的原因。

這種本能模式有項獨特的特色,那就是他們會大方接受科技式的解決方案。這群人非常熱愛科技,原因可能是因為科技讓他們不用親自參與事物就可以解決龐大的問題。

我的家人,我來承擔

如果有什麼會觸動第4元世界觀的個人情感,那就是家庭和親近的朋友。他們很樂於給予深愛的人建議,免得深愛的人犯下相同的錯誤;他們希望陪伴深愛的人經歷人生的歷練,但他們完全不想把這種智慧分享給其他人知道。雖然第4元世界觀的人好像跟整個世界很脫節,但強烈想要與深愛的人分享事物是他們的重要特點。

年齡、性別、種族與第4元世界觀

如同其他中庸者的特質,第4元世界觀的人擁護與年齡／世代、性別和種族相關的各種意見。全心全意支持現況是這群人的本能偏好,但並不表示他們之中就沒有特例。

例如在所有的本能模式(從第0到第4元世界觀)當中,第4元世界觀的人針對「年齡作為自我描述的內容」這一項,給的分數最低——事實上在所有的本能模式之中,他們給性別

圖6-15

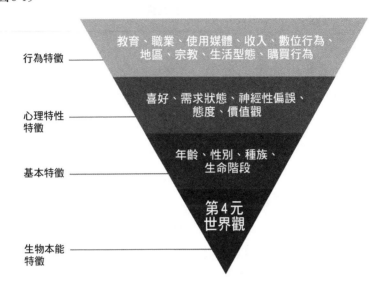

圖6-16　自我描述時年齡的重要性

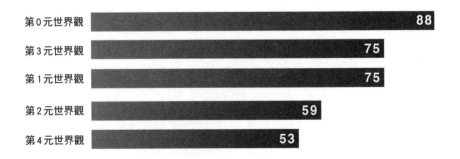

各種元世界觀平均：70 分

和種族的分數也都最低。有別
於最在乎個體差異的第0元世
界觀平衡者，第4元世界觀的
特色是把這些描述放到背景
中，認同更廣義的身分概念，
他們對自己原生團體的定義具
有獨特的滲透性。

**圖6-17　第4元世界觀：用性別進行
自我描述**

各元世界觀當中的總人數：女性：+14，
男性：-14

　　第4元世界觀對性別也有特別的觀點。他們對性別的總分
稍稍偏向負分，尤其第4元世界觀的男性通常會把這項特質列
為極度負面，但就算是第4元世界觀的女性也沒有把性別評為
多正向的特質——跟其他本能模式的女性比起來，分數極低。

　　第4元世界觀看待種族的方式也差不多，準確來說，第4
元世界觀的白人對於種族的看法非常負面，美國黑人、亞裔美
國人和拉丁裔則都把種族評為約略正面的特質。跟其他本能模
式相比時，情況也一樣與他們的本能模式相符，少數族群的分
數較低。

圖6-18　第4元世界觀：自我描述時種族的重要性

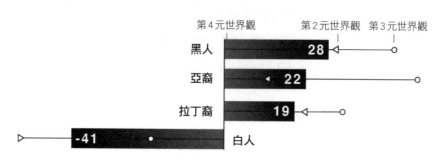

第4元世界觀者的輪廓

為了要全盤了解第4元世界觀的觀點，讓我們來看看《宅男行不行》（The Big Bang Theory）影集裡的故事架構。故事主要在描寫四個朋友以自己獨特的方式面對成人生活，他們珍惜彼此的友誼，同時也要應付新的朋友、婚姻和事業。每個人都有自己面對世界的方式，但他們都將自己的慾望和期許建構在主流人生的現況之上。製作人查克·洛里（Chuck Lorre）這樣描述角色的劇烈轉變：「節目剛開始的時候，謝爾頓（Sheldon）根本不接觸人群，但現在他結婚了。霍華德（Howard）是個討人厭又愛妄想的花花公子，但後來他變成了忠誠的丈夫和好爸爸[2]。」

宿命主義者

第4元世界觀的人會這麼說：「我覺得大部分的人都盡力做到最好了。雖然我認為日子過得很不錯，我也有信心能完成想做的事，但我也認為有很多事情並不在我的掌握之中，例如自己的健康。我認為只要大家都按規矩來，那每個人都應該享有平等的待遇。」

理想的美好人生

我們很幸運能有政府保護大家的生活、自由和追求幸福的

權利。

我過生活的方式可以滿足我個人的慾望。

我認為我們都該更加努力，以擴展現況。

娛樂中的範例

《異星入境》

《猩球崛起》

《地心引力》

《X戰警2》

《星際異攻隊》

小結論

表6-4　第2元世界觀		
價值觀		
不太樂觀。	我覺得我需要用那套秩序找出自己的方法。	偏向民主黨與大量的獨立選民。
沒有信心相信船到橋頭就會自然直。	事情很少有簡單的答案。	公平與階層式權威之間的角力。
生命有自然的秩序。	好奇心驅使著我的興趣。	

描述用語			
內向	早期採納者	脫節	不批判
無趣	隱私		

投票情形			
27％共和黨	40％民主黨	4％自由派	29％獨立選民
刺激源			
玷污	妨礙	攻擊	剝削
欺騙	拋棄	傷口	孤獨
不平等	新意	傷害	擴散
正向連結			
保衛	公正	互惠	公平
容忍	義務	法律	允許
遵守	猶豫	孤獨	多元
新的			
負向連結			
玷污	妨礙	欺騙	攻擊
傷口	入侵	不平等	

第七章
詳解五種本能模式

　　現在我們已經大致明白各種本能模式了，這五種元世界觀讓我們擁有一個共同語言，可以討論人類行事的原因，而「原因模型」則提供了整理這些知識的方式。在探索各種世界觀的同時，我們也會看看各種模式如何搭配一些基本的特徵（例如生命階段／年齡、性別和種族等）而呈現。在本章裡，除了上述這幾種基本特徵以外，我們更會探究其他幾個心理和行為特性的數據，看看它們結合起來是否可以描繪出一個完整、強大的「人的樣貌，以及人行事的原因」。有些數據算是孤證，有

圖7-1　五種元世界觀

些理論則是彼此相關，能夠更加拓展我們的知識。

　　搜集任何資料的目的，都是因為這些資料可以讓我們更加了解人類做每件事情的原因。任何一丁點的資料都必須增強我們的能力，使我們有行動的根據，而資料能產生多大的幫助，則取決於資料的類型與總量。這是我們用來決定要搜集哪項資料的過濾器，免得我們被一些看似有趣但對目標無用的資料所阻礙——我們的目標就是要搞懂「為什麼」人會這樣做，然後讓這樣的知識做出有建設性的用處。

　　舉例來說，許多分類模型會根據人的差異把人分成一類一類的，分類的標準一定會因為執行分類的人而有所偏差。但就算沒有偏差，數據本身也沒辦法提供與客戶溝通的有效指引——像是提升客戶對公司的「客戶終身價值（Lifetime Value, LTV）。對我們來說，如果分類沒辦法解答「為什麼」，沒辦法指引我們根據那項知識採取行動，那這種分類就沒有意義。如我之前所述，資料的每個層面都要對理解「為什麼／原因」有所貢獻；而它對企業的價值有多少，又能因此產生多少影響，取決於掌握到的資訊。然而，蒐集一堆某人公開且容易取得的資料——他在哪裡逛街、在哪裡就學或光顧星巴克的頻率——對於人類行事的原因來說，是極為不可靠的指標。不過值得注意的是，依據不同的生命階段、性別和種族，我們會有不同的認同，且我們的品味和偏好也會不斷改變。有些東西對某些人比較重要——有人誓死捍衛，有人棄之如敝屣，講白一點，如果我們能接觸的身分認同越多，溝通就越有效率。但如果我們只能瞄準一項身份認同來溝通，那麼在某些

關鍵的時刻（例如代言或購買產品、觀看電視節目、投票給候選人、決定要支持哪個公益團體等）要判斷出「必須針對哪種身分認同進行溝通」，就非常重要。

我們的資料分類方式讓我們在評估哪樣東西最重要時，提供了一個過濾器。這是很關鍵的步驟，因為我們通常無法取得所有類型的資料，或者就算可以，也只有各種類型的一小部份樣本而已。我們都明白資源有限的道理，所以在開啟一項新計畫的時候，首先要非常清楚自己的目標，對於想要解決的問題有一致的認知，接著再判斷哪些資料和哪種解決方式最適合手上的問題。

我們一方面試著讓資料更有用，另一方面也要經常提醒自己原本的初衷，這樣也會有幫助。人會在不斷演變的故事中，持續整理對自我的認知，而我們希望能夠進入他們的那個故事，以求更加明白他們的動機。這些故事都是很私人的，而且會有兩種版本：一種公開版，一種個人版。

我告訴其他人（例如同事）的公開版本故事，可能是刪減過的版本，或者已過濾掉一些問題的答案，讓別人只看見我們希望他們看到的那一面。這個版本充斥著「有理想有抱負」的你。社會學家厄文・高夫曼Erving Goffman在他的著作《日常生活中的自我呈現》The Presentation of Self in Everyday Life中表示1，他認為所有人向他人呈現自己的方式，都如同演員在舞台上扮演的角色，引導他人對自己產生一套看法，目的全是為了增加自己的社會地位。高夫曼認為這種自我呈現是日常社交行為裡自然的一部分，而且大致是真實的呈現，不過我

覺得現在的社群媒體應該會讓他改觀。

而第二種個人版，也就是你留在腦海中的那個版本（高夫曼稱之為「後台2」），就是我們想要利用蒐集到的資料去更加接近的那個版本。在我們的模型中，知道一個人的本能模式，就是讓我們穿透「有理想有抱負的你」的關鍵，是更加了解「建構你的世界觀」的基礎。從這個角度出發，再加入其他層面相關的資料，我們就能提升對於你的故事的理解力，也更能夠與你互動。

我喜歡把我們在PathSight公司提出的「原因模型」想像成是一種衡量人口統計資料、心理特性、行為、態度分類等等的藝術與科學，同時利用了生物本能，再搭配先進的分析與機器學習，目的是要了解人類「為什麼會這樣做」。這跟資料科學家在思考他們取得的不同類型資料和分析方法時很像，每種類型的資料都能提供不同層面的資訊，但隨著你的資料系統越來越完善（還記得第一章提過繁雜和複雜的差別嗎？），也會越來越難挖掘，但對於企業來說則越有價值，不再是單純的資料，而是可以最佳化運用了。

在資料科學裡，資料可以區分為四種類型／層級：

1. **描述：發生了「什麼事」？** 這本書在亞馬遜上的排名下滑了多少，這支股票的價格下跌了多少。在「原因模型」中，我們一樣會用傳統的資料描述發生的事實。我們認為這麼做有非常大的優勢，因為發生事件或出現問題的時候，大家不需要改變描述的方式。

2.**診斷：「為什麼」發生？** 這本書的排名下滑了十五名是因為……在這裡，我們用資料來檢視趨勢和事情發生的根本原因。而且從這裡開始，「原因模型」會以新的方式介入，找出事情改變的原因。藉由引進本能模式，我們可以超越傳統的線索，看見不同的原因和影響。舉例來說，在親子教養的衝突中，母親責怪孩子沒有打掃自己的房間，但父親認為孩子才七歲而已。使用原因模型可以幫助我們理解這對夫妻意見不同的原因，可能在於他們具有不同的本能模式：媽媽是第3元世界觀的社會約束者，而爸爸是第2元世界觀的個人主義者，兩人都只是根據自己的本能偏好採取行動而已。

3.**預測：接下來「即將／可能將」發生什麼事？** 這裡我們要探討後果的機率，這邊也會有機器學習加入—— 例如：我們可以根據預售訂單數量、作者平台、評論數量等等，預期這本書的銷量……至於書本銷量方面，如果我們已經定義了書籍的目標受眾，並套用公式以更準確預測銷量，「原因模型」就能幫助你更精準預測銷售業績。回到上面親子教養衝突的例子，若那對夫妻能使用原因模型，他們就能預測接下來一段時間內自己可能會面對的種種挑戰。試想要是大家在戀愛的世界裡都能擁有這些資訊，那會有多麼驚人！最起碼我們知道那對夫妻對於整潔有不同的看法，從而預測出這類的衝突可能會發生。

4.**規劃：「如何」讓期望的結果成真？** 這是最後的階段。

例如：假設我們看見預售數量下降或與期望不符，系統就會自動購買更多的臉書廣告以達到目標，這與自動駕駛車輛所使用的分析模式很像，因為自動駕駛車輛每一秒鐘都必須根據所得的資訊做出數百萬個微小的決策。了解這個主題、它對本能模式的影響力、還有這些本能模式會消費的平台之後，我們的原因模型就能創造出更精準的行銷活動。同樣的，應用這個模型也可以用更針對個人的方式規劃。有人可能會覺得他已經找出每個人偏好的差異所在，因此能夠預測到可以在這個領域探索彼此，但他很可能會發現從這個地方開始，大家又出現更多的不同之處，例如預算、責任感和時效性等等。

在表7-1「PathSight互動規劃工具」當中，呈現了我們在打造敘事和故事的時候，如何組織內容，以達到影響他人的目的。故事是很有力的工具，能幫助人理解世界，表達出觀點並影響別人。這項工具的目標是要協助客戶透過說故事來傳達自己的訊息，讓他們能說出更精彩的故事以打動人心。我們的模型能符合多種不同的需求，包含提出訴求的遊行示威者、尋求資源的員工、宣傳自家產品優點的品牌。如果你有在仔細傾聽故事——每個人都呈現出一種世界觀，融合了自己的生物、人口和心理特性——你就會知道，各種概念都只是某些人創造出來、而有人追隨的故事罷了，舉凡自由主義（還有個人權利、民主、自由市場資本主義與成長）、社會主義、集體主義、民族主義、獨裁主義、殖民主義、帝國主義、進步為

表7-1　「PathSight 互動規劃工具」		
元世界觀	敘事資料資源	故事策略
第0元世界觀	行為（公開資料）	出版平台
第1元世界觀	心理特徵	故事曲線
第2元世界觀	基本特徵	生活型態、喜好、態度
第3元世界觀	生物本能	價值
第4元世界觀		認知偏誤
		生命階段、性別、種族
		世界觀總結

上（Progress is Good）、美國夢（American Dream）、民族大熔爐（Melting Pot）、拓荒迷思（Frontier Myth）和應許之地（Promised Land）都是這樣。你也會發現，有些故事可以訴求到你，有些故事則可以說服其他不同的人。成功的品牌、社運人士、政治名嘴和娛樂企業都懂得這項道理，都很會說故事引發我們採取行動——這種故事能抓住我們的心、凝聚我們的注意力，因為故事解釋了世界的運作方式。我們的目標是要讓每個人能夠清楚溝通自己的觀點，但同時也更能分析從別人那裡聽到的故事。

　　互動規劃工具第一欄（最左邊從上到下）是不同的元世界觀，可能是一個或多個世界觀。第二欄的內容則是可當成資源的資料，幫助我們把正式的敘事整合在一起。你可以看到，我

們有能力取得各種特徵的資料：行為的公開資料、心理特徵、基本特徵，以及本能的特徵（本書中的倒金字塔圖形當中，不斷提到這點）。最右邊從上至下的「故事策略」這欄則是我們可以探索並使用的資料，以便執行宣傳策略。下一節裡，我們會討論在互動規劃當中可能取得的資訊和策略類型。確切來說，我們會提到：

- 如何總結元世界觀？
- 針對這個故事，不同生命階段、性別及／或種族的影響為何？
- 是否需要考慮認知偏誤的影響？
- 對於目標受眾的價值我們有多少了解？
- 目標受眾的生活型態、喜好或態度引導我們採取哪種策略？
- 我們能根據上述資訊打造故事的寓意嗎？
- 執行這項行銷活動的時候，需要動用那些管道？

　　有件事必須明白，我們可能永遠無法獲得所有想要的資料，但各個資料組造成的級聯效應，讓我們能比單純依賴傳統分類系統時更具信心。同樣的，不管是進行哪項互動規劃，我們很少用到列表上面全部的策略，因為這個表格的目的是要呈現出各種我們可以挑選的選項，但並不代表全部的內容。

讓資料更有用

為了剖析可能會使用的各種層面的資料，我們擬定了每一個互動的過程，以下就從最底層開始一路往上討論。

最基礎的本能

每一次分析最根本、最基礎的部分就是前面不斷提到的「本能模式」，可以透過調查任何群體或其中的子群體取得。有興趣知道自己的本能模式的話，可以到www.TheModelofWhy.com網站上填寫測驗。其他方法還包括利用資料特徵觀察各種群體的本能模式分布情況。我們在PathSight建立了一組資料組，顯示出這些本能模式與個別品牌、內容、媒體平台、訊息文字、主題和圖像的關係。舉個簡單的例子：人如何發展出對汽車的喜好。在我們的研究中，我們發現第3元世界觀社會約束者偏好賓士車，因為該品牌的價值主張是經典奢華、受注目和細節，還有車子本身的新功能可以預測駕駛的需求。而且對第3元世界觀來說，賓士車在奢侈品市場長期具有穩重的形象也很加分。

另一方面，特斯拉則是新進入高價車市場的品牌，一開始訴求到的就是不同元世界觀的人。特斯拉從一開始就透過工程設計，打造一種截然不同的高價車概念，給予消費者「特斯拉是一種電池驅動、高科技、外型很有設計感、行銷手法特別、環保足跡非常友善的電動車」的印象。這些特點完全符合第2

元世界觀的個人主義者，所以大部份的早期買家都是第2元世界觀者，這點應該不是巧合。

我們的目標是針對特定的人，給予他們會喜歡的內容或訊息，或提供他們需要的解答。所以我們不斷尋找嶄新的方式，去使用不同的本能模式。PathSight不斷開發如何運用本能模式的新方式，例如目前我們正在與MEE Productions合作（位於賓州的研究公司，擅長研究都市人口），研究Z世代有色少數人種的低收入戶。MEE的目的是想要更加了解誰是這個群體中的影響力人物，還有他們如何面對專屬於這個世代的挑戰。他們的網站上這麼表示：

「MEE Productions Inc.是研究與公衛傳播企業，擅長研究低收入的美國黑人和拉丁裔群體。自一九九二年起，MEE研究了好幾個世代年輕人的人生和生活型態，這些人都是大型文化變革的核心。現在這個世代被稱之為都市Z世代（多元人Plurals、德爾特Deltas或千禧後世代），我們曉得這個世代涵蓋了數百萬低收入都市有色人種年輕人，而我們應該認知到這群人與他們的祖先遺留的價值一樣，都是在文化上具有影響力的人 [3]。

我們過往的研究記載了都市的年輕人怎麼引領出嘻哈世代，怎麼使性向表現產生變革，以及如何在已然失敗的體系又充滿壓力與創傷的環境裡用自己獨特的方式大放異彩。隨著時間過去，我們發現這些嶄露頭角的年輕人對事情的結果通常都有極大的影響。由於當今社會裡社會正義和行動主義越來越顯赫，比起過往，我們更有必要了解都市Z世代創造潮流這種行

為的動機。目前我們正在研究在這個動盪的時期，今日的世代會如何定義自己對於韌性、正義和公平的應對方式4。」

我必須再次提醒，每個人本能模式的本質並不一定會導致某種特定行為，就像之前所說過的，本能模式會跟其他核心特性結合，共同呈現出獨特的行為模式。

生命階段、性別及種族

如同先前的論述，人的生命階段、性別和種族是非常重要的基本特徵，會對我們的身分認同造成全新的概念。如果我們把基本特徵混入本能模式之中，就可以把它當成是生命經驗的反饋環路，評斷現在正在發生的事。在我們還是嬰孩的時候，這種回饋通常僅限於父母和幼兒園的環境，接著去上學後，回饋範圍就擴展到師長、同儕和其他人的各種情感。所以直白來說，「我們以為世界是怎樣回應我們」是一個非常有力、非常直接的來源，能夠形塑我們對於一切事物的看法。隨著我們不斷成長，它也會成為個人和社會身分認同的源頭。

練習如何規劃與人互動的敘事時，我們可以這樣假設：一位住在紐約市的二十二歲美國黑人女性，將如何從第2元世界觀個人主義者的觀點，看待她的世界？如果她具有第3元世界觀的社會約束者觀點呢？要是她今年五十二歲，又會有什麼差別？根本上，生命階段、年齡和種族與本能模式融合後，會如何展現出一個人的人格特質和做決定的習慣？

以更廣的角度來看，人的本能模式又會如何影響大家看待

當代世界裡的種種詭計？各種不同的本能模式，又會怎麼看待零工經濟？那資本主義呢？又或者種族歧視呢？經濟機會？不論歷史怎麼寫，因為有各種不同的本能模式和世界觀，在在使得這世上不可能有單一的「世代聲音」。

若我們更加深入研究人口統計與心理特性描述，就會注意到一層又一層的生命經驗，使我們能夠探討特性、態度和喜好—— 一個人心理特性特徵的重點內容。我們先來看看三種最常出現的資料：宗教、家庭和成就。

生活型態、特性和態度

宗教：對部分人來說，宗教在身分認同中的重要性等同於年齡、種族或性別；有些人則不太重視。歷史上總是有一群人

圖7-2　不同的分數：宗教

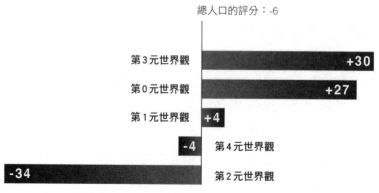

分數的差異，指的是各個元世界觀者和總人口分數的差異—— 總人口分數以垂直的黑線表示，數值為-6。

會把宗教視為一切美好事物的根本，而有人則視其為衝突的最大來源。

雖然西方世界已經逐漸世俗化，但這樣的緊張關係仍然存在。在美國西部世俗的那塊，將宗教作為自我描述的內容時，經常會受到大眾批評，尤其遭受第2元世界觀和第4元世界觀的指指點點，事實上這正是區別個人主義者和社會約束者的關鍵因子。第0元世界觀的平衡者（他們喜歡強調，每個人都不一樣）對於宗教這項特徵極為敏銳，整整比平均多了二十七分，第1元世界觀的中庸者則比一般群體高了四分。而第3元世界觀的人相信各宗教裡面的各項教導（例如聖經裡講到己所不欲勿施於人的黃金法則），加上他們對於生命常採極端態度，因此對於宗教的評分比平均多了三十分。

不意外的是，其他的元世界觀者則有不同的看法。第2和第4元世界觀的人對宗教有非常強烈的負面連結，第4元世界觀的宿命主義者給出的分數比平均少了四分，第2元世界觀的人則是少了三十四分。這意味著他們在描述自己時，不喜歡扯上宗教。

你可能會發現，這些分數跟各個群體的敘事非常吻合，簡單來說，個人主義者經常會說自己討厭被貼標籤和符合團體意

圖7-3　描述自我時，宗教的重要性

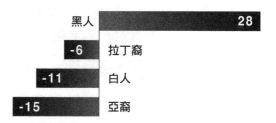

識，社會約束者則擁抱團體身分、服從、權威和階級，且特別喜愛純潔本能，此即為許多傳統信念和行為的強烈指標。

在此強調，這類描述並不意指任何特定的宗教，而是各種不同的本能模式如何定義宗教對他們身分認同的重要性。就像其他特性一樣，各種本能模式與特定宗教的關聯是我們正在研究的內容，不過我們已經取得了各個種族對宗教重要性的評分了。舉例來說，美國黑人回報的結果中，宗教具有顯著的淨正分，這樣的變化應該要納入我們的分析作為影響因子來討論。

家庭：美國人描述自己的時候，家庭與其他因子相比，並不是很重要的要素。跟種族一樣，第0元世界觀的平衡者最在乎家庭，也是區別他們和其他人的關鍵——整整比總分高出了

圖7-4　不同的分數：家庭

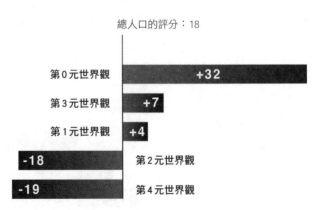

分數的差異，指的是各個元世界觀者和總人口分數的差異——總人口分數以垂直的黑線表示，數值為18。

三十二分。相反的，第4元世界觀的宿命主義者最不情願把家庭當作身分描述時的重要參考內容，這可能是因為這種特質的人傾向於避開任何標籤。由於第2元世界觀個人主義者一般來說不喜歡加入人群，因此他們的感受也很相似。第1元世界觀中庸者為總分加了一點分數（高了四分），而第3元世界觀社會約束者比總分還高了七分。

　　就跟大多數特質一樣，加入其他變項也會加強表現的複雜性，例如假使我們把種族放進整個框架裡來看，家庭的重要性就會產生劇烈變動。

　　家庭重要性的總分在美國大約接近十八，全體女性只比全體人民再更敏感一點，加上大約二分，白人和亞裔女性與此變項有些微的相關性，給出的分數都很接近總分。而黑人女性的評分加了將近十五分，拉丁裔女性則多了總分七分。如果我們能夠將這些變項拆解到這麼詳細的話，你就能明白，為何過往的分類方式經常都讓人覺得過於粗糙。

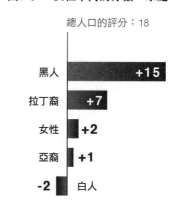

圖7-5　**女性不同的分數：家庭**

總人口的評分：18

黑人　+15
拉丁裔　+7
女性　+2
亞裔　+1
-2　白人

分數的差異，指的是各個元世界觀者和總人口分數的差異——總人口分數以垂直的黑線表示，數值為18。

　　成就：人們用成就來描述自己，顯然應該分類到行為層面的資料，你可以把它想成是個人資料裡最容易取得的那塊，包

括學業成績、參加的運動項
目、贏過的獎項和你的職場
成果。

這些都很容易取得，而
且在了解一個人的時候通常
不會造成什麼風險，但缺點
就是這些資料也不太能展現
出一個人的世界觀。成就作
為變項時，缺乏了像是世代
年齡特徵這種核心特質的穩
定性，可能是因為處於相同

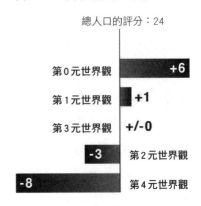

圖7-6　　不同的分數：成就

總人口的評分：24

分數的差異，指的是各個元世界觀者和
總人口分數的差異——總人口分數以
垂直的黑線表示，數值為24。

「世代」的人會有共通點，使他們有認同感，而成就的本質比
較偏向個人。

　　成就這個因子，在整體人口的給分是二十四分。我們可以
用這個當參考點。這個分數可以算是位居中間，因為整體人口
針對年齡給出的分數是七十，種族則是負十七。或許就是因
為這樣，在成就這個因子上，最低的分數（比整體人口少了八
分，第4元世界觀的人）和最高的分數（多了六分，第3元世
界觀的人）差距並不算太劇烈。

　　我們可以得出一個結論，那就是從大家看待與描述自己成
就的方式，可以一窺每一個群體有哪些本能。第4元世界觀的
人一般來說歡迎成就，而在光譜的另一個極端，亦即社會拘束
者，就對成就較具批判力，他們經常批判成就的本質就是在尋
求關注，也就是說必須先有所付出才能獲得成就，社會約束者

會把特別的榮耀保留給需要能力和忠誠才能完成的事件，這種特殊地位不能單單頒發口頭獎勵就算了，如果有人真的贏得了某件事物，那就值得大肆慶祝（但參加獎則不算數）。

在原因模型中，就像基礎本能和主要特徵（例如生命階段）能產出理解人類的關鍵方法，我們在它之上利用多種其他心理特性資料繼續發展，細節會在接下來的幾節中提出。

認知偏誤

本書前面曾稍稍提及認知偏誤，而我想要再次強調，在尋找「為什麼」的過程中，一定要考慮到認知偏誤。就是因為認知偏誤，使我們的行為經常違反自身最佳利益，因為走捷徑總是比較容易（認知偏誤也是有好處的——要不是因為它，我們才不敢冒險，也不可能快速做出決定！）。你可以把這種偏誤假想成大腦批判性思考的天生盲點。認知偏誤使我們傾向只注意到那些與我們成見相同的資訊（驗證性偏誤），也會使我們認同群體意見而沒有好好評估選項（團體迷思或跟風效應）；認知偏誤使我們只想要利用立即可得的資訊做決策，或是過度倚賴最初的資料或最先得到的資料，而未在取得新資訊時調整自己的看法（錨定效應）。我們都偏好維持現況（是的，連這個都有偏誤存在！），緊抓著已知不放，很少有人能跟「不確定性」安然共存。

我的目標是要找到夠宏觀的基礎理論，足以回答任何在尋找「為什麼」過程中出現的問題。心理學家丹尼爾・康納曼和

阿摩司‧特沃斯基開創了一個自己的市場,將相異但又相關的科學研究置入理性選擇之中。雖然道德基礎理論提供了我們建構有意義的世界觀的知識,但康納曼和特沃斯基的研究用他們的通用模型挑戰了這些世界觀來探索理性選擇的理論。

康納曼和特沃斯基利用許多不同的場景,解說了我們大腦在我們做出決策的時候,提供給我們的「捷思法」(heuristics),也就是各種思考的捷徑。捷思法其實是必要的,因為我們每天都得做出好幾百個大大小小的決定。兩人在一九八一年的論文《決策的框架與選擇的心理》當中[5],詳細解釋了「框架」對我們決策過程的影響,亦即面對同一個問題,當我們採用不同的「框架」來看待它的時候,我們的偏好就改變了。[6]

接著再進一步,理查‧塞勒博士(芝加哥大學行為科學教授兼暢銷作家,著有《推力:決定你的健康、財富與快樂》)的研究讓康納曼和特沃斯基的方法對實際的人類行為產生影響,為他贏得了二○一七年的諾貝爾獎[7]。

一九七○年代,康納曼和特沃斯基徹底顛覆了人類對思想的看法。二○一六年在一篇標題為〈改變我們對思想的看法的一段友誼〉(The Two Friends Who Changed How We Think About How We Think)的《紐約客》(New Yorker)文章中,理查‧塞勒和凱斯‧桑斯坦(Cass Sunstein)解釋了這兩人造成的影響,「在一九七一年到一九七九年這段期間,他們發表了之後會讓康納曼獲得諾貝爾經濟學獎的研究。(要是特沃斯基還在世的話,獎項一定是由兩人共同獲得,但諾貝爾獎不會

追贈。）研究中有兩大主題：判斷和決策 **8**。」他們的研究成果雖然功能性過於狹窄，但近乎普世通用，影響了心理學、經濟學、醫學、法律、商業和公共政策等各種領域。

　　以下是一個出自他們經典論文當中的例子，可以看到框架產生的效應。切記，這篇文章可是在四十年前寫的，要我說的話，他們使用的案例── 危險的亞洲疾病── 真是先見。我寫這本書的此時此刻，全球都陷於疫情之中，既然我們都正在面對新冠肺炎的醫療風險，那就來談談框架策略，還有身為公民的我們該如何應對：

　　情境一：想像美國即將出現一種罕見的亞洲疾病大爆發，預期死亡人數為六百人，有人提出了兩種對抗疾病的方案。假設兩方案的後果以科學估計如下：

　　採取方案甲，可以救活兩百人。（百分之七十二）

　　採取方案乙，有三分之一的機率六百人全數獲救，有三分之二的機率全數死亡。（百分之二十八）

　　你會偏好兩種方案裡的哪一個？

　　這個情境裡，多數人的選擇是風險趨避：確定能救活兩百條人命的期望，聽起來會比相同的預期值但危險的方案（也就是有三分之一的機率可以拯救六百人）更具吸引力。

　　第二組受調查者收到的情況則是將情境一略為變更，如情境二：

　　情境二：採取方案丙，四百人會死亡。（百分之二十二）

　　採取方案丁，有三分之一的機率沒有人會死亡，但有三分之二的機率六百人皆會死亡。（百分之七十八）

你會偏好兩種方案裡的哪一個？

在情境二裡，多數人會選擇承擔風險。如果和「有三分之二的機率六百人會死」相比之下，「確定會死四百人」讓人較難以接受。情境一與二中的選擇呈現出常見的規律：**若我們的選項是牽涉到「獲得」，則一般人通常會傾向風險趨避；若選項牽涉到「損失」，一般人通常會傾向承擔風險**。但我們輕易就能看出，這兩個情境根本完全相同，唯一的差別在於情境一裡的結果是以存活人數表示（牽涉到「獲得」），而情境二裡的結果是以死亡人數表示（牽涉到「損失」），這樣的改變就讓結果從風險趨避大幅轉變為風險承擔。我們在好幾組調查對象裡都觀察到這樣的反轉現象，就連受訪者是大學教授和醫師也是如此。情境一和二裡會有不一致的回答，是由框架效應結合人對於和獲得或損失相關風險的矛盾態度所造成[9]。

康納曼和特沃斯基明白，他們的結果挑戰了普遍為人接受的理論，也就是人在面對選擇時會基於理性而做出決定。他們突破性的研究影響了各種產業的經營模式，也影響了各種學科內的發展——行銷、傳播、使用者體驗和產品設計。在為我們的客戶思考行銷與傳播策略的時候，這項研究特別有用。行銷就是在探討如何與消費者建立穩健的關係，這都要從辨識、預期和滿足他們的需求與期望開始——原因模型就能帶領我們走到那裡。因此，了解損失規避的運作模式後，我們會建議客戶在折扣、優惠券、回饋方案、急迫性事件或免費試用（例如優惠是包裝成風險或回饋的時候）方面的行銷策略上，使用損失趨避的話術。免費試用是很受歡迎的策略，尤其是在科技產品

方面，像是Showtime或Netflix或Disney+的一個月免費試用皆是如此。通常在免費試用期過後，因為大家不想要「失去」這個產品或是他們已經擁有的服務，因此他們就會繼續購買。急迫性又是另一種熱門的手法，光聽名字就可以明白了──現在購買就可以享有七五折優惠，只到週五為止，再想想「數量有限」的話術，損失趨避甚至也與行為改變的設計連結在一塊了。

當我們想要實行一些「目的是要去影響別人」的策略時，如果能把他們的驗證性偏誤也納入考慮，那會很有幫助。**我們可以根據對方不同的元世界觀，為他們客製化一些「符合他們堅定信念」的訊息和承諾。**例如反菸公益廣告告訴我們，好人應該盡到自己照顧家庭和受撫養者的義務，這就是在對第3元世界觀的人喊話，因為他們深深相信應該要把家庭擺在第一位。如果還想要再增添一些動機的話可以這樣說：「想要盡到對家庭的責任，那就立刻擬定戒菸計劃，畢竟這可是在做正確的事情，因為你的家人需要你陪在他們身旁。」這種訊息對第2元世界觀來說就沒有用，因為他們最在乎的是在未來能達成自身的夢想，對他們來說最適當的廣告詞應該是：「只有在你下定決心戒菸時，才能在未來達成自己的夢想。」把廣告詞跟大家的信念結合，你才能利用到人類的驗證性偏誤。

下面的這跨頁圖7-7很有用，尤其適合用在知道他人在想什麼，以及如何誘發他人改變行為。請特別注意圖上四個角落的標示，代表與圖內列出的認知偏誤相關的領域。

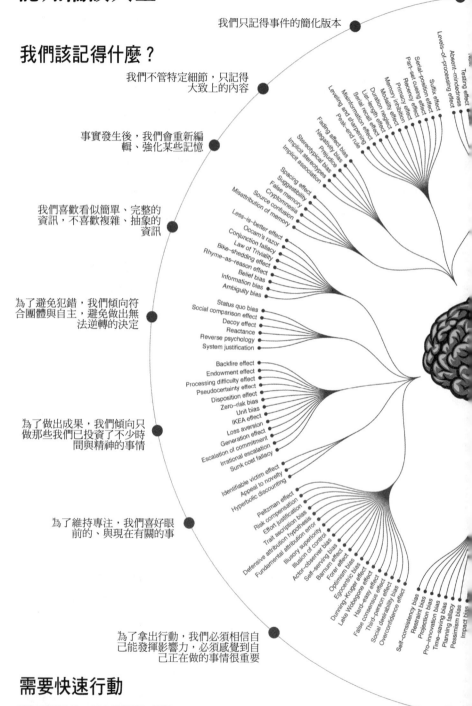

圖7-7 **認知偏誤大全**

我們依照不同的經驗，來儲存記憶

我們只記得事件的簡化版本

我們該記得什麼？

我們不管特定細節，只記得大致上的內容

事實發生後，我們會重新編輯、強化某些記憶

我們喜歡看似簡單、完整的資訊，不喜歡複雜、抽象的資訊

為了避免犯錯，我們傾向符合團體與自主，避免做出無法逆轉的決定

為了做出成果，我們傾向只做那些我們已投資了不少時間與精神的事情

為了維持專注，我們喜好眼前的、與現在有關的事

為了拿出行動，我們必須相信自己能發揮影響力，必須感覺到自己正在做的事情很重要

需要快速行動

認知偏誤大全：180多種認知偏誤。
設計者 John Manoogian III (JM3)

我們將眼前的心態和看法，投射到過去與未來

Testing effect
Absent-mindedness
Levels-of-processing effect
Suffix effect
Serial-position effect
Part-set cueing effect
Recency effect
Primacy effect
Memory inhibition
Modality effect
Duration neglect
List-length effect
Serial recall effect
Misinformation effect
Leveling and sharpening
Peak–end rule
Fading affect bias
Negativity bias
Prejudice
Stereotypical bias
Implicit stereotypes
Implicit association
Spacing effect
Suggestibility
False memory
Cryptomnesia
Source confusion
Misattribution of memory
Less–is–better effect
Occam's razor
Conjunction fallacy
Law of Triviality
Bike–shedding effect
Rhyme–as–reason effect
Belief bias
Information bias
Ambiguity bias
Status quo bias
Social comparison effect
Decoy effect
Reactance
Reverse psychology
System justification
Backfire effect
Endowment effect
Processing difficulty effect
Pseudocertainty effect
Disposition effect
Zero–risk bias
Unit bias
IKEA effect
Loss aversion
Generation effect
Escalation of commitment
Irrational escalation
Sunk cost fallacy
Identifiable victim effect
Appeal to novelty
Hyperbolic discounting
Peltzman effect
Risk compensation
Effort justification
Trait ascription bias
Defensive attribution hypothesis
Fundamental attribution error
Illusory superiority
Actor-observer bias
Self-serving bias
Barnum effect
Forer effect
Optimism bias
Egocentric bias
Dunning-Kruger effect
Hard-easy effect
Lake Wobegone effect
False consensus effect
Third-person effect
Social desirability bias
Overconfidence effect
Self-consistency bias
Restraint bias
Projection bias
Pro-innovation bias
Time-saving bias
Planning fallacy
Pessimism bias
Impact bias

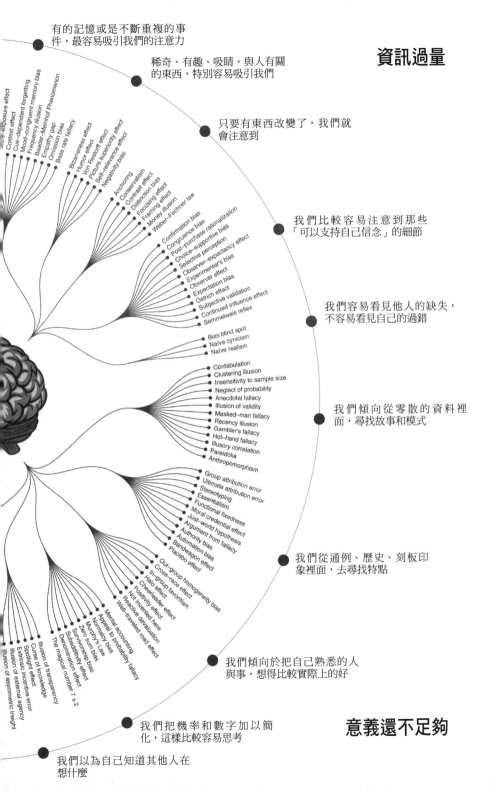

資訊過量

有的記憶或是不斷重複的事件，最容易吸引我們的注意力

稀奇、有趣、吸睛、與人有關的東西，特別容易吸引我們

只要有東西改變了，我們就會注意到

我們比較容易注意到那些「可以支持自己信念」的細節

我們容易看見他人的缺失，不容易看見自己的過錯

我們傾向從零散的資料裡面，尋找故事和模式

我們從通例、歷史、刻板印象裡面，去尋找特點

我們傾向於把自己熟悉的人與事，想得比實際上的好

我們把機率和數字加以簡化，這樣比較容易思考

我們以為自己知道其他人在想什麼

意義還不足夠

施瓦茨價值觀

若我們想探討「可觀察到的行為」之外的事物，可以使用幾種歷史悠久的心理測量工具。這些工具主要有三種類別：性向、人格特質和技能測驗，各個都能提供人類不同面向的知識。最一開始，大家希望能用這些工具解開預期中行為科學具有的能力，然而這個夢想目前尚未實現。

不過大家仍然廣泛運用幾種知名的測驗，像是MBTI人格類型量表（Myers-Briggs Type Indicator）、五大性格特質（The Big Five Traits）、明尼蘇達多重性格量表（The Minnesota Multiphasic Personality Index），還有各式各樣的測驗與問卷。每種工具都有它忠實的支持者和反對者，而且由於市場急著尋求指引，許多工具還給出了過度樂觀的結果。我們的目標是要盡可能融合上述觀察結果和工具到動態的模型中，以容納不同來源的資料。

舉例來說，業界仍然非常想要訓練同理心或情緒智商等等，以便使用在銷售、行銷、人力資源訓練和政策領域。「原因模型」能夠提供基礎的知識，以及更多相關的訓練，例如內隱偏誤和決策技巧（Decision-Making Skills）。這是個複雜的任務，必須避免那些包裝好的答案所給出的假承諾。我們認為每項資料都可以為整體情況帶來有用的資訊，但如同我們不斷強調，我們會避免過於簡單的因果關係論述。

上述任何一種測驗或工具都可以變成資料來源，為我們開發故事的時候提供知識。舉個例子，當我們想要使用「價值

觀」來推動計畫的時候，我們就會先審視一下「施瓦茨基本價值模型」（Schwartz Model of Basic Values）——它與我們先前介紹過的「道德基礎理論」相關，而這方面已有許多相關的學術研究了。

過去一百多年來，價值觀一直是社會學所有領域研究和討論的重點，流行文化也會形塑時代的價值觀，同時受到當代價值觀的影響——可能是由超級英雄電影所影響，或脫口秀上的專家所影響。虛構的英雄會激發我們反思自己的人生，還有想改變的事物，而政治家、師長、執行長和記者則促使我們擁抱某些永恆的價值觀（包含社群、忠誠、服務），並取代過時的價值觀。《紐約時報》二〇一九年的一篇專欄文章中，大衛・布魯克斯（David Brooks）描述了文化對我們說的謊：減肥七公斤就可以讓你變快樂、人生是個人的旅程所以最好以開放的心胸面對所有選擇、有名有利的人比又窮又遜的人有價值10。我們都會認為根深蒂固的價值觀並非自然產生的，而是良好的教養或良善的文化習俗造成的結果。

在現今高度連結又極度兩極的世界裡，價值觀成為了引爆點，不論你是左派或右派還是處於兩者之間，人們都在思索著我們的文化怎麼會出這麼大的差錯，為什麼能夠容忍這麼多惡劣的行為。從「原因模型」的角度來說，我們認為價值觀就是人類決策背後的根本原因，也是塑造人對世界的看法的要素。

價值觀也成了文化的精簡釋義——能夠快速評斷一個人是好、是壞或者中庸。讓事情變得麻煩的，則是在社會約束力光譜的兩端，也就是個人主義者和社會約束者，他們都堅持以根

深蒂固的信念和價值觀過日子，因此在評估彼此的行為時，有時候比起尋求真正的相互理解，我們更像是在尋找道德上的優越感。

所有的價值觀都有固定的特色，而施瓦茨價值觀定義了其中六種11：

1. **價值觀是信念與影響力緊密連結的結果。**價值觀經啟動後會與感受融為一體，舉例來說，對覺得獨立自主是重要價值觀的人來說，如果他的自主性受到威脅，他就會感到憤怒，如果無法保衛它就會感到無助，如果能享有它，就會感到快樂。舉文學中經典的流浪熱潮來講，就可以找到明顯的例子，儘管老套，但有多少故事的轉折都是主角必須放下才能找到自我——這個城鎮太小了，容不下做大夢的人？尤其這個人自主性受到阻撓時，這種現象會更加明顯。記得《無敵浩克》（Incredible Hulk）裡的超級英雄嗎？在他覺得受壓制的時候，他是怎麼排解憤怒的？要是我沒記錯的話，跟他的變身能力可大有關聯呢！

2. **價值觀可以指涉到想達成的目標，進而成為行為的動機。**對於覺得社會秩序、正義和助人是重要價值觀的人來說，他們有極強的動力要去追求這類目標。動機通常都來自於人的價值觀，而我們相信的事物會變成行為的原因或刺激。如果繼續使用超級英雄的比喻，你猜得出有多少英雄舉動是因為相信「真相、正義和美式作風」

而來嗎 **12**？

3. **價值觀能夠超越特定的行為和情境**。舉例來說，服從和誠實的價值觀就與工作環境或學校有關，現在的孩子在課堂上常被教導善良的觀念，這種價值觀在商業或政治中、對待朋友或陌生人時也都非常重要。就是因為如此，「價值觀」才會與「規範」和「態度」不同——後兩者會隨著情境改變。通常每個人對於價值觀的重要性會有自己的看法，有人認為不論違背價值觀的程度是一丁點或徹底顛覆，都是很嚴重的事情，不過也不是每個人都認同這種看法。但如果你見識到背叛的謊話和善意的謊言之差異引起的價值觀批判言論，可能就會看見一些不同的意見。

4. **價值觀是行為、政策、人群和事件中，指引選擇或評估的標準**。人類會根據事物是否符合自己的價值觀，決定它是好或壞、合理或非法、值得進行或應該避免，但這種影響力幾乎都不具有意識。只有在一連串的行動中，兩種深植人心的價值觀產生意念衝突時，價值觀才會進入我們的意識。這項重要的特色有趣的地方在於，我們每天在做決策的時候，一般來說價值觀並不會被放在心上，而是在要判斷事物是否公平或正義、一個人有道德還是邪惡，或對方是否違反對我們來說重要的價值觀時，才會使用到它。有人要求我們做出這類判斷的時候，我們就會啟動這項標準。舉例來說，你難道不覺得二〇一九年上映的電影《小丑》（The Joker）中的小

丑，雖然行為令人髮指，但卻是個具同情心的角色？

5. **價值觀以相對重要性排序**。你認為成就和正義哪個重要？創新和傳統哪個重要？「具有階層概念」，這又是另一個讓價值觀有別於規範和態度的地方，讓我們能夠根據自己對價值觀的高低排序來評斷他人，而評價為正面或負面則取決於其排序。

6. **多種價值觀的相對重要性能引導行為**。任何態度或行為基本上都隱含了不只一種的價值觀，例如上教會就可能是透過犧牲享樂和刺激的價值觀，來表現和提倡傳統與服從價值觀，而在相關、競爭性的價值觀之間權衡與折衷，就會引導出態度和行為。當價值觀與脈絡相關，且對行為者很重要的時候，就會影響行為。排序價值觀的重要性，當然也跟受到「多元交織性」這個理論框架引發的行動一致。在這樣的情況下，我們或許會問：一個千禧世代的黑人女性，是否與千禧世代的白人女性共享價值觀？

值得提及的是，目前有越來越多的研究正在探討「施瓦茨模型」可以如何與海德特和約瑟夫提出的「道德基礎理論」產生連結。首先想到的問題為，這兩種架構是否根本就是在評量相同事物的不同面向罷了。近期的分析研究似乎得出了答案，宣稱「價值觀和基礎是不一樣的[13]」。

施瓦茨的基本價值理論提出了一個環狀模型，內有十種不同價值觀，這個圓環可以拆解為四個四分之一圓，而且位置相

圖7-8　施瓦茨基本價值模型

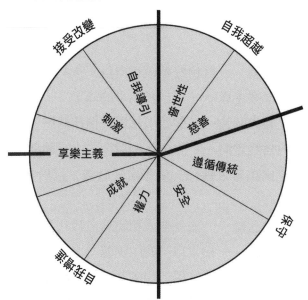

對的四分之一圓，會反映出衝突的價值觀。

　　該模型並不只是把價值觀羅列出來，而是提出各個價值觀背後可能的動機，因此引發學者探討：這個模型確切要衡量的東西是什麼。施瓦茨表示，「因為這些價值觀都存在於人類生存三大根本需求至少其中之一裡面，且能夠幫助人類應對三大需求，因此它們是普世相通的。三大需求分別為：個人身為生物有機體的需求、具有協調社會互動的需求、為生存及保障對團體的需求。個人無法獨自滿足上述人類生存的需求，所以在追求過程中才必須設定適當的目標來應對、與他人溝通需求，並贏取他人合作的意願[14]。」

　　雖然該理論定義了十種價值觀，但它也假定：在更根本的

層次，價值觀是連續的相關動機（因此才會是環狀的結構）。為了釐清連續的本質，我整理出相鄰價值觀共有動機的重點。

1. **權力與成就**——社會優越感和自信；
2. **成就與享樂主義**——以自我為主的滿足；
3. **享樂主義與刺激**——想要引起愉悅情緒的慾望；
4. **刺激與自我定向**——對創新和精通的內在興趣；
5. **自我定向與普世性**——依賴自我判斷，且對多元的存在感到自在；
6. **普世性與慈善**——成就他人和超越自我利益；
7. **慈善與傳統**——投入自己的內團體；
8. **慈善與遵從**——能夠提倡親密關係的規範性行為；
9. **遵從與傳統**——為了符合社會期待而順服於他人[15]

該理論主張，「自我超越」和「自我滿足」是對立的，就如同對改變抱持開放心胸對立於保守。理論上，自我超越和對改變抱持開放，應該是由個人主義者觀點中關愛和公平基礎所啟發；而保守和自我滿足，是由社會約束者的觀點啟發，仰賴的是權威、忠誠和純潔基礎。近期剛發表的研究即可支持這個說法：

我們的研究成果顯示，（價值觀和基礎）兩者結合時，更能夠預測具價值觀且和道德相關的認知、決策和行為。結合的力量讓兩者都獲益良多，能夠預期人類的心理與行為，因為研究顯示兩個架構都對認知、決策及日常生活行為具有重要意義[16]。

　　我們發現，施瓦茨的系統對於「原因模型」想要設計的互動規劃很有幫助，如果能取得施瓦茨實際評量的結果那就再好不過了，不過只要知道我們正在檢視的人或一群人的本能特質，我們大概也能猜到他會落在施瓦茨模型裡的哪個位置。

文化分歧

　　心理學家蜜雪兒・葛芬（Michele Gelfand）在她的專書《規範：制訂者與破除者》（Rule Makers, Rule Breakers）當中表示，人的行為「有很大一部份取決於我們生長在嚴格或寬鬆的文化中。嚴格或寬鬆的文化，又反映出社會規範的強度，以及是否嚴厲執行這些規範」。在一個嚴格的文化中，有嚴格的規範且「難以容忍不聽話的人」，強調的是穩定與傳統。在一個寬鬆的文化環境中，會展現高度的容許，歡迎打破規範的人，也歡迎創新。葛芬說「社會規範是膠合不同群體的介面，規範賦予我們認同，幫助我們以前所未有的方式整合在一起。可是不同的文化擁有不同的社會膠合力道，且會對我們的世界觀、環境、甚至大腦產生極大的影響」。這樣的分類方式，也可拿來描述國家、社會階層、公司與家庭。

　　葛芬研究了三十多個國家裡七千多個人的行為，把每個國家依照寬鬆或嚴格的程度加以分類。美國屬於擁有寬鬆文化的國家（雖然不是最寬鬆的），而新加坡、印度、馬來西亞則歸類於嚴格文化的國家。

　　葛芬指出，經常受到國外勢力威脅或者環保做得不好的國

家，就傾向比較嚴格，也會比較偏向權威和忠誠。在家庭的層次，情況也是類似，社經地位底層的家庭會感覺到持續受威脅，因此安全最重要，也會實施比較嚴格的規矩以確保能夠生存。相形之下，上層社會的家庭會覺得規矩定下來，就是讓人去打破的，他們也比較鼓勵孩子向外探索。

所以這樣就很容易看出，在全國與地方層次的文化如何能對應到「道德基礎理論」內的基礎。

如果想要觀察「本能模式」在整體群眾的層級會如何調整，我們可以看看美國和加拿大的差別。雖然這兩個國家國界相鄰，處於同一塊大陸上，且歷史交織，但從本能模式的分布就可以顯示出，為什麼各個國家會發展出不同的文化。你可以試著思考本能模式分布在這兩個國家裡造成的影響。

圖7-9 元世界觀者的分布

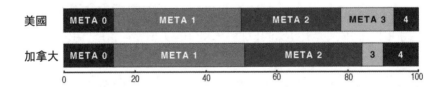

美加兩國的文化相似性，意味著它們在很多地方仍然很類似，例如兩國第0元世界觀平衡者和第1元世界觀中庸者的分布基本上相同，這些人都完全支持現況，因此毫無意外其中間派的文化穩定且豐碩。然而，在社會約束力光譜的兩端就有極大的差別。加拿大的第2元世界觀個人主義者相比於美國多了百分之五，因此他們在社會約束者那端就少了許多，分別是百

分之六對比美國的百分之十五，而加拿大也有較多的第4元世界觀宿命主義者，比例是百分之十對比美國的百分之七。

　　就像在其他地方進行的研究一樣，我們調查了加拿大人認知當中年齡（世代）、性別、種族、宗教、家庭和成就的重要性，結果如下頁的圖7-10所顯示。

圖7-10　元世界觀者的分布

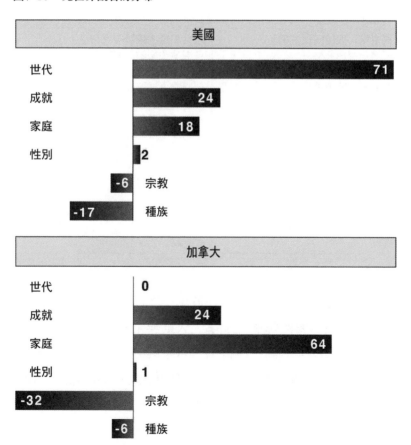

表7-2　元世界觀者的分布

消費者1	消費者2
價值	
• 公正 • 關愛 • 對個人的衝擊 • 對新事務傾向開放 • 不願服從傳統 • 極容忍差異	• 社區才是至高 • 忠誠 • 權威 • 純潔 • 傳統，過程和安全才是關鍵 • 壓抑個人同理心
可能會這樣	
• 民主黨（或傾向民主黨） • 環境正遭逢危機 • 駕駛特斯拉 • 喜愛風帆與滑雪 • 熱愛藝術與音樂 • 為了熱帶雨林而捐錢 • 上次出遊：智利農業生態遊	• 共和黨（或傾向共和黨） • 環境會循環，沒問題的 • 駕駛賓士 • 喜愛足球與高爾夫 • 喜愛鄉村音樂 • 為了負傷榮民而捐錢 • 上次出遊：全家去迪士尼
關鍵詞彙	
• 關愛 • 憐憫 • 和平 • 公義 • 確保	• 秩序 • 愛國 • 傳統 • 聚合 • 忠誠

　　兩種文化最明顯的差異就在於，美國認為年齡（世代）是六項特徵裡最重要的那個，加拿大人則非常重視家庭，整體加拿大人給「家庭」這個特徵打出了六十四分。而在美國，在整體人口當中家庭的得分是十六分。整體加拿大人給年齡打出的分數是零分，而整體美國人則給出了七十一分。種族在美國獲得負十五分，加拿大則是負六分。宗教對加拿大人（負三十二

分）來說比對美國人（負二分）重要得多，而性別在加國只占一分，美國是二分。

　　第2元世界觀個人主義者和第3元世界觀社會約束者一個對家庭有強烈認同感，另一個對世代產生共鳴，他們的拉鋸會對群體的差異有影響嗎？可能有，但最令人驚訝的是這兩個國家有共同的歷史，文化上也有許多共通點，卻在根本上有這麼大的差異。利用元世界觀來分類，我們就能假設出一套可以解釋差異的敘事。

技能訓練與語碼轉換

技能訓練

　　人類作為具有感知能力的生物，有能力改變自己的行為，改變取決於那個人本身、他的行為和介入的力量。一般來說訓練這種改變的方式有兩類：行為訓練計劃和言語勸說策略，哪種方式適用於哪個人，端看他的本能特質而定。明尼蘇達大學的威廉‧斯科菲爾德（William Schofield）拼湊年輕（Young）、吸引力（Attractive）、口語（Verbal）、聰慧（Intelligent）、成功（Successful）五個單字的字頭，創造了一個新字「YAVIS」，用以描述願意接受言語勸說（例如對話治療）的人。非YAVIS的人通常偏好有確切回饋的結構，比較類似行為訓練計劃的性質。如果你還有印象我們對於成就的討論內容，第2元世界觀個人主義者很容易被說服去開發新技能，

因為他們會覺得自己很獨特或變得獨特。而對第3元世界觀的社會約束者來說，如果一項挑戰好像能讓他們獲得報酬或者卓越感，那他們會比較願意執行。針對你的受眾的需求進行訓練，可以讓他們用最符合自己理解資訊的方式吸收新知，我們也必須要了解運用這種視角看事情時，特定工作和訓練策略有什麼規範。

像是在我們的客戶互動規劃中，如果是要訓練某世代的業務，而這樣的角色需要對世界有一定的好奇心、對他人有高度的同理心、解決問題時有一定的彈性和直覺，我們可能就要倒向個人主義者式的策略。但換個角度，如果這項工作需要的是願意以「我們」的方式做事的人，必須服從規範且喜歡團體合作的話，我們就會採取社會約束者的策略。

語碼轉換

我們在不同的地方生活，而每個地方的文化和語言都不同。因此為了力求溝通的順暢，我們必須轉換語碼，與不同的人溝通。具體來說，語碼轉換需要辨識出某特定群體的詳細資訊，並利用找出的資訊改變你表現自己的方式，來融入、影響或啟發他人。這種活動很複雜，且需要精細的操作，包含轉換或改變語言、減少口音、改變外表、行為，或其他的文化舉止。我們和家人、朋友說話的時候，會採用適合的語調，而在辦公室就不太會嘻皮笑臉，還會力求一致。一旦你意識到語碼的轉換，你就能看見種族、族群、性別、社經階層、宗教在不

同情境底下的運作情形。尤其在女性、有色人種或其他少數族群身上最明顯，他們往往需要在職場、校園等情境裡做好準備，以求得職場上的發展，同時避免自己被評斷，被歧視或被苦待。而他們採用的策略，也可能受到自己的「本能模式」所影響。社會約束者本能上就偏向忠誠、權威（內含天生的階級），樂意服從──但是服從又很複雜，因為他們高度效忠自己的原生族群。令人驚訝的是，個人主義者遠比社會約束者更傾向於採用語碼轉換，因為個人主義者天生就很有彈性，很開放，願意尋找共通之處。另外，語碼轉換也會在幾個面向替個人帶來一些負面的影響：持續忽略自己的種族、族群、性傾向、性別、能力、宗教等，會令人感到非常無力；語碼轉換的人也可能會受到來自自己原來群體的嘲弄，甚至憤怒，因為他們改變了自己的認同，只求融入。

　　想要知道語碼轉換能有多大的影響力，可以想想歐巴馬總統在對主要為美國黑人的聽眾演說時，是如何不費吹灰之力就讓他們認同並接收到他的訊息，認為他們有獨特且緊密的關係。最特別的例子是，有次他造訪美國國家男子籃球隊的更衣室，當時正值二〇一二年奧運，這支夢幻隊即將出戰巴西隊。在影片中，球員與職員列隊歡迎歐巴馬，而他依序走過隊伍，與每個人寒暄。他與一位白人球員正常握了手之後，下一位是黑人球員凱文・杜蘭特，於是歐巴馬給了杜蘭特一個非洲裔美國人之間常見的特殊擊掌打招呼手勢，外加背上輕拍一下。

　　這種操作需要非常謹慎評估才能進行，如果使用得不小心，就沒辦法和預期中的目標受眾成功建立親密感。這種不真

誠的例子可以參考拜登在擔任副總統的時候，曾在討論投票偏好時大放厥詞，挑戰電台主持人的「黑人身分」，造成一陣軒然大波。這當然是有代價的，他被批評是高高在上有如掌權者，沒有真誠、自信地擁抱自己的性別、人種或族群並表達出認同。

生活型態、特性和態度

我們在PathSight曾研究過有關賭博、旅遊、美食、娛樂和音樂偏好相關的生活型態、特性和態度，但不用說也曉得，這個領域很廣闊，還有非常多事物可以研究。企業經常倚賴分類模型把群眾分成上百種功能性的群體，問題是運用分類的時候，大家常常無法搞懂為什麼這些人會做這些事，這正是PathSight的「原因模型」能造成重大差異之處。

這裡有個簡單的例子可以讓你思考：行銷人在為產品設計廣告的時候，通常會決定要用他們的價值主張接近哪類的人。舉例來說，他們想發展出以高收入、大眾市場、中年已婚男子為目標客群的分類策略，這麼一來，他們可能會找到兩種具有非常相似人口特性的人。這兩種人的資料看起來可能像這樣：

- 皆為四十五歲
- 皆為男性
- 皆為白人
- 收入皆在全國前百分之一（富裕）

- 一人讀過哈佛，另一人讀的是史丹佛
- 皆已婚
- 一人住在康乃狄克州的格林威治，另一人住在加州的聖荷西

乍看之下，似乎這兩人沒什麼差別，在生活型態、特性、喜好分類系統裡，他們幾乎完全一樣，他們甚至連生命階段、性別和種族都相同。但其實極有可能這兩人在根本上其實是完全不一樣的人，這個差別就在於他們行事的「原因」裡。

消費者1

價值

- 公正
- 關愛
- 對個人的衝擊
- 對新事務傾向開放
- 不願服從傳統
- 極容忍差異

可能會這樣

- 民主黨（或傾向民主黨）
- 環境正遭逢危機
- 駕駛特斯拉
- 喜愛風帆與滑雪
- 熱愛藝術與音樂
- 為了熱帶雨林而捐錢
- 上次出遊：智利農業生態遊

關鍵詞彙

- 關愛
- 憐憫
- 和平
- 公義
- 確保

消費者2

價值

- 社區才是至高
- 忠誠
- 權威
- 純潔
- 傳統，過程和安全才是關鍵
- 壓抑個人同理心

可能會這樣

- 共和黨（或傾向共和黨）
- 環境會循環，沒問題的
- 駕駛賓士
- 喜愛足球與高爾夫
- 喜愛鄉村音樂
- 為了負傷榮民而捐錢
- 上次出遊：全家去迪士尼

關鍵詞彙

- 秩序
- 愛國
- 傳統
- 聚合
- 忠誠

有了原因模型，我們首先就能分辨他們的「本能模式」，可以知道其中一人是靠著個人主義者的本能特質達到了不起的成就，而另一人是靠著社會約束者的特質而有一番天地。從基礎和原始的本能出發，我們會再將自己的理解放到目標客戶身上。

以下是我們可以學到的事情，我們可以再度使用前面的圖來表示。

如果想要設計出能夠同時吸引這兩個人的敘事，利用原因模型就能順利達成。就算我們選擇把他們放在同一個類別裡，使用這款模型仍可讓我們擁有足夠的資訊，知道要怎麼避免可能會對他們其中一人產生反效果的文字、圖像或主題。雖然避免這種自己造成的失誤或溝通中的愚蠢錯誤非常麻煩，但是絕對值得。

你對音樂的品味會透漏哪些關於你的資訊？

提到「生活型態」的時候，我們指的可能是好多種事物——對體育的強烈興趣、對音樂的癖好、對科技或園藝或旅行的愛好。欲與他人互動而編寫故事時，我們得要看看他們的購物習慣或社群媒體貼文裡是否有這些興趣的蹤影，或者我們可以從問卷、正式評量或關於該主題的數據裡取得資料。不管來源為何，在完成一個人資料檔案的過程中，生活型態偏好都是珍貴的資料。例如我們在PathSight一開始曾研究過音樂，因為音樂與世界觀具關聯性，那麼，在不斷發展的故事中，音

樂作為潛在元素的功能為何？

　　我們追蹤了所有元世界觀對共十五種音樂類型喜好程度，為了簡化一些，我們將分析局限於三種世界觀：第1、第2和第3元世界觀。

　　首先我們觀察規律。我們發現在十五種音樂類型中，第2元世界觀對其中十二種都給予最正面的評價，第3元世界觀對其中兩種（古典和鄉村）的偏好更強，而第1元世界觀對一種（流行）較為喜愛。只要回憶一下這三種世界觀的特質，你就會發現這個結果完全在預料之內。

　　第2元世界觀的興趣很廣泛，就算在同類型的事物裡也是如此，因此喜好分數高的類型就很多。他們也很自豪於能夠開發新的潮流和主題，所以願意嘗試各種不同的選擇也與他們的性格取向非常一致。就連確切的類型也能證實這項敘述，獨立音樂、電子舞曲、龐克、雷鬼和世界音樂──第2元世界觀最喜愛的音樂類型──相對於傳統的流行樂，被視為是另類音樂，而非對立的類型。

　　第2元世界觀給予喜好分數較低的類型與他們的性格取向一致：基督教、鄉村和流行樂。還記得嗎，第2元世界觀也比較不太把傳統宗教視為自己身分認同的一部分。在這張圖裡我們可以看到，除了喜好分數很低以外，他們對基督教音樂的負面偏好分數也非常高，亦符合他們避免將宗教當作自己身分認同中關鍵敘述的現象。

　　他們未給予最高喜好分數的其他類型還有鄉村和流行樂。就歷史脈絡來說，鄉村樂是為了吸引各式各樣的故事來引起社

會約束性本能，包括傳統家庭價值、愛國主義和英雄主義，而流行樂顧名思義，就是在致敬呼籲這些價值的主流。第2元世界觀給這個類型的分數仍然很高，但可能並未與他們想成為先鋒的慾望有所共鳴。

因此，如果我們要在故事中使用音樂作為主題與第2元世界觀產生連結，就要大膽使用新的或另類的風格，以提倡非傳統的面向。舉例來說，如果故事的主題是愛國主義，就可以使用私人和個人的故事來激起愛國的情緒，作為面對面互動的管道，讓音樂說故事。

下方總整理的圖7-11顯示出，一般來說第2元世界觀「強烈喜愛」任一種音樂類型的比例最高，「強烈厭惡」任一種類型的比例最低，第3元世界觀則正巧相反，在所有類型的人之中，他們「強烈喜歡」的人最少，「強烈厭惡」的人最多。顯然，他們知道自己喜歡什麼而且會只聽這種音樂。而就如我們所預期，第1元世界觀介於中間，這是因為他們的影響力適中。

這種生活型態有不少可以變動的空間：喜好並不一定要是全有或全無。雖然大部分的第2元世界觀都不喜歡基督教音樂，但仍然有人覺得它有吸引力，畢竟還是有百分之十三的第2元世界觀認為它「還不錯」，百分之八表示「非常喜歡」。對於了解原因模型的整體面貌來說，這點非常重要。一般來說，針對任何主題，你都能找到一種能夠吸引各個世界觀的方式；你只需要考慮是否值得花心思為它建構一個故事，但效果可能不如其他方式好。

以流行樂來說，第1元世界觀對它的喜好程度最高，超出

圖7-11　對音樂類別的喜好

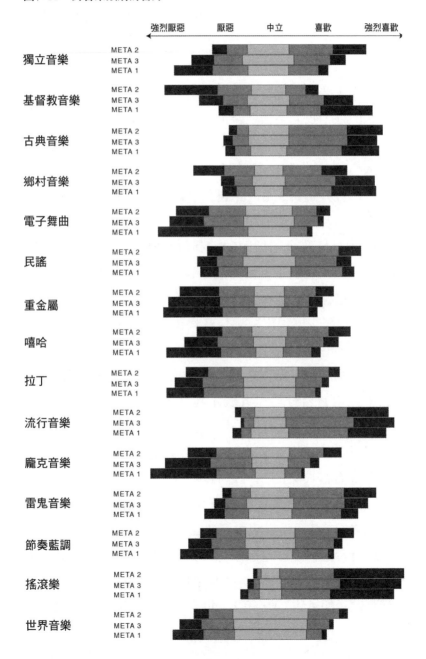

其他人。基本上這是一種對主流的尊重，也是該世界觀的根本原則。事實上，流行樂是第1元世界觀唯一給予最高偏好的類型，那麼在為第1元世界觀建構音樂故事的時候，我們可以將流行樂當作主要的主題特性來強調具有主流價值的產品、商品或服務。此外，我們不需要害怕使用不同的音樂類型來凸顯故事中特別的時刻，音樂應該是輔助，在訊息中不具主導地位。

討論音樂時，第3元世界觀的行徑也與他們的世界觀一致。我們已經知道第3元世界觀在乎社群的神聖性，崇尚生命的自然秩序以及家庭價值和傳統的地位，很明顯的，他們對基督教音樂的喜好符合這種傾向。鄉村音樂也凸顯出他們喜歡傳統家庭價值、愛國主義和英雄主義。第3元世界觀也有很清楚又鮮明的嗜好，就是不與創新或潮流掛勾。我們可以看到，第3元世界觀鮮少展現出對另類音樂（如獨立、世界、雷鬼、龐克和拉丁）的強烈喜好，不過這也一樣不是非黑即白的事。你可以從上圖看到，舉例來說多數的第3元世界觀並不喜歡獨立音樂，但也有百分之十九表示喜歡，且百分之六投了「強烈喜歡」。我們當然也有辦法找出喜歡獨立音樂的第3元世界觀——只不過他不是典型的第3元世界觀罷了。

如果來看古典樂的話，會發現三種世界觀都喜歡這個類型，原因是該類型對大眾都很有吸引力，所以對不同人可能有不同意義。第3元世界觀可能會認為古典創作是一種文化遺產，是所有音樂類型的靈感來源，第1元世界觀可能覺得它是最根本的主流類型，簡單來說就是因為大家都喜歡（或至少每個人都喜歡《胡桃鉗》），第2元世界觀則可能因為它無限的複

雜性與觸及程度，視它為其他類型取樣的原始對象。

　　這只不過是一種生活型態中一項最簡單的分析，以單一變項「喜好」來分類而已。你能想像如果我們還利用年齡、性別和種族區分，會發生什麼事嗎？想想這能使我們的故事變得多麼密切交織且穩固。

互動規劃：進入整合階段

　　蒐集到原因模型需要的所有資料後，互動規劃的最後兩個階段就是要設計出一套回應，能夠根據一個人理解世界和決策的全貌直接與他對話。

行銷故事

　　蒐集這些資料的主要目的，是為了打造一個能聚合所有重要關鍵的故事，來吸引一個人或一群人，強調對於他們的世界觀重要的本能就能做到這點，其中包括使用我們認為能產生共鳴的文字、圖像和主題，如果可以的話，我們還會採用與目的相關的價值觀、生活型態和偏好。故事的結構和細節取決於互動的目的以及計劃案可取得的資料量。為此目的打造故事的過程中，我們發現把資訊依故事大綱（Story Outline）的類別分類非常有用。

　　互動的目的：描述故事的用途以及待處理的議題——有需

要解決的衝突嗎？我們要如何理解目標受眾，他們又會希望世界如何運作？這個問題可以像以下的例子一樣簡單：這個產品、服務或活動能滿足我的歸屬感需求嗎？能夠解決不正義嗎？能確保我家人的安危嗎？可以讓我展現我的創意嗎？或幫助我減少我的碳足跡？減輕我的壓力甚至為我帶來快樂？

本能模式：簡短列出對本能模式的理解，以及它如何與下列影響因子融合——這就是故事中「主角」的特徵和情境。

- 生命階段
- 性別
- 種族

文字、圖像、主題：這些類別的範例，與目的相關且可用於掌握目的。如果還有任何相關的認知偏誤，則會納入故事的「主題」中。

價值觀、生活型態、偏好：這類脈絡變項通常用於在需要時加入個人化的元素——故事裡的「道德觀」和你的主角將呈現的特徵。

觀察與其他資訊：概括類別，包含所有其他可以觀察到的特質。

針對目標受眾，我們想要發展出故事，然後使用「對他們有意義的方式」與他們互動，此時應該盡量仔細探究每一丁點資料。先前已經提過，許多資料無法反映出確切的特性，但可以展現出一個人的世界觀。我們可以看看美國廣告委員

會（Ad Council）的案例，這是一間經常在美國遭遇重大國家級危機時製作公益廣告的非營利組織。他們常與贊助單位合作（通常是政府或其他非營利組織），贊助單位會要求倡導特定的訊息。幾個他們很知名的廣告案如下：與美國國家衛生院（National Institutes of Health）合作的反毒品廣告「拒絕就對了」，與黑人學院聯合基金（United Negro College Fund）合作的「心智不容荒蕪」，與森林防火組織（The Forest Fire Prevention）合作的宣傳「只有你能預防森林大火」，與美國運輸部合作的「真朋友不會讓你酒駕」，與美國國家犯罪預防委員會（National Crime Prevention Council）合作的「杜絕犯罪」。這些公益廣告可以是知識性的，也可以是為了促進購買行為的，也可以只表達特定觀點。

　　二〇二〇年夏天，美國非洲裔人士喬治・佛洛伊德遭警方逮捕時窒息而死。美國廣告委員會運用他的遺言「我無法呼吸」推出一則公益廣告。他的死（加上其他美國黑人因警方行為而死的案例）激起了全球抗議警方暴力，成為黑人群體種族主義的源頭。「為自由而戰」的公益廣告開頭是美國國旗和小孩觀賞煙火的畫面，旁白則說著自由是美國的價值，包括日常行為的自由——開車穿越五十州、在任何喜歡的地方慢跑、安穩地睡在自己的床上、到公園賞鳥、穿著連帽衫，還有呼吸。這則公益廣告特別挑選出來的「自由」類型都是為了要呈現一種論述：「只要你不是美國黑人，這就是大多數美國人視為理所當然的自由」。也正是造成無辜黑人男女被謀殺或侵害的自由。對他們來說，情況就大不相同了。

　　這則公益廣告突顯出一個複雜的情況：它預設了「所有人看見和聽見這則廣告訊息時，會自動產生相同的反應」。以公益廣告來說，它成功聚焦了文化中無邊無際的公平概念。它的終極主張是黑人和棕色人種並不享有大多數白人視為理所當然的平凡時刻，請求觀眾對公平做出批判。在這個情境裡，大部分的人可以理解宣傳的觀點，我們也能預期當下能引起夠多的情緒，根據每個人的世界觀能導向更強烈的反應。

　　在這種情況下，我們不該假設故事會在這裡告一段落，尤其該廣告播送的時間點跟實際事件發生的時間非常接近。為了了解美國各地對這則廣告的接受度，我們就要運用「多元交織性」的概念來預測其影響力。首先，我們要思考這則訊息的訴求與社會約束力光譜的關係。我們要如何預期第2元世界觀的人會如何反應呢？顯然，因為第2元世界觀對文化公平自由遭剝奪很有共鳴，這個概念絕對能激發出強烈的反應。我們可以預期，他的關愛／傷害感官中養育的本能會被激起，甚至會導致情緒性反應，譴責體制（例如警察）的不公不義。光譜的另一端則是第3元世界觀。他們應該也會認同「不讓黑人和棕色人種的國民享有相同自由」並不公平，但他們會以不同角度解釋這樣的訊息，反應也會不一樣。我們預測他們不會執著於個體的損失，而是相信所有人身為文化的一部分，都應該更盡力確保讓這種自由更加普及，因此第3元世界觀不會因為這則訊息就覺得否定這類自由代表需要制度改革（例如警察）。

　　上述是一個還算清晰明確的分析。不過為了讓評估更為準確，我們還需要納入美國人對於種族、年齡和性別的觀念差

異。我們明白人種、性別和生命階段（例如年齡）通常會為每種特徵帶來不同的觀點。我們在故事裡採取像是這則公益廣告的溝通策略之前，會希望能先預測出像是住在都市環境的X世代白人男性，相對於住在郊區的千禧市代黑人女性，會如何回應這樣的訊息？或許並不是每個故事都需要如此深入研究其中的細節，但我們至少要理解並認知到所有變項對於最終敘事可能具有多大的影響力，對於原因模型的使用者來說，這肯定很有幫助，因為我們的模型能協助分析，讓你能取得對判斷影響力有幫助的變項。

發布平台

選擇傳達訊息或宣傳的媒體平台，考量的不僅僅是方便性而已，各個平台都有自己的優勢——它自然能夠吸引的本能模式有哪些，還有適合那些受眾的內容之間的連結，包括所要傳達的主要資訊在內都是。舉例來說，一個普通的社會約束者可能會尋求加強個人文化傳統、不會透過自己選擇的內容宣傳社會激進式觀點、以及能夠強化主流文化風潮的平台。至於那些會使案主的消費者產生衝突和不和諧的選項，我們就不必理它了。臉書就是個好例子，它曾經是創新者的地盤，現在則是第3元世界觀社會約束者的堡壘。

現在你已經見識過我們是怎麼把各種層面的資料融入到整合且全面的情況中，資料和各個階段需要做的策略決策，都是交互相關的，彼此建立於對方之上——在基礎上相互連結，

圖7-12　不同認同層次所組成的消費者旅程

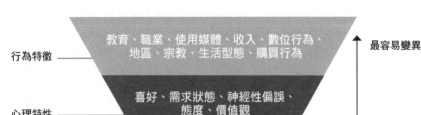

並透過本能模式和基本特徵的視角來理解。在個人層面，你可以利用這個規劃系統加深對自己世界觀和世界觀建構方式的理解，也可以應用於了解生命，以及如何在可能面對的各種本能挑戰之中生存下去。最重要的是，這個規劃系統可以透過溝通、行銷或行為改變計劃影響他人。

互動規劃

　　我想展示一下如何運用互動規劃工具。在大多情況中，我們的選擇是有限的，如果是正在處理大量資料來源的話，就可能需要考量到非常多種層面的資料來源。下圖7-13為以往我們

準備傳播活動的方式，展現出我們如何將不同層面的資料轉換為實用的觀點。讓我們來探究一下，傳統作法的資訊和原因模型相比，會產生怎樣的差異。

發送者（sender）首先做的事情是找出價值主張。在傳統的流程裡，這個步驟包括如何對目標受眾呈現訊息（例如想販售的服務或產品）。如果你想要把產品帶入市場，那麼目標就是要做出產品區隔，並以最獨特的方式盡可能告知大眾它的差異所在。

下一個問題則是要怎麼提出訴求，還有要使用哪個平台來行銷。根據傳播內容，可以含括電視或廣播的節目或廣告、特定網站、部落格、新聞函件的橫幅廣告和社群媒體行銷。最終，這些行銷活動都會被包裝並投放給目標受眾，通常目標受眾會藉由價格、偏誤以及方便性做出判斷。

使用原因模型時，我們則是從訊息的接收者（receiver）

圖7-13　不同認同層次所組成的消費者旅程

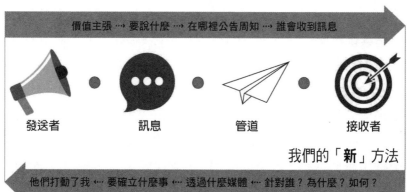

起頭。從各種層面的資料看來，我們對這個人有何了解？他的本能特質為何？他有哪些基本特徵？

從這裡，我們會得知「為什麼」這個人可能會對我們的提案有興趣，然後依照我們對他本能特質的了解，開始設計訊息，接著再選擇一些能夠傳達這則訊息的通路。在這種策略中，我們想要與受眾確認我們了解他們，而且知道「為什麼」對方了解我們的商品、服務或產品後，可以從中獲得好處。這麼一來，對方會覺得受到認同，而且相信「他們懂我！」

我們可以從心理特性和行為層面加入其他相關的資料和觀察結果，呈現出目標受眾更完整的面貌。

運用原因模型

假設我們想協助一個機構募款，幫助因為新冠肺炎疫情而流離失所的低收入家庭。在原因模型的關鍵基礎中，各層面的資料和觀察結果會是最先檢視的細節：

基礎本能：這種活動的精神就是專為第2元世界觀個人主義者而打造，你很容易就可以聯想到這樣的訴求——為那些「不幸的家庭」、「無法負擔大筆開銷」、「明明不是自己的錯」卻仍然陷於「經濟困頓」——可以引起關愛／傷害和公平／欺騙的本能。為了拓展訴求，以便將中庸者類群也包進來，我們會把訊息傳遞給「我們的社群」，確保受害人不被視為是「他者」，也可以藉由調查潛在捐款人，了解不同本能模式對家庭

支持的看法，獲得更多資訊。

基本特徵：生命階段會如何影響價值主張？如果把焦點放在社會約束力光譜上個人主義者的那一端，他們的本能模式相對穩定，因此可以觸及比較廣泛的年齡、性別和種族。如果再加以討論要怎麼從圖像和文字的角度建構訴求的主題，那會更有幫助。我們知道女性和許多弱勢民族會特別在意這項訴求有沒有提到他們，還有不可以明確將他們排除在外。

心理特性特徵：這類範圍龐大的資料可以幫助我們使作業內容個人化。我們假設現在已經具有可以推論出認知偏誤、態度和價值觀的資料，根據施瓦茨價值觀模型，我們知道同理心、慈悲心和普世性是能夠誘發關愛／傷害和公平／欺騙基礎本能的因子，因此應該在宣傳中傳達這樣的文字和圖像。「願意接受改變」的四分之一圓也可能是動機來源，會影響媒體選擇，藉此點出了個人主義者的另一個特性—— 對新事物的興趣—— 也可能會影響主要使用平台的選項。最後，來到「開口」的階段，我們要把訴求包裝成能夠以信用卡保障、為期三個月的承諾，這樣一來可以取得較大額度的捐款，而且要停止捐獻還需要額外的作為。此外如果文字中把捐款人的動機和決定描述成既耿直又值得敬佩，也會有所幫助。

敘事：設計敘事的時候，切記要理解目標和受眾。由於這個主題有其急迫性，因此要試著用可以吸引忠實擁護者（True Believers）和感興趣但易分心（Committed but Distracted）的大眾的方式招募最有潛力的捐款人。我們首先要思考的是，如何判斷這個機構成立的價值主張？在這個練習裡，我們先假

設敘事建構的方式如下：「這間機構負責支援不幸的家庭，這些家庭因為新冠肺炎疫情的緣故（完全不是他們的錯），在經濟蕭條的情況下努力在高消費的生活中存活。我們希望能募到一百萬美金，使得接下來三個月中，我們社區裡的這些家庭能繼續住在他們的家裡。」這種作法合理且富同理心，又不過度以情緒性描述渲染，才不會讓不那麼熱衷的支持者拒絕這種價值主張。

媒體平台：這種規劃系統的重要特點之一，就是能夠符合各種平台的需求。我們一定要把自己所尋求的受眾喜愛的平台放在心上。在這個練習裡，我們可以推出像是Go Fund Me這種風格的平台，也可以搭配一般市場的平台來支援。

一切都完成後，我們建議的就是以辨識出的本能模式，推動從不同出發點開始的模型。我們已展示出如何把原因模型疊加在各種其他類型的資料上，以更鮮明地呈現大眾如何看待世界。接下來，我們會運用更加實際的例子，告訴你怎麼使用原因模型來擬定傳播互動規劃。

第八章
流暢表達「原因」

　　分析和融合新資訊有時候非常困難，尤其如果會違反多年來的認知時更是如此。我們在理解世界的時候難免都有預設立場，例如你一看到表現良好的年輕人，可能馬上會認為「他的父母一定有教導他是非對錯」，或者可能會認為「這種人」行為表現良好很正常，你也可能會假設是因為這個男孩的本能及生活經驗結合造成了正面的結果。

　　原因模型建構的邏輯是，這種預設立場不一定是根據人的性別、種族或生命階段而來，而是與更深層的東西相關。一開始可能會有點難適應，但只要我們學會運用新的思考模式後，它就能幫助我們了解自己的動機，並精進自己在不論是私人或職場人際關係中溝通的方式。它能協助我們理解並處理在我們掌控範圍之外，更巨大、更全面的議題。

　　如果把原因模型想成是一種新的語言，就可以馬上明白先前討論的資料為什麼能具有無限的意義。讓我們來看看幾個例子，了解怎麼拓展接觸他人並與之互動的方式。

如何善用本能模式

在這節裡，我希望讀者也能參與互動。這次我不會給你一連串敘述性的故事，告訴你原因模型的原理，而是進行一點思考練習。你可以在任何地方跟任何人玩這個遊戲，只要你用心留意，就能輕鬆判斷出周遭的人的本能模式。

讓我來教你怎麼做。

工作時我常需要通勤到紐約市，而火車就是最適合用於觀察的實驗室，因為人都會不經意但非常公開地展現出自己的世界觀。有一天，我在火車上聽見兩名坐在對面的女乘客的對話，他們跟我近得幾乎是膝蓋碰膝蓋，長達一個小時。這兩個女人並不認識彼此，兩人應該都是要到紐約市工作。她們都是白人，大約介於四十五到五十歲之間，但兩個人之間當然也有不同之處。

第一位女性穿著非常有型，手裡拿著一份《紐約時報》和一座立體透視模型，說是要給客戶看的，客戶想把陽台改造成有機花園。第二位穿著藍色細條紋的套裝，拿著一只公事包和一份《華爾街日報》。

因為我們坐得很近，所以我無可避免地聽見她們的對話內容。一號乘客想要跟二號乘客搭話，一次又一次，一號開啟話題，想要介紹她的立體透視模型，用自己的作品說明她是一名設計師，二號禮貌點頭但沒有回饋任何個人資訊。此時，根據我的本能模式知識，從一號乘客選擇《紐約時報》和她對設計的興趣還有風格鮮明的衣著，我已經可以判斷出她屬於第2元

世界觀個人主義者的本能。二號乘客看起來不喜歡一號的搭話，還有二號乘客穿著正式和手裡拿著《華爾街日報》，顯然屬於尺規另一端的第3元世界觀社會約束者。

（如果這些跡象還不夠明顯的話，在這個遊戲中你也可以大膽猜猜看！）

接下來幾分鐘的對話讓我更加確認自己的假設。一號乘客開始談論她在《紐約時報》讀到一篇觀點作家紀思道（Nicholas Kristof）的專欄文章，內容是他的朋友在罹患癌症、破產又沒保險的狀況下不幸過世。二號乘客聽完之後，不帶感情的回覆：「他該買保險的。」

兩人之間安靜了一陣，直到我們抵達中央總站隧道，一號乘客忍不住展現自己真實的第2元世界觀特質，再次破冰，問二號她有沒有聽過非營利組織蘇珊克門基金會（Susan B. Komen Foundation），專門對抗乳癌和救人。有的，二號乘客回答，她很熟悉這個組織。這兩位女性找到了彼此間能建立友誼的要素——她們都曾參與紐約市的蘇珊克門五公里路跑。火車抵達車站時，這段插曲就停留在那裡——共通的情感連結。

在這個案例中，像是衣裝、閱讀刊物和說話習慣等線索，比典型的年齡、性別和種族等人口統計資料還要顯著，清楚展現出一個人的本能模式。這兩位女性在人口統計資料上很相似，但她們的特性和偏好則大相逕庭，不過她們仍然對特定的活動有一樣的興趣，表示仍然有辦法在她們之間建立共同的基礎。在早期的模型中，根本上這兩位女性會被視為相同的人：年齡相同、地點相同，而根據她們的衣著也是在相同的社經群

體裡。但經過我在火車上短短的思考實驗之後，我非常肯定她們兩人在做每一件事情的時候，動機絕對都非常不同。

逐漸了解原因模型後，你會發現自己也在玩這個遊戲，根據別人保險桿上的貼紙、筆電上的裝飾、轎車的選擇和電視節目偏好，假想對方的一切。在工作上這其實可以是個優勢，因為你學會了如何有效又準確地「閱讀空氣」。在我早期的研究中，我在對一間金融服務企業提案的時候，發現自己誤讀了整間會議室裡的行銷人。我那次的演說內容似乎很受歡迎，由於他們都是行銷方面的專業和創意人士，通常都會偏向光譜的一邊，我就猜整間屋子的人應該都是個人主義者。講到一個段落，他們希望我談談我怎麼選擇想要投票的候選人，我的回答是人的本能模式與投票選擇有很大的關聯性。你猜接下來發生了什麼事？

出乎我意料之外，老闆根本不相信「本能」可以做到所有我提到的事，這顯示出他其實是第3元世界觀社會約束者，他在團體中的威嚴讓其他人都靜默了。他很確信自己的意見是來自於理性批判事實的結果，因此激進地終止了所有討論。我在這裡學到了一課：不要過於好高騖遠，如果花點心思了解接收你的訊息的人到底是誰，成功與對方互動的機率就會大幅提升。

這點在生活裡的每個面向也都適用，不論你是在尋找約會對象、工作或單純就是個新的機會，你越能掌握坐在你對面的那個人越好。我曾經與一位名叫莫妮卡的二十八歲女性合作，當時她正在圖書館學領域找工作，她認為自己大材小用，因此

想在專業上重新找到自己的定位。她的本能模式屬於個人主義者，在五種本能中有四種分數都很高，但在權威的分數很低。

她很快就獲得不少職位的面試機會，而且她認為這些職位符合自己程度和技能，但她卻沒有得到任何一份工作的邀約。所有面試過程都問了類似的問題，詢問她的資格、經歷和願景，並且包含一道要現場解決問題的考題。

圖書館學本身非常重視過程、可靠性和完整性，據莫妮卡所述，解決問題是她能大放光彩的領域，她有一籮筐能夠解決圖書館服務常見問題的點子，而且也有詳細解釋的熱忱，尤其對自己願意跳脫傳統這點感到自豪。她在回顧面試過程時，我們發現她的提案對面試官來說太過天馬行空，也因此雖然她的資歷優秀，但她提出的策略過於熱情又跳脫傳統，挽救不了資歷的優秀。

我們推測，她在權威方面分數很低，讓她高估了「第一次會面就提出所有願景」的效果。有了這樣的背景之後，我們嘗試了角色扮演來重新調整她的面試方針，不久之後，她就獲得了一個工作機會。

一旦學會妥善運用原因模型，你就會對世界有全新的看法。讓我們來看看在其他真實情境中，原因模型還能怎麼發揮功用。

問：原因模型如何塑造我們的職業生涯？

商業世界是人類行為完美的大型實驗室，也是造成許多分

裂議題的源頭，像是所得不均、科技、全球化和教育。研究證實，原因模型對於人力資源部門來說非常有趣，因為這個部門要負責招募、雇用、訓練和管理組織文化。PathSight曾經與金融服務企業合作，他們想要設計出一套能夠在發展期間填補職缺的方案，目標是要確保不單單根據申請人的品德做出聘用決策，還要參考團隊當時確切的需求。你覺得原因模型會如何參與其中呢？

從每個組織的人、體系和工作，就可以看出任何組織的文化。大型企業通常會有好幾個次文化，會計部門跟設計部門或業務和行銷部門可能就會有不同的文化。用來定義企業整體文化的過程，一樣也可以應用於判斷企業內各個不同部門的文化。

企業是由人組成的，我們首先可以觀察組織內部員工的世界觀分布情形。假設我們觀察的是人力資源部門，就可以發現分布狀況橫跨了整個光譜，根據集體的分布其忠誠度有高有低。因為這個部門通常要負責要求員工執行政策，又肩負文化轉型和訓練及開發的任務，兩者都隱含前瞻性思維和成長的概念，因此會需要非常複雜的本能和技能組合。

了解團隊本能模式的分布情況之後，就可以檢視團隊是否已準備好面對未來。他們是否擁有正確的資源，能夠看照公司的發展？是否有足夠的天生領導人才，讓公司能持續進步？這項評估可以幫助判斷理想的新雇員要具有哪些新技能，才能為部門帶來成長？還是單純只需要把團隊已經在執行的任務做好即可？當然，我們也可以評估新雇員的文化是否與部門相符。

問：原因模型如何影響溝通及人際關係？

所有人際關係的核心都在於溝通。我們都曾看過——或說有這樣的經歷——只因為有人說錯話了，人際關係就僵在原點。也有人可以遇到能與自己一拍即合的人。這是怎麼發生的呢？其中的變項很多，但其一就是你們的本能一致，如果你們在重要的議題上能有一樣的想法、一樣的溝通方式，那你就有個不錯的起跑點了。

假設你屬於第 2 元世界觀個人主義者，你仰賴的主要本能是關愛／傷害和公平／互惠。某一天你正在與一位朋友或同事討論重要的事，先假設她具有第 3 元世界觀的社會約束本能好了。切記，她的本能特質中，「關愛／傷害」和「公平／互惠」被壓抑了，而她會對忠誠／高尚、權威和純潔極為敏感。這會怎麼影響對話的方向呢？

假設你們正在談論醫療照護，而你告訴她：「我不敢相信我的保險居然這麼貴，我認為全民健保才是正解，實在有太多人沒有受到保障了。」

這句話顯示出你的關愛／傷害和公平／欺騙本能被啟動時的效果，表示你不認同民營保險的價值主張。你認為政府可以把事情做得更好。你又加入了額外的議題，你想要保障民營保險沒辦法照顧到的人。以上就是你敘事中所有的重點。

你覺得你的朋友或同事對於這段話會怎麼想？

切記，她在社會約束力光譜上屬於群體的那一邊，她大概

會聽見：你意圖要讓政府負責「原本應該由個人承擔」的責任。此外，第3元世界觀社會約束者對於樣貌模糊的「他者」群體（這段對話中，就是那些沒錢負擔保險的人）沒什麼同情心。根據你們的友好程度或你的禮貌程度，這段對話可能簡短又有趣，也可能演變成無意義的辯論，彼此想要改變對方的本能觀點。

可是如果你熟知原因模型，就能有備無患。假設你已知對方的本能模型或大概有個苗頭，你就能大略預測她的反應。如果不知道的話，這種互相拋球的對話也可以當成是不錯的探查任務，只要做好被反駁的心理準備就好！另一方面，如果這段對話是發生在兩名個人主義者或兩名社會約束者之間，他們應該就會認同彼此的觀點。

那我們可以怎麼運用這項知識呢？最重要的就是用詞的選擇，選擇對的詞彙可以軟化同事的觀點，而選錯了則會讓她變得很有防衛心。在這個例子裡，你可能要避免選用會引起本能情緒反應的關鍵字眼。例如，「我的保險很貴，如果有個『單一支付人系統』或許可以讓價格更親民，讓更多人擁有保障。」關鍵詞──個人責任、政府和不受保障的人──都被避開了，這樣可以讓互動更和緩，或至少可以避免不必要的衝突，也適用於輕鬆的互動。在更親密的人際關係中，我們也會運用一樣的方法，因為使用特定的字眼會造成更強烈的情緒衝擊。這樣一來，在一段關係裡的每個人都會提高警覺心，或至少你會希望他們這麼做！

問：本能如何影響我們的興趣？

還記得前面提過，我們在PathSight針對音樂類型的研究發現嗎？本能模式會影響一個人有興趣的音樂類型（還有喜歡的類型數量）。第3元世界觀社會約束者有興趣的音樂類型總數較少，但對於鄉村和基督教音樂有強烈偏好。一樣的道理也可以套用到一般的興趣，你的本能模式設定了你思考人生的方式，而你的生活經驗會調整生活的細節。

如同我們在工作和職業所見，只有極少數的興趣與你的本能模式無關，更常見的反而是因為你的本能模式，使你產生興趣。有些例子很明顯：第3元世界觀比較可能會喜歡美式足球，因為它強調團隊合作、規則和策略，同樣的我們則可以推導出第2元世界觀較熱愛藝術。

多數企業在行銷自己的產品時，除了主要的吸引力以外，會考慮不只一種本能模式。通常會有一種本能模式作為主導，又稱為超級粉絲，他們決定了誰會有興趣，還有其他本能模式的排序為何。

近期PathSight曾與一個團隊合作，推出一間漫畫連鎖店。這個企劃並非典型的資料分析，是個有趣的案子，是要研究如何運用人在追求興趣時的能量。最初的概念是將一項專精的產品——漫畫——配銷到明確的市場上，這樣一來就可以在其內容上建立資產。

團隊需要確切的價值主張，確保容易變心的消費者會接受並支持這種產品配銷策略。雖然創意團隊態度良好，但我們不

得不問，「別人為什麼會關心這個新產品？創作者要怎麼展現出他們的產品值得他人關注？」

你應該已經猜到了，第一步是要識別出核心受眾，也就是會扮演忠實支持者的人。誰是會因為發現新事物、知道自己從一開始就選對邊而感到驕傲？在這個案例中，最可能的核心受眾應該是第2和第4元世界觀的綜合體，兩者都受到公平的本能驅動。他們最在乎的事情是世界會怎麼影響個人，而且他們不喜歡「被兜售」，他們的世界是自己想像的延伸，而不是他們每天要面對的東西。

在這個企劃中，案主必須花很多時間培養人際關係，如果拓展得太快速，雖然會有短期成效，但最終只會是一陣旋風。

我們推薦的策略類似於群體組織，目標是要在企業成長過程中追隨核心受眾的特性，產品應該花心思在核心消費者所展望的模樣上，而先不管排序在他們之後的人是誰。

確認滿足核心受眾之後，我們建議推展到第2和第4元世界觀這群人以外，接下來的目標是中庸者的讀者，再之後是第0元世界觀平衡者。這個概念是要模擬人類建立友誼的模式，目標和區分點則是要創造出優於平均的產品，非常明白自己的受眾，這樣一來推出的產品永遠不會讓他們失望——甚至還能讓新朋友驚訝和開心。

顯然，推出任何產品的過程都非常複雜——就跟企業文化一樣。原因模型沒辦法告訴我們所有答案，但可以幫助我們制定出更符合人類真實模樣的策略，而不只是普通的預製廣告活動或組織圖。這些資料不僅在個人層面對你有幫助——打造你

想要的人生、職涯和人際關係，運用後甚至可以幫助所有組織
與其客戶、員工、捐款人之間的關係變得更加坦蕩且成熟。在
第十章中，我們將更深入探索上述的可能性。

第九章
找出「為什麼」

現在我們已經知道「本能模式」會如何影響人的世界觀，如何刺激我們採取行動了。「本能模式」的基礎可以提供我們一些基本的生物本能資料，還有獨特的人口統計及心理特性資料。從這些資料中，我們可以更了解自己是誰，還有自己行事的動機。人的本能模式會影響自己對生命階段、性別和種族建構的印象，更不要說我們每天都會遭遇的人的態度和行為了。

團體動力學

我們也知道，團體動力學（Group Dynamics）是歷史悠久的研究領域，社會學家和心理學家在個人發展、社會化、特性和影響力方面，都曾探討過團體的角色。在本章中，我們將探索如何利用拓展對彼此之看法的能力，以元世界觀加強團體互動。

古生物學家告訴我們，人類最初從游牧生活定居後形成了氏族，使他們得以演化成長，提高穩定性。氏族會訂定規範以管制行為，處理對群體生活造成威脅的事物。有些氏族做得比較好，活下來的人隨著文明演進，不斷從前人經驗中精進自

己。每個人各自的本能模式當然也對團體的成就有幫助，我們可以思考以下成功團體的特性1，以及造成這種特性的本能模式。

1. **階層式結構**：明訂誰需要為團體營運的成果負責。主要本能模式來源：第3元世界觀社會約束者。

2. **集體防禦**：團體中自我防禦的核心是忠誠，而這份忠誠是來自第3元世界觀社會約束者和第0元世界觀平衡者。

3. **關愛後代**：在這個特性當中，最普遍的特質就是關愛，無所不在。第2元世界觀的個人主義者特質與這類情感最有共鳴。

4. **文化成規**：第1元世界觀中庸者和第3元世界觀社會約束者同有一個特質，就是「純潔」——雖然這兩種人對於純潔的要求比例不同。而這份純潔的主要功能，就是掌握文化的成規，把成規公告周知。這種本能通常用來避免人類接觸文化的重大禁忌。

5. **前瞻性思維**：開發新潮流、不同的生活型態，以及對於嘗試各種可能性與刺激的真誠興致，使得團體得以有新的發展，而這是屬於個人主義者的特性。

6. **文化公平性**：文化建立了公平的概念後，就會有強烈的直覺，想要將其他人的觀點也當成是運作原則。這種互相遷就、互有取捨的情況，代表著文化中公平和互惠的理念，也正是第2元世界觀個人主義者和第4元世界觀宿命主義者的標誌特色。

　　長期最成功的團體會從所有本能模式當中獲得力量，而且對我們最有幫助的特質並不是僵化或隔離的，而是會變動且不斷發展，因此它們也會影響、改變它們所提倡的特性。但這是怎麼發生的呢？成功的文化是不斷地保持平衡。如前所述，因為生命具有多樣性，因為人都有堅持保衛自己所知的衝動，文化歷經穩定和動亂時期之後就會進步。解釋這個過程的方式有很多種，但我認為潮流、價值觀、喜好和概念在人群中轉移的方式，取決於團體原生的功能性。

　　下圖9-1顯示了一個典型的演化過，關於一個成功的概念是如何演化的₂，以及不同類型的團體如何促使新的概念在社會上傳播。

　　圖中所稱的「概念」，可以是風格潮流、政治哲學或甚至是新的音樂形式。一開始會由一小群人發現新穎的核心價值

圖9-1　一個成功概念的標準演化過程

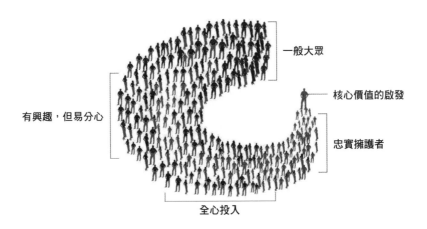

一般大眾

核心價值的啟發

有興趣，但易分心

忠實擁護者

全心投入

觀，且似乎符合他們的運作原則（通常是因為他們本能模式的緣故）。這群人可能對所有的新事物都很有興趣，也可能只對特定主題的新穎事物有興趣。我稱他們為忠實擁護者（True Believers）。有時候這種興趣能引來一定的動能，獲得其他人注意，此時就是下一組人馬，全心投入者（Committed），加入的時候。

你可以注意到，圖中呈現出忠實擁護者和全心投入者的本能模式差異極小。如果這個概念很單純，或只存在於有限的時間或空間內，那麼這兩種人就會自成一個體系。有時候極為前衛或專精的興趣在這個層次就已經停滯，說起來也合理，但有些更具潛力的概念，受到這些前期採納的人認定可信且值得關注，那就會繼續向下擴散。

在這個團體的動力學當中，再往下一層是「有興趣但易分心」（Interested but Distracted）的一群人，他們之中的變異性可大可小，但足以與忠實擁護者和全心投入者重疊，一起留意到核心創新概念的重要性。如果連「有興趣但易分心」的這群人都接受了這種潮流，那它就不太會退流行。隨著該價值主張不斷往外散播出去，感興趣但易分心的這群人會與前期採納者確認它仍然值得信賴。（到這個時間點，概念有可能已經變形為別的版本，甚至連最初提出的人都認不得了。）

最終階段則是吸引大眾（Mass Appeal），此時新意已經不在，部分忠實擁護者也可能已經拋棄此概念了。在這個階段，潮流終於為人所熟知，也受到傳統派的接納（傳統派是最晚一群願意接受新事物的人）

　　真實世界中這種演進的例子多如牛毛，有些規模宏大，有些路徑較為迂迴。嘻哈的出現就是重大改變的例子，首先從音樂的世界開跑，但也快速影響了文化、時尚、科技和許多其他領域。我們先不談太過細節的東西，只看最基本的時序演進就好。

　　一九八〇年代早期，在特定的美國黑人和其他有色人種群體中，向來有「口述」詩文的潮流。忠實擁護者早就是口述詩的支持者，隨著電台主持、街頭塗鴉和霹靂舞等逐漸流行，這些忠實擁護者在白人文化和政治碰觸不到的地方，於長達十年的時間裡孕育出了這種潮流。

　　忠誠者發現這個情況後，口述詩就開始散布到超越文化起源的地方，造成新的藝術運動。過去四十年來許多重要的時尚、音樂和文化潮流都不是有錢人發起的，而是這類文化上的意見領袖。他們願意推廣音樂、時尚或文化中的新元素的時候，要承擔的風險就是社會資本。早在有網紅之前，意見領袖就支持著這種潮流，給它們一個跳板。這正是最早期嘻哈觸及郊區青少年的方式，他們是第一批擁抱新文化的異團體。廣告業務史帝夫・史托特（Steve Stoute）在《曬黑的美國：嘻哈文化如何改寫新經濟規則》（The Tanning of America: How Hip Hop Created a Culture That Rewrote the Rules of the New Economy）中，詳列出嘻哈進入市郊並轉變為主流的轉捩點。針對一九七九年糖山幫（Sugarhill Gang）推出第一首登上《告示牌》百大熱門榜（Billboard Hot 100）的饒舌歌曲〈饒舌者的樂子〉（Rapper's Delight）這個里程碑，史托特說：「超

越了膚色和地理位置的障礙，有史以來第一首家戶喻曉的饒舌歌曲，現在變成有銷售認證的金唱片……各個城市與市郊的民俗樂都空前絕後地動了起來，玩起自己的音樂，邁向一九八〇年代未知的領域。」史托特將嘻哈超越界線的現象稱為「深色火花」（tanning spark）[3]。

庫哈克（DJ Kool Herc）和 Fab 5 Freddy 等人連結了「饒舌和藝術派迪斯可／龐克搖滾，使它們產生關聯，並說服藝廊老闆為塗鴉藝術家敞開大門」。有了像是他們這種初代影響力人物的幫忙，沒多久感興趣但易分心的那群人就成為了狂熱粉絲和社會上的管道，嘻哈透過同時間推出的音樂電視台（MTV）進入更加廣闊的世界。最終這個音樂類型觸及了大眾，輕易就與歷史悠久的搖滾、流行和鄉村樂平起平坐。

長久以來，行銷和品牌化的學科都會將消費者視為「具有清楚定義的身分」，而非「模糊不清、各式各樣、但對某產品或服務具有同樣興趣的人」。然而在現實中，這樣的團體都會有個生命週期：開始、過程和結束。理所當然，人的本能模式也會影響我們在上述過程的哪個時間點落入此循環。想想前面的嘻哈例子就能明白。

最一開始的時候，靈感的來源可能是一個概念、人、趨勢或主題，最可能會發現靈感的人就是總在尋找新事物的人——此為第 2 元世界觀個人主義者的典型特性。這群人基本上就是反對現況，直覺地想要尋找異於現況的東西。個人主義者也最可能因為受到刺激和變異而產生動力，隨著新型的文化不斷滲透，他們最可能表現出忠實擁護者的樣貌。

等到時機來臨，忠誠者就會加入行動。第0元世界觀平衡者有能力可以使用自己獨的特技能，來過濾創新事物，他們天生就能留意到人與人之間的差異，這是他們組織能力的特質之一。這群人會為更大一群的主流群眾解釋新的潮流，換句話說，第0元世界觀使得潮流變得合理，並適度加入自己的影響力，將潮流傳遞給感興趣、但易分心的那群人。感興趣但易分心的人可以讓大眾對此潮流感興趣，也可以讓大家胃口盡失，因此需要有人協助，他們才能把潮流置入現況的脈絡中。

有時候這個過程非常簡單，只要曝光讓大家熟悉而不會排斥新事物即可，其他時候大家需要更清楚的指引，像是行銷或互動以使大家了解為什麼這個潮流值得追隨。

第1元世界觀中庸者和第4元世界觀宿命主義者是最支持現況的人，這正是潮流和品牌花最多時間與其受眾相處的地方。在成功的廣告活動中，潮流遇上現況後，大眾會收到一個訊號，讓我們知道已經可以安全地與之互動。此為嘻哈跟其他主流象徵（如搖滾、鄉村和流行樂）並駕齊驅的階段。

新潮流旅程的最終階段，就是它能夠被社會約束者（他們是堅持傳統的人）接受的時候。從這個時間點開始，新的潮流就會一直存在於我們之中。到這個時候，個人主義者已經不再對它有興趣，可能已經在尋找新的東西了。厲害的品牌或類型會嘗試預測這個時機點，在最佳時機帶著新的或獨特的東西重新出現在個人主義者眼前，讓整個發掘的過程從頭開始。

從這個過程來看，推出品牌或引領潮流好像很容易，但其實並不然。流暢地在各種本能模式之間傳接，並非自然而

然就能達成，每種本能模式都有極大的差異，可能阻礙演進的過程。有些品牌不願走這個程序，跳過早期階段，想要利用媒體造勢取代自然的演進過程。通常最後這樣子創造出來的都只會是一股熱度，而非潮流。你還記得鬥片（Pogs）、指尖陀螺（Fidget Spinners）、寵物石頭（Pet Rocks）、瑪卡蓮娜（The Macarena）、垃圾桶小孩（Garbage Pail Kids）、滑板車（Razor Scooters）、社群網站MySpace或寶可夢GO（Pokémon-GO）嗎？不記得也沒關係；畢竟他們也就只是一時的流行而已。

文化動能或摩擦？

了解團體如何形成與運作之後，讓我們來研究文化動能會如何轉變為文化摩擦。一個非常顯著的例子就是政治團體：自美國開國以來，就有兩種極為穩固的觀點宰制著全國：一方的偏向強大的中央政府，搭配中央銀行體系；另一方則偏好州權、偏好個人自由與有限的政府。這樣的辯論最初發生在兩位開國元勳漢彌爾頓（Alexander Hamilton）和麥迪遜（James Madison）之間，至今仍爭論不休。

今日的選民分布，可以用下圖9-2來呈現。

我們可以看見，各種不同的可能性，從個人主義者觀點的這一端一直延伸到對立的另一端，社會約束者那邊。從最左邊的個人主義者開始，會經過中間的中庸者類群，最後結束在最右手邊的社會約束者，相互競爭的邏輯思維代表光譜上兩個固

圖9-2　選民的分布

核心選民

為黨抬轎的人

候選人

早期採信者

死忠相信者

早期採信者

圖9-3　選民的分布

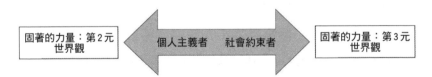

固著的力量：第2元世界觀

個人主義者　社會約束者

固著的力量：第3元世界觀

第2元世界觀	議題	第3元世界觀
支持孕婦有權決定	墮胎	支持生命權
支持婚姻平權	同性婚姻	支持傳統兩性婚姻
支持廢死	死刑	支持死刑
支持槍枝管制	槍枝管制	反對槍枝管制

著的物件。開國元勛的辯論，至今仍以更精煉的樣貌在各種群眾之間持續，包含「民主社會主義派」（Democratic Socialists）和「讓美國再次偉大」（Make America Great Again）。

我們都知道，廣義來說這種哲學觀點包含了民主黨和共和黨，通常還會再加上自由意志黨（Libertarian Party）和獨立選民類別。如前所述，分類不會否定年齡、性別和種族的影響，而是在採用這些項目之外，提供更基礎的變項。

我們必須從非常複雜的行為集（behavior set）來理解這些觀點，然而從上圖9-3我們可以看到，它們基本上都與社會約束力光譜兩端的本能模式相關。在第2元世界觀的人當中，有百分之五十八自我認同民主黨的思維；而有百分之六十的第3元世界觀者則自我認同於共和黨的思維。由於獨立選民通常只會表達出偏好，而不會給自己貼上標籤，因此實際的比例應該會更高。

這種現象發生的原因一直是許多人研究的主題，但通常研究都是在個別學科中以片面方式執行，使得我們很難得出一個明確的因果機制。還記得嗎？在第二章中我們提到哲學家馬庫斯說的話——我們的初稿以神經作為墨水書寫，但透過生活經驗來編輯；本能絕對具有其影響力，但政治傾向就不那麼必然，反而會不斷受到非常多的影響。

二〇一六年曾有一份研究探討人類的意見如何改變[4]，研究中把人的信念分為政治及非政治類別。在此研究中，對於任何政治議題的強烈信念——例如死刑——幾乎完全無法動搖，不論是認同方或反對方皆是如此。

圖9-4　　對於自己意見的堅持程度

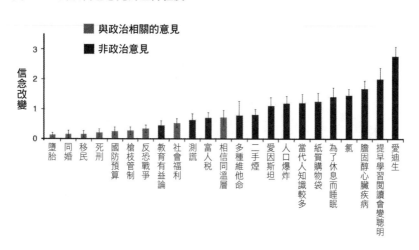

在圖9-4中，一個人願意改變意見的程度高低，以圖中的柱形高低來表示，而政治議題以淺灰色的柱形圖表示，非政治議題則以深灰色柱形圖樣表示。你可以看到，當我們詢問關於發明家愛迪生或紙質購物袋的議題時，跟詢問墮胎、同性婚姻或移民時，情緒的等級完全不同。而對於這類政治議題的強烈看法，非常有可能與特定的本能模式有關。

我們用圖9-5來呈現個人主義者和社會約束者對這類議題的可能反應。這一串主題，包含了在社會約束力光譜上可能會出現的各種意見，可以幫助我們視覺化它們彼此的關係。

具有第2和第3元世界觀本能的人，通常對圖中列出的這些議題，都已有強烈的信念；第0元世界觀平衡者、第1元世界觀中庸者和第4元世界觀宿命主義者等中庸者類群，通常會偏向比較不那麼極端的立場，因此那些固著的力道就最為明

圖9-5　一個人願意改變意見的程度

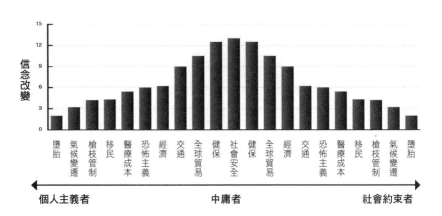

顯。但有趣的事情是答題率（以柱形的高低來表示），極端的部分答題率最低，而在意見較不涉及情緒、意義較為矛盾的時候，答題率最高。

　　許多問題的急迫性會使得具有「強烈」意見的人被展現在大眾面前，不過他們的聲量雖然最大，群眾仍然具有非常大的變動性。

否定、轉移或扭曲

　　人之所以會加入某個群體，部份原因在於每個人處理資訊的方式不同。每種本能模式的人都會根據某個資訊是否證實了自己的敘事，來判斷這則資訊。舉例來說，如果你對文化傳統有強烈的本能信念，那麼違反這種信念的資訊就會顯得很違

和。根據這則資訊對於你的本能模式和敘事的重要程度，你會採取下列三種防衛措施的其中一種：否定資訊的準確性、轉移其與議題的關聯性，或徹底扭曲它 5。

常有人說，現代人都活在自己的世界裡。大家都以為，只要我們能找到正確的說詞，就可以讓反方了解他們到底錯在哪裡。但有了原因模型後，我們知道這根本徒勞無益，重點並不是說詞，而是我們所使用的本能濾鏡。在現今高度連結的世界裡，這種對反面資訊的天然防衛是很大的問題，因為點對點的社群媒體平台和客製化的動態消息不斷擴散，讓我們更輕易地就會去否定、轉移和扭曲。

川普實驗

如果從原因模型來看，我們根本不必採用官方的說法（例如白人勞工階級權利被剝奪，或黑人投票率低落），就可以解釋為什麼二〇一六年川普會當選。

首先讓我們先回顧一下原因模型中如何描述一般的共和黨、民主黨和獨立選民。如前所示，共和黨的特質都偏向社會約束者，民主黨偏向個人主義者，獨立選民則平均散布於所有類別之中。每個選民團體的特質都是一種綜合體，來自於主要的本能模型和形塑他們敘事的文字、圖像及主題，在黨派與選民信念一致時，這類刺激源會引發本能去認可各自的黨派。

認知語言學家喬治・雷可夫（George Lakoff）從源頭解釋了為何共和黨和民主黨的語言有其道理，他在寫作中使用家

庭為比喻來解釋。「造成我們國家分裂的保守和進步兩種世界觀，可以從兩種常見但極為不同的家庭生活形式隱含的道德觀來理解：教養型家庭（進步）與嚴父型家庭（保守）6。」

雷可夫解釋，這全都來自於他們所接受的教養。我們怎麼被父母「管教」，會擴及到我們希望自己的體制如何被妥善治理。以下是他認為川普為何會吸引共和黨選民。

在嚴父家庭中，父親永遠是對的，他能分辨是非，擁有絕對的權威確保孩子和配偶會照他的話去做「對的事」。許多保守派的配偶接受了這樣的觀點，支持父親的權威，且遵守這樣的家庭生活規範。如果小孩不服從，父親的道德責任就是要嚴格懲處，這樣孩子就會為了避免受罰而服從，去做對的事，而不是做感覺愉快的事。透過體罰，孩子會變得有紀律、心智堅強，且在外在世界能夠功成名就。

如果沒有功成名就呢？那就表示他們沒有紀律，因此不道德，所以貧窮是他們應得的。這種觀念呈現在保守派的政治裡，他們認為窮人就是懶惰所以不配獲得一切，而有錢人理當享有他們的財富，因此責任的概念變成是個人責任而非社會責任。你會變成什麼樣子都是自己造成的，與社會無關。你要對自己負責，而不用為他人負責，因為別人也要為他們自己負責7。

共和黨向來重視階層制度和傳統，且對於針對他們團體內部的外來威脅非常敏感。民主黨則會以個人為單位考量事務，也比較會尋求變化和新意，拒絕社會成規。正如我們預期，獨立選民分散在整個光譜之中，這些人的情緒動能雖來自於兩端，但文化的安定力量來自於中間。在下頁的圖9-6「投票模

圖9-6　投票模式與投票偏好

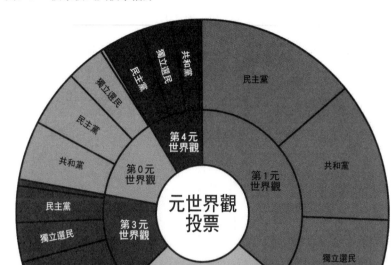

式與投票偏好」當中可以看到，各個元世界觀的人是如何投票的。內圈顯示了在總人口數當中，各個元世界觀的人所佔的比例，例如第3元世界觀者佔了總人口數的百分之十五，而他們當中有百分之六十的人投票給共和黨。

　　所以我們要問：川普的支持者結構為何？有獨特的模式嗎？有沒有跨越人口統計的界線？我們的結論是，他主要的支

持者來自於三種本能模式：第0元世界觀平衡者，大約占全體
人口的百分之十四；第1元世界觀中庸者（百分之三十六）和
第3元世界觀社會約束者（百分之十五）。這些群體都具有仰
賴階層權威的本能，會在不同團體間劃清界線，對外界威脅極
為敏感。打從一開始，川普的策略就是要展顯出美國受到下列
族群的攻擊：

- 移民
- 美國黑人
- 居住於都市的窮人
- 穆斯林
- 非英語使用者

　　這個策略在川普總統身上奏效了，因為他的盟友對於怎樣
才算美國人有很明確的定義。對他們來說，上述任一種人都不
能算是所謂真正的美國人，而這是很可怕的事情。你可以參考
下圖9-7當中顯示的川普支持者的模式。

圖9-7　　川普聯盟

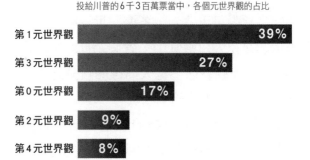

投給川普的6千3百萬票當中，各個元世界觀的占比

第1元世界觀	39%
第3元世界觀	27%
第0元世界觀	17%
第2元世界觀	9%
第4元世界觀	8%

　　一般群眾的本能模式顯示出，他的支持者遍布於第0、第一和第3元世界觀，而第2和第4元世界觀群體的支持者就少得多，在年齡、性別、收入和種族的規律也一樣。再看看下面的圖，呈現的是他在不同種族間對女性選民的吸引力，雖然幅度有所變化，但票源的規律不變。

圖9-8　投給川普的女性選民

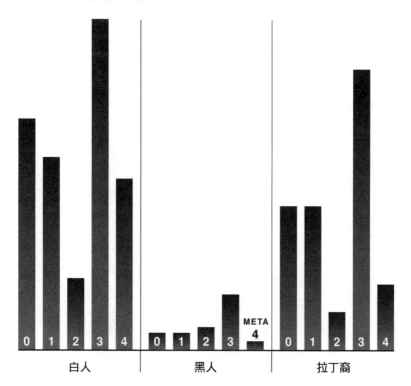

　　大多數投給川普的女性不論種族，都來自第0元世界觀平衡者、第1元世界觀中庸者和第3元世界觀社會約束者。

川普的社群

如前所述，任何團體的發展都有一個可預測的軌跡，重點在於，我們必須了解支持力量的最初來源。簡單來說，某個活動出現之後，隨著它的社群逐漸成長，首先是忠實擁護者會見證該活動的真確性，但這個活動能否長期存在，就要看它在中庸者類群當中的表現。

川普效應影響力的強度，依順序為社會約束者最多，再來是平衡者，之後是中庸者。票源大多數來自於中庸者，但任何特質中最高比例的類型都是來自社會約束者——也就是此例中的忠實擁護者。

圖9-9 一場選舉的解析

數量最多的選民來自中間派，但是在任意一種模式當中
所佔比例最高的，則是社會拘束者

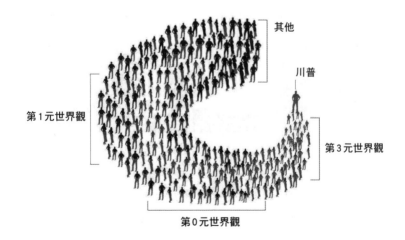

其他

川普

第1元世界觀

第3元世界觀

第0元世界觀

　　川普的競選活動，基本上就是經典的「刺激本能」課程。它的競選活動幾乎完全忽略了實際的政策、規範和法律（除了移民政策以外），川普本人也沒有像一些中庸者類型的候選人那樣，展現出一般的同理心；他只對跟他相同類型的選民展現同理心。他挑釁的言論和輕視常規的行為，向他的追隨者證明了他懂他們的感受，因為他能反映出所有他們想對華府政客說的話，而這些人數十年來都一直忽視他們。

　　透過表現出他與選民有一致的想法後，他就取得了優勢，不用努力贏得他們對特定政策、倡議或法案的認可。如果透選人透過「本能」這個層面去接觸選民，則候選人前後不一致的行徑就很容易被原諒──要不然，選民也會用否定、轉移和扭曲的防衛機制來處理候選人的前後不一。（歐巴馬總統跟那些與他不同本能模式的選民之間，也有類似的關係，他們也都能容忍他偶爾失言。）川普透過「本能」的連結方式，促使他的追隨者成為了支持他的基本力量，他們排列出「美國人」和

表9-1　一場競選，展現了以下本能		
本能模式3	本能模式0	本能模式1
• 秩序 • 生活守則 • 強大的「我們」vs「他們」 • 階級代表特權 • 很討厭欺騙和背叛 • 安全與傳統 • 尊重規矩 • 世代、宗教、家庭	• 意識到世界的界線 • 定義出差異 • 家庭、世代、宗教 • 對新事物保持開放 • 樂觀 • 公平與秩序	• 社會聚合 • 安全 • 保護我們的生活方式 • 追求成就 • 世代、家庭、成就 • 問題在維持平衡

「其他人」之間的優先順序（這可歸類到忠誠），以及強調保衛國家傳統（這屬於權威）的重要性。

川普藉著呈現出他明白這個觀點，就不需要實際說出「我懂你的痛苦」這句話，他用非常強大的方式來展現；他代表著他們在「腐敗的華府政客們」面前直接採取行動。

這些選民的敘事，代表著他們對強烈社會約束本能的堅持，而且是由明確的「我類」對比「他類」的概念，以及對他們認為「不服從規範」的人的憤怒所支撐。這也是為什麼希拉蕊的競選團隊會錯誤判斷川普將落選——任何自由派覺得冒犯且跟川普有關的事情，川普的追隨者都愛死了。簡而言之，川普一點也不怕被認為偏袒白人、警察、福音教派，一點也不怕被認為是討厭有色人種、移民還有挑戰法律與秩序的人。

治理的難處

「要贏很簡單，要治理才難」，川普顯然也遇到了他的難題。由於川普輸了普選票，因此他能否真的完成計劃中的法案，仍然要打個問號。在二〇一六年的大選中，兩位候選人在整體參與投票的選民中，都獲得近百分之五十的票數，然而美國投票率只有選民母體的約百分之五十六而已，意思是各別的總票數實際上是接近選民母體的百分之二十五。如果我們將川普群體轉換成對比總選民母體的比例，看起來會像下頁圖這樣：

也就是說，川普的狂熱支持者占選民整體母體的百分之

二十五左右，其他百分之七十五的選民並未把票投給他。當然，雖然有很大比例「可能會投票的人」都沒有真的去投票，還是要把他們的行為列入參考比較有意義，但如果把美國當成一間販售「參與式民主」這項產品的公司，我們可以合理預期其「未銷售市場潛量」為百分之七十五。

　　如果我們能反轉選民拒絕參與投票的情況，會有什麼影響？如果在川普獲得權力之前，需要有更多選民同意他成為候選人，又會怎麼樣呢？如果候選人必須贏得絕對多數的選票，那治理會不會變得更溫和？在投票率很低的時候，極端派絕對能獲得好處，但同時我們彼此又會變得更加疏遠。

　　這正是「原因模型」能帶來希望的時刻。如果我們能明白

圖9-10　合格選民的25%

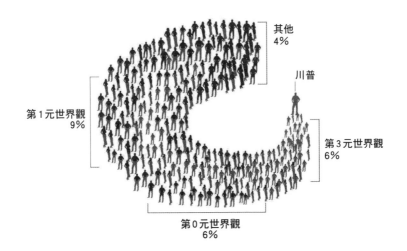

每個人天生就會以不同的方式看待事物，或許就能建立另一種體系，讓選舉更具有意義。我們有辦法將這個想法散播出去嗎？如果接受了這項挑戰，我們就要運用原因模型的力量來理解為什麼有將近百分之五十的選民母體不投票，而這會影響到每一種的本能模式。我的猜測是美國整體對於參與選舉的心情很矛盾，大家並沒有共識，選舉是否是最佳的民主方式，因為在這裡必須非常努力才能提高投票率，又或者選舉是身為民主團體一員能享有的好處，但人民需要自己證實他屬於這個團體後才能投票。顯然，如果國人能夠更認真看待選舉，一定有方式可以增加投票率。為了解決美國的這個問題，無黨派的團體應該要說服所有個人主義者和社會約束者支持選舉的原則，成為整個社會共同的價值觀。如果能朝這個方向進展的話，肯定會有很大的益處。

第十章
如何運用原因模型

　　有時候我們會突然清楚意識到，自己對於朋友的看法錯了，或許是因為他們突然做了或說了什麼事，有違我們對他們的認知。例如你告訴朋友最近自己收到很多慈善團體的募款信件，「我該捐給誰？」你問道，希望能獲得建議，但你朋友卻回答：「你說的團體我全都不捐，我的錢是我自己努力掙來的。」你沒預料到會得到這種答案——你驚訝於他的冷漠，且讓你看到了他不同的一面。可是你在施捨這方面心腸本來就很軟，你一直難以決定要捐給哪個團體，所以你就對他的話暫時置之不理。久了之後，你可能會明白那不過是隨便的一句回話，或者也可能證實了在你覺得重要的議題上，你和友人之間有著巨大的差異。

　　到了這個時候，我想你已經猜到這樣的差異來自於每個人專屬的「本能模式」。這種練習很有用，可以反映出你對哪類的訊息（不論正面或負面）特別有反應。有沒有哪種訊息是你聽到或看到的時候，會發自內心地討厭呢？有沒有哪則廣告是你會立刻轉台不看的？那有沒有哪則廣告會讓你開心或興奮？你對蘋果公司廣告中的切分音節奏或母親節促銷活動的柔美音效會為之振奮嗎？上述問題的答案就能讓我們得知這些廣告想

要刺激的本能。

行銷——不論針對品牌、消費者產品或活動——在試圖觸及和拉攏新的受眾時，都盡全力想要做得恰到好處。我們已經知道，如果廣告只著重於人口統計資料，通常只會得到不清不楚的因果關係，難以從中找到解答。由於大數據模型出現，許多企業都會把他們的目標簡化，只願意用最有效率的方法從目標受眾身上取得回應——任何回應都好。這種策略會包含像是拆分測試、多元統計分析和人工智慧演算法的技術，而「為什麼」卻不見了，也因此原本內涵豐富的品牌和活動就被剝奪了它們的複雜性、質感和情緒性。但我們為何要做出這種犧牲呢？

令人意外的是，「善因行銷」和「產品定位」也跟產品行銷採用一樣的工具，首先都要對客戶有完善的理解。來自慈善團體或志工組織的信件，基本上都簡化為單一的訴求。結果就是，這類廣告產生的平均回收率小於百分之五。那麼重要的議題——飢荒、癌症、無家可歸、森林砍伐、難民、人口控制、貧窮、種族歧視和氣候變遷——只能影響到這麼少人，實在令人心寒。那麼其他百分之九十五的人口呢？是不是可以用其他方式讓他們也能參與並回應？如果人並未受到本能刺激而想關照受害者，那麼利用傳統的付出來打動他們可行嗎？我們是否能夠樹立經濟理性或者老派的利他主義案例，來啟發更多人有所行動？

原因模型解釋了為什麼大多數的活動在行銷推廣上，都要利用關愛／傷害的本能。它是所有本能中最有普世特性的，在

每種本能模式裡都佔有一定的比例。大部分的人對小孩都有某種程度的關愛和養育之心，如果是對自己的小孩的話，這種本能當然會更加強烈，不過經過社會化也可以將愛心遍及其他人的小孩、與小孩相關的玩具、與孩子相關的物品，甚至是動物（例如海豹寶寶等等）。然而關愛／傷害在每種本能模式的分布並不平均，請見下圖10-1。

圖10-1　關愛／傷害漸變圖

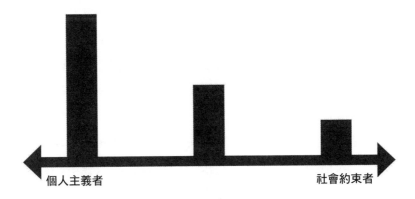

個人主義者的關愛本能非常強大，主宰了他們的世界觀。在另一個極端，社會約束者的關愛和同理心則明顯少了很多，其他本能的刺激力量對他們來說可能更為強烈，像是自我保衛、對團體的忠誠，或甚至是權威和階級。

大部分的慈善活動在設計時，都會假定每個人的重視的「善因」都相同，例如關愛通常就是慈善團體用來吸引捐款人的唯一手段。

　　然而，這類活動的訴求通常都會更複雜。二〇一二年由溫特里奇（Winterich）等人進行的研究〈如何以政治認同及慈善團體定位提升捐款額度〉（How Political Identity and Charity Positioning Increase Donations）中[1]，指出了為什麼只用單一力量推廣的行銷方案，可能會錯失良機。簡而言之，要贏得潛在捐款人的心有不只一種方式。在這項研究裡，研究者創立了一間虛構的慈善團體，以更加了解慈善團體的道德基礎和捐款人政治身分認同之間的關係，並以自由派和保守派區分，身分認同的描述大致上符合於描述社會約束力光譜中個人主義者和社會約束者的方式。這個虛構慈善團體的道德基礎，以文字清楚書寫在組織簡介中，英文原文共有一百四十五字，且有兩種版本，兩版僅抽換了十五個字。我們來比較看看下方訊息一和訊息二的差異：

　　訊息一、拯救兒童組織（Save the Children）在美國及全球透過私人機構為需要幫助的孩子帶來長久的改變。「拯救兒童」以私人資助的方案為所有貧窮的孩子提供食物、衣物和醫療援助。「拯救兒童」募資的款項由私立組織（尤其是地方人士和宗教組織）管理及營運，提供給需要的孩子，這些私立機構會利用資金協助需要食物、衣物和醫療照護的孩童。

　　訊息二、拯救兒童組織（Save the Children）在美國及全球透過政府機構為需要幫助的孩子帶來長久的改變。「拯救兒童」以政府資助的方案為所有貧窮的孩子提供食物、衣物和醫療援助。「拯救兒童」募資的款項由公立組織（尤其是美國政府）管理及營運，提供給需要的孩子，這些公立機構會利用資

金協助需要食物、衣物和醫療照護的孩童。

　　潛在捐款人讀完兩段描述後要接受調查，並回報他們對這個慈善團體的好感度、捐款的可能性以及可能捐款的額度，回答如下圖10-2 2。

圖10-2　高尚道德認同內化

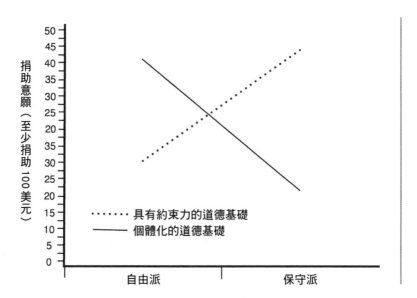

　　圖中可以看到，具有社會約束特質的參與者，對於保守型的慈善團體描述回應較為親切；具有個人主義者基礎的人則對自由式的描述回應較為親切。單單以保守派或自由派的方向描述該慈善團體的道德基礎概念，就能預測受試者對於慈善團體的喜好，以及捐款的可能性。

　　這種結果並不符合當前的活動行銷策略，且清楚證明，在推動訴求時絕對有不只一種可行的管道，更多元的訊息可以輕

鬆拓展慈善團體接觸的人群，加長捐款人名冊的長度。

有關關愛／傷害本能最顯著的廣告範例，就是美國愛護動物協會（American Society for the Prevention of Cruelty to Animals）推出的宣傳了。二〇〇七年他們推出一則廣告，以莎拉‧麥克勞克蘭（Sarah McLachlan）的歌曲〈天使〉（In the Arms of an Angel）為配樂，搭配一張又一張寵物被棄養和虐待的照片。那是廣告史上極為成功的案例，募得近三千萬美元的捐款[3]。但其實應該還可以有更好的成果才對。

還有哪些明顯的情緒連結，可以增加美國愛護動物協會的捐款人基數呢？有沒有想過利用寵物會讓我們產生的「忠誠感」？或者寵物在家庭中的角色，牽引著長久以來我們對「傳統」的觀念？（自古以來，大部分第一家庭在入主白宮的時候，都會養一隻新狗。）就連寵物為一段關係帶來的那種期待的喜悅，都可以慢慢軟化關愛／傷害的嚴肅感。雖然美國愛護動物協會一直以來的成效都非常不錯，能夠吸引單一的本能刺激源，但如果它的目標是要將自己與所有潛在捐款人的關係都運用到極致，那麼絕對有非常多方式可以做得更多。行銷人面臨的瓶頸在於，每當一種推廣活動成功後，大家就會認為這是達到這種結果的唯一方式，是唯一解，然而，我們認為它其實只是問題的起點而已。

規劃客戶旅程

以整合的方式來建立更多客戶或捐款人的客戶旅程，已證

實非常有價值，我們可以利用開發規劃階段取得的所有資訊來規劃這個過程。方式如下圖10-3所示。

在今日緊密連結的世界裡，我們可以取得更多資料，因此本能模式也會有各種不同的表現方式。我要再次強調，行為特徵固然最容易觀察，但也有最多變數，且是最難跟動機原因連結的東西。不論是哪一個客戶旅程，只要我們越接近本能模式，觀察到的結果就會越有意義。

同理，如果你要做善因行銷，或者你是慈善團體想要開發新的捐款人，重點會在於時機，你必須仔細安排一系列精確且有目標的步驟，才能確保獲得捐款。整體來說，獲取客戶漏斗（acquisition funnel）有個可預測的路徑，隨著潛在客戶逐漸熟

圖10-3　不同認同層次所組成的消費者旅程

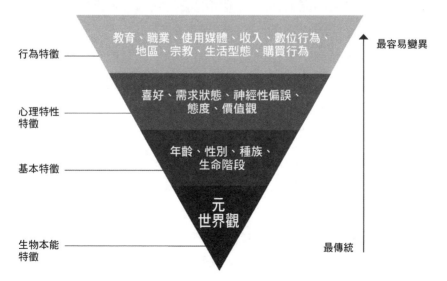

悉產品，他會從品牌曝光移動到考慮階段，再轉換為消費。

你會向一個才剛剛認識的人求婚嗎？我想在大多數情況中應該是不會。以下這張捐款人旅程的視覺化圖像，非常有用：

圖10-4　不同認同層次所組成的消費者旅程

1. **道義支持**，或稱破冰活動，在這個階段，潛在客戶聽說活動很不錯，因此展現出道義支持，雙方開啟一段可能的新關係，就算是在網路上「按讚」也算數。

2. **簡單且小額的捐款**，極可能發生在線上。潛在捐款人可能受到活動分享的良善事蹟所啟發。

3. **深入參與**。潛在捐款人參加活動，與其他有類似興趣的人相互交流，意味著自己並不孤單，有人跟他們一樣願意賽跑、玩高爾夫、跳舞或淨溪。

4. **成為真正的會員**：唯有等到捐款人確認自己的價值觀和理念，與該活動的價值觀和理念相符，才會成為真正的會員。這段旅程可能花費十分鐘、十週或十年，視活動和理念而定。

5. **宣款人自己開始幫忙宣傳**，這是最終階段，此時捐款人會跨越出自己的界限，以個人身分參與，進行非常直接

的投入。到了這個時候，活動已成為捐款人身分認同的延伸，他會自願參與、引領捐款行為、贊助活動，或分享自己的故事以吸引更多支持。

活動以及舉辦活動的品牌會面臨的挑戰，是要怎麼把旅程設計得非常符合活動的核心價值主張。一般來說要把本能模式套用進來的話，要經歷三個步驟：

一、發現：尋找原因

在這個階段，最重要的是要深入了解舉辦活動的價值何在。我們通常會跟企業領袖面談，了解主張的詳細內容，檢視過往和目前的創意資源，並蒐集跟目標群體有關的資料，包括他們最近的回覆為何。接著我們要問以下幾個問題：

- 這種價值主張的對象是誰？
- 能夠讓我們知道目標群體接收到價值主張的主要成效評量標準為何？
- 如何得知有沒有達到目標？

二、建立互動：規劃原因

接下來，我們要提出策略和計劃，在這個階段，我們要問：

- 我們鎖定哪一種本能模式？

- 使用的媒體為何？（例如郵遞信件、數位、或電視。）
- 時程規劃為何？
- 宣傳的敘事為何？

三、施行：衡量原因

設定好活動的行程（包括評量是否達成的客觀標準）之後，我們就能追蹤實施情形。根據規模的大小，我們會每一段時間就提出進展報告以即時針對需求調整。

有人會誤以為本能模式在人口中的分布非常完美，具有可以辨識的常見特性。為了更加清楚理解本能模式能告訴我們什麼訊息，不妨想像有一連串的「點」，每一個點都代表社會約束力光譜上一個人的本能特質（這個光譜本身則包含了從完全

圖10-5　不同認同層次所組成的消費者旅程

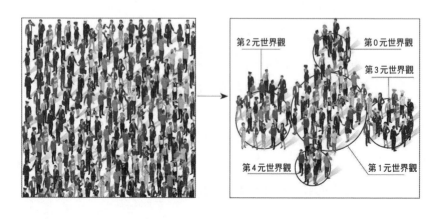

是個人主義者到徹底為社會約束者的各種本能分布）。在探索階段之前，這樣的分布可能看起來很隨機，只是散布於光譜上的各個點，但透過觀察和蒐集資料得到更多資訊後，我們就可以看到規律。取得的資料越多，就越能發現人都是圍繞著敘事運轉，以類似的方式理解世界。敘事越明確，就能排除越多的人；同樣的道理，越概括的敘事就可以容納光譜上越多的人。

在呈現原因模型的時候，我們提供的是適用於整體人口分布的基本敘事，不過行銷或政治宣傳活動也可以根據品牌、活動或運動專門特性，提出客製化的敘事。根據敘事特性來定位目標，造成的影響力絕對比單純使用傳單裡的內容還要好得多。衡量影響力的終極方式，取決於敘事編織得好不好，能否運用所有的資源創造最大的影響力，這反映了需要利用更穩健的方法達到目標以衡量影響力。我們來想想，一個人的本能模式會怎麼跟下列議題融合，並影響他的觀點：

- **生命階段**：該敘事是否對受眾呈現了活動的真實描述？對於千禧世代的個人主義者來說呢？對於嬰兒潮的個人主義者又是如何？
- **性別**：男性或女性對該敘事會有何反應？透過個人主義者對比社會約束者的眼光來看的話，會是什麼樣子？請回想一下關於對性別觀點這類特性之敏感度的討論。
- **種族**：有沒有什麼特定種族群體的典型生命經驗差異，會讓他們對「既定事實」有不一樣的看法？不同種族的人會怎麼受到自己的本能模式和生命經驗影響？刻板印

象通常會讓多個種族變成單一且相同的群體。

- **宗教**：人們以宗教行為表達自己的方式，也會受到本能模式的影響。每個人選擇的那個宗教當然也可能產生超越單一個體的跨世代影響，但你信仰宗教的方式會由個人決定。
- **價值觀**：每個人擁護的價值觀絕對都是由他的本能模式和生活經驗交互而產生，不論倫理、常規和傳統皆是如此，不同的模式特質會決定人的世界觀要怎麼解釋這些事物。

利用這個模型，我們就能開始探索各種層面的身分認同，並應用於本書稍早提及的主題：多元交織性。

一個品牌在進行溝通、提出訴求和吸引客戶的方式也是這樣，要使用能讓目標受眾產生共鳴的訊息。羅傑斯創新擴散模型（Rogers Diffusion of Innovation）是一種備受推崇的典範，可以解釋怎麼讓想法、產品、潮流和行為被更多人採用，你可以參考圖10-6的階段進展圖。要留意的是，這個模型代表的是上一章討論過的團體生命階段。

這個模型認為，不同類型的人會負責執行循環中各個時間點的行為。可想而知，我們的本能模式也具有不同角色，類似於這些角色在形塑團體的功能。同樣的，一個動態品牌識別的形成、它進入主流的方式，以及品牌隨時間式微或再生，都是本能模式和創新擴散模型融合後的結果。最成功的品牌——例如成功的組織、概念和活動——靠的是不同團體（本能模式）

圖10-6　羅傑斯創新擴散模型

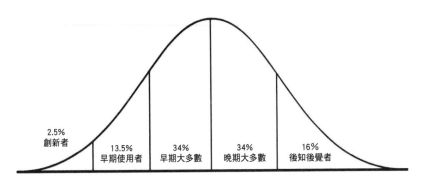

圖10-7　元世界觀點：創新的分布

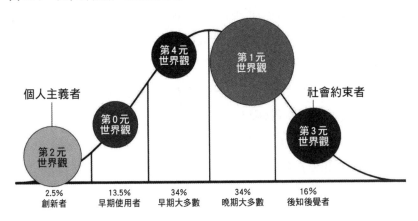

在合作時彼此能夠相互依賴，以驅動可能連他們自己都不曉得
的目標，像是延長品牌的生命週期。

Nike 的旅程

不難想像，個人主義者通常占據了革新者和早期使用者的位置。社交者（Socializer）因為對個體差異非常敏銳，通常能作為傳達的人，協助擴散創新的概念，引進主流社會中。普遍主義者則與社交者類似，擔任路徑的角色，將概念傳遞給更主流的中庸者，而這是大多數大眾市場品牌所想要的。傳統派的社會約束者則是落在後面的一群人，通常比較晚加入流行的行列，但在他們無情地讓品牌退燒前，他們卻能夠延長品牌的壽命好一段時間。這種相互依賴的合作力量，解釋了像是Nike這樣的運動產品品牌為何不僅能持續參與大眾生活，更可以一直走在時尚尖端。它的網站（nike.com）上可以找到其品牌歷史，正好就完全符合這個模型。

Nike一直是全球非常受重視的品牌，持續了數十年，一個品牌能夠持續在各個世代間推陳出新且表現活躍，實為不易。共同創辦人比爾‧鮑爾曼（Bill Bowerman）一開始是革新者，身為俄勒岡大學的徑賽教練，鮑爾曼總是想要讓他的跑者擁有更多優勢。為了這個目的他一直找機會想創新，負責將一款釘鞋改造成他認為跑鞋該有的樣子4。在他創立Nike之前，他的公司叫作藍帶體育用品（Blue Ribbon Sports），到了一九七〇年，鮑爾曼和他的夥伴菲爾‧奈特（Phil Knight）還有傑夫‧強森（Jeff Johnson）厭倦了擔任經銷商，於是開始設計並配銷自己的鞋款。自此一個傳奇品牌誕生了，很快的，Nike成為市場的領導品牌，不但供應美國，更可以供應全球主

流市場。

　　一九八○年代中期，Nike短暫將市場領導地位讓給Reebok5。面臨這種關鍵時刻，它並沒有繼續複製過往的作法，反而選擇了不同的道路。你可以思考看看這種回應方式。一九八七年，Nike推出一件重大產品和行銷活動，專用於搶回產業領導地位，並與其他競爭者做出品牌區隔。當時的焦點為氣墊鞋 Air Max，這是第一款可以直接看見Nike氣墊（Air bag）的鞋款，推廣活動配合印象深刻的電視廣告，具有披頭四原音錄製的歌曲〈革命〉（Revolution），非常洗腦、激勵人心又新潮。一年後，Nike藉著〈革命〉廣告的動力，推出更抽象、卻更有力的一系列廣告，用的口號是「做就對了」（Just do it）。系列中包括三支廣告，其中一名年輕的運動員博・傑克遜（Bo Jackson）告訴大家全新的混合訓練鞋有何優點。一九八九年，因為「博知道用什麼最好」（Bo Knows）的廣告行銷非常風行，Nike的混合訓練鞋事業大爆發，該年度結束時，Nike重返產業龍頭的地位，自此之後未曾再拱手讓人。

　　從客觀的歷史觀點看來，Nike做的其實是把線性的創新擴散模型轉變為環狀，它沒有像大部分直覺型領袖那樣，繼續採用先前的作法來獲得第一名，而是明白了那樣的策略最後還是會讓他們掉入落後者的手裡—— 無法保證持續帶來收入。他們轉而找到能夠不斷對影響力人物（個人主義者）重新介紹Nike的方法，這些人原先背棄了Nike，正是之前讓Nike搞丟第一名的原因。

　　Nike將此線性模型轉為環狀，顯示出品牌就跟活動一樣，

有能力與其客戶或捐款人發展出長久且穩固的關係。

近期在二〇一八年，Nike再次證明它已掌握了讓品牌不朽的技巧，以及與具人格魅力又有影響力的運動員合作的天分。

隨著美式足球季被美國根深柢固的派系傳統壓得喘不過氣，球迷們開始必須決定愛國主義對他們來說到底是什麼，又具有什麼意義。這樣的論辯由一群球員發起，最出名的就是舊金山四九人隊的四分衛柯林・卡佩尼克（Colin Kaepernick），他在現場對觀眾演奏國歌的時候於球場上「單膝下跪」——那陣子發生多宗警察殺害手無寸鐵黑人的事件，媒體廣為報導，球員表示他們這麼做是為了引起大眾對制度歧

圖10-7　動態品牌管理

視、種族不平等和警察暴力行為的注目。他們的號召確實引起
了共鳴，但在不同的足球迷聽來卻有不同的意義，就連總統都
涉入了了這起事件，而他當然是站在社會約束者那一邊。當時
Nike採取了特立獨行（且危險）的一步，也就是在新的廣告中
用柯林・卡佩尼克的臉橫掃所有媒體，重新把品牌帶入個人主
義者的世界，結果相當出色。藉由為社運人士撐腰，他們的價
值判斷仍然符合品牌的歷史，並能直接與核心目標受眾對話。
Nike又再一次發動了創新擴散系統的魔力，因此該年度收穫了
有史以來最佳的銷售量。

　　其他的品牌，尤其是不像Nike市場地位如此堅不可摧的品
牌，該如何善用這種動態品牌管理程序呢？首先要定義品牌想
要傳達給消費者、捐款人、選民或買家的價值主張。以Nike來
說，最初它承諾利用創新的跑鞋，讓使用其產品的運動員更具
競爭力，之後Nike也一直以此承諾為基礎發展，與不僅想突破
運動員限制、更是想要突破文化限制的人站在同一陣線。

　　這種合併的模型使複雜的概念可以自行疊合發展，讓我們
能理解新的知識，並把新知運用到對世界的認知上，對於所有
品牌、活動或想要名留青史的人來說都極具價值。

幾項個案研究

　　現在我們來看看幾個我們在PathSight近期遇到能夠利用
原因模型的情況，這幾個案例拓展了客戶的觸及範圍，甚至超
越他們原本的目標。以下就詳細說明我們的模型可以如何幫助

品牌和活動達到其特定的溝通和行銷目標。

《自由雜誌》典藏

　　二○一五年三月，我們接到一通來自《自由雜誌》（Liberty Magazine）典藏圖書館老闆的電話，內容很有趣。這本已過時的雜誌在一九一五到一九五一年之間曾風行於美國，每週有三百萬訂閱人次，發行文學、好萊塢、科學、體育和流行文化領域名人的作品，作家包含：評論家孟肯（H.L. Mencken）、科學家特斯拉、愛因斯坦、文學家托爾斯泰、小羅斯福總統（曾撰寫超過二十篇文章）和發表過〈不再是名人時，感覺是什麼〉（What it is Like to Be a Has Been）的棒球名將貝比‧魯斯（Babe Ruth）。典藏館目前的老闆希望可以在多種平台上，復甦這間獨特圖書館的價值。

　　檢視完圖書館的館藏、研究其訴求並與管理階層商議後，我們擬出了一份提案，目標是要把雜誌內容再次推廣給大眾，使用的方式要能夠吸引廣告商、避免爭議又能刺激話題。進行一些研究之後，我們判定理想的讀者是中庸者，因為他們全心全意支持當前的價值觀、心態穩定且情感不具爭議，因此我們交叉比對了他們的喜惡和偏好，決定我們的訊息範式和內容策略。你可以從表10-1看看二○一五年時我們對中庸者本能特質的觀察細節。

　　我們面臨的挑戰是，如何把圖書館變得值得消費。我們提出了具有熱門主題的概念架構，像是安全、自由、愛、福祉、

表10-1　　自由計劃			
動機	娛樂	生活風格與嗜好	高人氣女性名人
美國心臟協會	反人性卡牌遊戲	食物	凱莉安德伍
救世軍	大富翁	音樂	碧昂絲
特殊奧運	APP益智問答遊戲	寵物	珍妮佛勞倫斯
負傷榮民	APP填字遊戲	旅遊	泰勒絲
品牌	電視	電影	高人氣男性名人
可口可樂	絕命毒師	冰雪奇緣	巨石強森
福特汽車	我們的辦公室	搶救雷恩大兵	吉米法倫
美粒果	辛普森家庭	刺激一九九五	大賈斯汀
Nike	頂尖主廚大對決	玩具總動員	凱文哈特

文化、正義和目的，《自由》圖書館的單篇文章會放在上述其中一個橫幅之下推播給讀者，並以中庸者能接收訊息的標題來宣傳，以持續吸引核心受眾。我們發現標題的文字偏離內容的主要受眾時，讀者參與度就會大幅下降。舉例來說，我們用下列標題來推廣愛因斯坦的一篇文章：〈愛因斯坦談安全：為何他不願對人性失望〉（Einstein on Security: Why He Refused to Give Up on Humanity）。在這篇文章裡，愛因斯坦用個人主義者的語言來談論安全對人性的好處，他提到如果大家能更在意個人，並藉此在乎整體文化，那麼人類就能活得更安全、更公平且更具啟發性。因為我們從過去該雜誌吸引的都是中庸者讀者，因此這樣的標題對他們來說肯定有誤導或混淆的效果。

圖 10-8　標題 1：未對齊目標受眾的喜好

　　推出那篇文章的頭四天，有四千名觀看者，後來我們發現文章留言的語調比平常激烈且帶有敵意，於是我們判定標題提到的「人性」一詞，比較符合第 2 元世界觀個人主義者的模式，而沒有對準第 1 元世界觀中庸者的模式特質。第五天開始，我們把標題改成比較第 1 元世界觀中庸者的口吻：〈就連愛因斯坦也在乎平衡〉（It's a Question of Balance, Even for Einstein）。改動標題之後，在接下來的四天裡，觀看者加倍了，更有趣的是此刻的留言的互動時間增長，而且又回到友

善、不那麼對立的調性。這樣的結果非常了不起,而且跟我們的大前提直接搭上了線:如果你知道溝通的對象是誰,也知道他們喜歡的互動方式,對方就會聽見並認可你說的話。小心布局正確的標題絕對有其必要,因為文字富有意義,且力量非常強大。

我們也在市場上建立了一種共享內容的策略。我們想要創造全新又相關的內容,能跟典藏文章互補,這樣閱讀的經驗就

圖10-9　標題1:對準了目標受眾的喜好

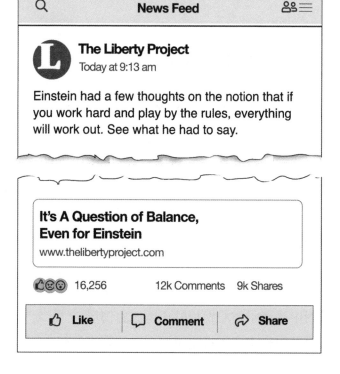

不會全然停留在歷史資料。於是我們開始尋找：已知受眾有興趣的領域中，偏向中庸者的社群：美食、戶外生活、旅行、流行文化和健康生活。可參照前面幾頁《自由計劃》（Liberty Project）的圖，該計畫的編輯追蹤了線上留言板和社群媒體中可能引起我們受眾興趣的話題，且與《自由計劃》的內容相符，原先社群裡的作者或部落客則受邀幫忙，利用《自由計劃》不斷增長的讀者交叉宣傳。二〇一五年七月《自由計劃》正式推出，到了二〇一六年一月時，每個月已經產生了超過四百五十萬名不重複訪客（老闆在六個月後將平台售出）。如你所見，不論任何形式，都有大量證據證明原因模型的適用性。

美國國家美式足球聯盟隊伍個案研究

另一個例子來自於某個美國國家美式足球聯盟隊伍，這個問題很簡單：如何提升球迷的電子郵件開信率，且特別關注的對象是過去至少三年都未曾對行銷資訊有任何回應的人。我們透過售票的數據，將球迷分為三種本能模式群組，以了解調整了電子郵件的主旨會怎麼影響個人主義者、中庸者和社會約束者群組的開信率。例如：

針對個人主義者：前所未見的車尾派對
針對中庸者：賞心悅目的車尾派對傳統
針對社會約束者：揭露車尾派對的豐富傳統

下列為各個群組與對照組比較的開信率。

圖10-10　針對不回覆客戶的促銷活動

只要前面有開過電子郵件的客戶，就會持續收到後面的電子郵件。下表顯示實驗組與對照組的開信率差異。「不回覆」定義是已有三年以上沒有回覆信件的客戶。

電郵活動	電郵種類1	電郵種類2	電郵種類3
✉ 邀請參加尾門活動	+ 62%	+ 31%	+ 31%
✉ 新的菜色	+ 22%	+ 18%	+ 18%
✉ 最受歡迎的榮譽戒指	+ 45%	+ 35%	+ 28%

很有趣的是，職業球隊做市調的時候，通常不會鎖定個人主義者，可是個人主義者的正向回應意味著他們值得獲得更多的市場關注，或至少在每個廣告中為他們設計一點訊息變化。

郵遞行銷個案研究

另一位PathSight的客戶是郵遞行銷業者，很會吸引潛在客戶，但想要找到方法來提升爭取客戶的活動成果。我們評估客戶寄送清單的時候，發現該公司會發給社會約束力光譜上非常多類別的人，但訊息內容卻很單一、一體適用。如果能有更具針對性的訊息，絕對能提升轉換率。所有版本的訊息都需要提到兩個重點：有債務是壞事，而擺脫債務的方法很簡單。於是我們用紙本、視覺廣告和決策策略改良他們的行銷活動，目標是吸引想要改善生活型態、解決債務的人。利用品牌既有的

報酬率作為基礎，我們開始研究該如何帶來成果。

我們的價值主張很明確：簡易的債務重整方案，讓客戶在管理財務時覺得有成就感。我們的模型顯示，不同本能模式的人對於債務以及處理債務的方式有不同看法，我們則根據本能模式，以各式各樣的訊息來表達差異。

觀察本能差異會怎麼在光譜上產生作用，是非常有趣的事。個人主義者認為免除債務是回歸自由，而社會約束者則希望免除債務能讓他們重新取得掌控權，平衡的中庸者相信絕對有一種處理債務的方式，對所有涉入的人都最為公平。了解這樣的差異之後，我們改變傳達訊息的風格，不再那麼強調免除債務的合理性。我們的目標是要把接收者轉介到客服中心，讓他們跟業務代表個別討論自己的情況。結果：與基線結果相比成長了三倍，且客戶總數也上升了。

- 與對照組相比增加百分之二十五
- 與對照組相比結單率上漲百分之五十
- 與對照組相比債務處理率增加百分之四十

上述介紹的三個案例中，都只使用了單一平台（例如債務免除的案例），由此可知不管行銷活動使用哪個媒介，本能模式都會影響行為改變的動向。原因模型可以用於為特定企業識別目標客群、測試價值主張的吸引力，以及判定哪一種傳播範式最能說服消費者購買產品。

圖10-11

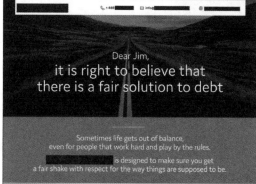

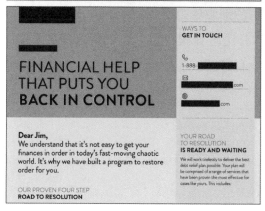

公務員保險

另一個類似的案例，我們與一間服務美國政府公務員的保險公司合作。由於政府的保險都可以轉移，因此所有的保險公司都會參與一場公開的招標程序，通常發生在每年十一月，在該個案中，客戶詢問我們能不能回答這三個問題：

1.誰是核心客戶？
2.與這些客戶的互動是否已達到最佳狀態？
3.該如何掌控公司的成長？

該個案巧妙的地方在於，這間公司因為個資考量，不能提供任何客戶資料，也不讓客戶填答問卷，因此我們的第一階段工作就比往常來的困難許多。不過認真將它的客戶依照年齡、性別、地區、教育程度和公務員身分分類過後，我們整理出一份能代表核心客戶基群的樣本，分布如下圖10-12。

主要的客戶都屬於第0（平衡者）、第一（中庸者）和第三（社會約束者）元世界觀特質，他們仍都強烈偏好現況，而且都對以下概念有好感或依賴性：

• 權威
• 忠誠
• 安全
• 傳統

圖10-12　客戶樣態

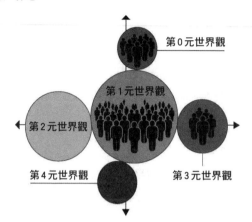

此外，他們對生活的展望都由簡單的敘事引導。「我們盡力而為並服從規範，就能解決事情。事情有正確的執行方式。我們接受世界上有領袖和追隨者，有時也會有贏家和輸家。」

而其客戶會受到幾個因素所驅策：

驅策因素	
一般性的因素	<ul><li>維護社會秩序</li><li>遵循文化傳統</li><li>維護現狀，不容破壞者搞破壞</li><li>內心的平靜是生活的目標</li><li>只要努力工作，就會有回報</li></ul>
與健康相關的因素	<ul><li>只要遵守健康原則，就可使你所愛的人及你的支持者過得好</li><li>遵守健康原則是對的，也是我們在做的</li><li>遵守健康原則會替你及關心你的人降低壓力與不適</li><li>舒緩家庭壓力，是我們必須做的</li></ul>

除了留意這幾項原則以外，管理者還進行了一系列的工作坊，了解如何針對他們想瞄準的相關本能模式設計宣傳資料。他們想要回答以下問題：

- 權威如何展現給這些客戶？
- 有什麼規定？
- 有什麼傳統？
- 定義內團體時，忠誠的參考依據為何？
- 怎麼讓大家感受到安全考量？公司要怎麼讓大家覺得安全？

管理者和團隊成員參加了工作坊，回饋自己的正面和負面反應，最終我們創造出以故事為本的敘事，掌握了每種本能在客戶旅程中會怎樣影響情境。一開始他們在每個接觸點都必須非常費力，但很快就變成了直覺，這讓他們減少對紙張的依賴，而且不管是在網頁、推播、廣告宣傳或類似的東西上，都不要推出三種以上的客戶選項。

準備推出溝通策略之際，保險公司很幸運地有機會可以對自己的業務與去年同期相比。在推出之前又預期秋季開放登記時期即將到來，他們可以用能反映去年預算的方式來規劃預算。他們使用了完全相同的宣傳電台、一樣數量的廣告、每個單位使用相同的成本計算，且將預期中每千次廣告曝光的成本標準化，盡可能讓所有變項都維持一致——除了使用新的訊息策略以外。所獲得的成果如下表：

在兩年之中，網站流量增加了百分之三十五，更重要的是，每次造訪的停留時間增加了百分之二十六，銷售總額提升了近百分之七點八（這點很重要，因為它顯

兩個年度相比的結果	變化情形
網站流量	+34.0%
停留時間	+26.0%
銷售數額	+7.89%
消費者滿意度	+4.50%

示出他們避免仰賴價格來銷售產品），產品滿意度也成長了百分之四點五。

這項計劃的成功，凸顯了現在多通路世界裡常見的困擾：如何在所有潛在接觸點都建立一致的傳播方式。一份顧能公司（Gartner）的研究報告指出6，一九九〇年代的客戶旅程通常由三個接觸點組成（電視、廣播、紙本文件），現在則由八個接觸點（電視、廣播、紙本文件、網站、電子郵件、各種形式的社群媒體）組成。同一份研究還表示，如果有人能夠一次統合四種數位接觸點（電子郵件、郵遞行銷信件、橫幅廣告和社群廣告），比起只使用單一或雙接觸點的相同廣告行銷，成效會是三倍。你可以想像，如果再加入與本能相關的內容到這個集合裡，還有多少的可能性。

搜尋、規劃和衡量原因

房屋保養公司個案研究

發現：尋找原因：一間在全國都有據點且具有強大行銷研

究部門的房屋保養公司,正在尋求改善廣告的方式,過去九年他們都在建立並測試傳達訊息的方式,市場占比成長了百分之二十。他們主要使用的是郵遞信件搭配數位和社群媒體,目前廣告的敘事大量倚賴的主題是個人責任。公司有兩組客戶檔案的數據,第一組是不具特色的人,公司會把行銷資料寄給他們,第二組是第一組的子群體——會對方案有所回應且會登記參加的人。從這些資料中,我們了解到典型的客戶是六十歲的男性屋主,較易受到具有個人責任主題的訊息感染。回顧資料之後,不出所料,我們確認了會回應廣告的人大多都具有中庸者和社會約束者特質。

建立互動:規劃原因:由於該公司對測試結果有所堅持,他們偏好每次只加入一種變項,望能循序漸進改變現有的作法,畢竟原本的策略在過去九年來也為他們帶來成效。也正是因為這樣,他們才知道要瞄準六十歲且易受責任相關訊息影響的屋主。如果是別間公司,可能就會想要從頭來過,但我們很樂於讓客戶提出需求,引導我們作業。在這個個案裡,我們建議編輯現有的文字,把責任放到風險管理的脈絡裡,拓展責任的訴求,因此測試的版本就是原先的敘事,只改變了一處文字。在開發階段,我們的分析讓我們有信心相信有不同的管道可以命中這些客戶的心。我們假定年輕的屋主通常比較沒錢(比起年長的人),基於世代和本能的因素會對不一樣的訊息有所回應。我們提出一種特別針對預算的敘事,強調如果遇上了意外事件,必須擠出額外的資金是多麼有壓力的事,所以重

點就是人和他的壓力，而不是他們（應該）對事件本身負擔的責任，與社會約束力觀點中「這件事是好還是壞？」的概念有非常明顯的差異。最終，這種訊息被套用到四十五歲以下的接收者，我們識別出他們是個人主義者。建立具有競爭力的敘事時，過程中我們不僅考慮到不同的本能特質，也參照了生命階段的差異。

　　施行：衡量原因：測試的方法非常淺顯易懂。對於一組目標客群，我們採用傳統的廣告模式，提及個人責任；對於另一組客群，我們採用預算壓力式的廣告，結果非常有趣。就連傳統的廣告都回到信件過往平均的回應率，可是非傳統第2元世界觀個人主義者客群的回應率竟增加了百分之一百六十。這樣的成果立刻證實這種廣告模式可以進行更多測試，包括擴展規模，從一開始大約五萬名客戶到納入數十萬、最終數百萬人。最令人振奮的是，非傳統回應者代表的是非競爭性、漸進式的成長；他們並不會取代傳統廣告的成效。我們可以整理出結果如圖10-13。

　　顯然，要達到成效還能再推出更多不同的廣告，唯一的問題是：如果想要覆蓋百分之三十到四十的市場，推出幾種不同廣告方案算是合理呢？

圖 10-13

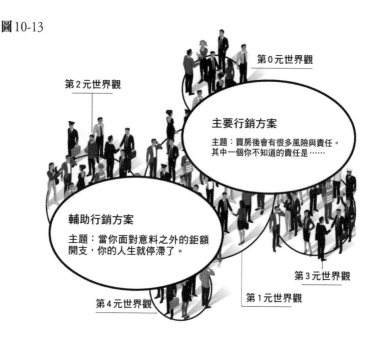

第 0 元世界觀

第 2 元世界觀

主要行銷方案
主題：買房後會有很多風險與責任。
其中一個你不知道的責任是……

輔助行銷方案
主題：當你面對意料之外的鉅額
開支，你的人生就停滯了。

第 3 元世界觀

第 4 元世界觀

第 1 元世界觀

在組織中找到原因

　　最後也是原因模型很重要的一個用途，就是識別出組織的
文化。如果我們將企業當成是人，它也會發展出自己的文化、
語言和習俗，與在企業內上班的人有所區隔和差異。準確判斷
企業的文化在許多方面都很有幫助——招募一群具有各種強項
的員工，避免工作能力同質性過高，也能找出阻礙表現的問題
所在。為了達到這個目標，我們已使用過原因模型來為大型和
小型企業打造與規劃複雜的基礎結構。

　　一個組織會有很多不同的層次——像是部門和團隊，在檯
面上精準和即時溝通實為必要，討論公司的展望和價值觀時更

是如此。領導者必須能給予團隊知識並啟發成員；管理人要能夠將這種知識傳授給員工；員工則得要表現出這種價值觀，並傳達給客戶。因為客戶會提供回饋，呈現出組織計劃執行的成果，因此客戶也被視為是體系的一部分。

　　許多企業都有人資部門製作的公司手冊，描述公司的歷史、任務、核心價值、規範、政策及對員工的期待，這些規則基本上就是為公司把領導人的價值觀轉換為可執行的價值主張，而且是招募和留任非常有利的工具。近期我們與一間大型國內製造業公司合作，目的是要為他們的業務部門改寫人員政策，過程中我們製作了一張資訊表，內容有員工和他們職位的要求。下一頁的圖10-15是我們設想工作進行方式的概要。

圖10-14

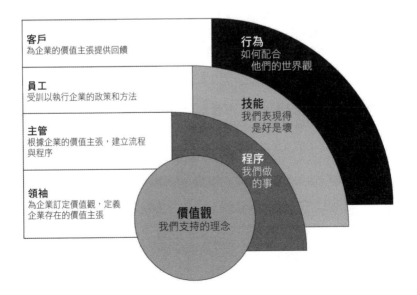

圖10-15

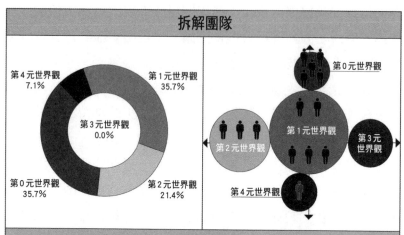

團隊特色

大體上這個部門的狀況很符合他們的職位需求，對於一個重視程序和規範的部門來說，第0和第1元世界觀的比例就非常合理。這些中庸者的特質可以視為是在支持現況，又能在適度參酌體系和秩序之中帶有同理心，以平衡整體氣氛。

因為領導者本身屬於個人主義者的類別，因此絕對能夠讓團隊有前進的動力。他願意接受新的點子，又不用被團隊的現實情況拘束。這樣的平衡對於團隊表現來說應該是個優點。

這個團隊認為自己大體上運作良好，正好也合乎主要目標的評估結果。在雇用人員的時候，他們將面臨兩種選項——下一個錄取的人仍跟團隊很類似，為偏向個人主義者的中庸者，或者也可以拓展團隊，增加社會約束力特性。這樣一來可以讓他們的程序和秩序有更穩健的技能組合，壓制同情心，有助於施行責任，對團隊來說這也是個選項，而資深的領導者應該提出這樣的建議。

這樣分解之後，我們就能看見整個部門如何安排每種技能，看起來都與職稱非常符合。對於一個主要負責銷售業務的部門來說，平衡者和中庸者本能特質的比例就顯得合理。部門領導者有健康比例的個人主義者存在，讓團隊中有向前的力量；他們願意接受新的理念，但又不會太過偏離工作的實際狀況。技能組合是否平衡被認為是部門團隊表現關鍵的推力。

閱讀完人資部門員工的主要目標評估之後，我們發現他們都覺得自己是營運良好的團隊中的一員。在未來雇用人員的時候，部門首長面臨了抉擇：錄取與團隊相似的人——偏向個人主義者的中庸者——或者拓展團隊，錄取展現出互補技能的人，在本個案中就是具有社會約束力特性的人。或許他們面對較不具有同情心且更關注過程和秩序的客戶時，能更順暢地溝通，因為這個任務最適合社會約束者，而這只是個他們對職缺想法的小小範例。

為了推動這類型的分析，我們畫了一個網格，呈現特定部門或團隊中每個人的資料（非真實姓名），如圖 10-16。其中不僅顯示了本能特質的分布，更點出了每個人在每種特質裡獨特的強項。這也亦提供了個人特色的概要，以及個人敘事的範例。

本書的最開始，我們討論了先天對比後天的問題，還有哪種對於一個人的未來影響力較大，而能夠引導這個問題的職業似乎就是業務了。有人認為業務這項職業需要與生俱來的能力，得要具有某些天生的個人特質，其他人則認為業務跟任何其他職業一樣，可以學習，而且勤能補拙。無論如何，如果個

圖 10-16

團隊成員	元世界觀	關愛	公正	忠誠	權威	純潔
愛德華	2	████	███	██	██	██
凱特琳	0	██	███	███	███	██
大衛	1	██	███	███	███	██
雷伊	4	████	███	█	███	██
馬修	0	████	███	███	███	██
史賓塞	2	████	███	█	█	██
安妮特	1	████	███	███	███	██
艾雷克西	1	████	███	███	███	██
布萊恩	0	████	███	███	███	██
約翰	1	██	███	███	███	██
麥可	0	████	███	███	███	██
羅伯特	2	████	███	███	███	██
珊德拉	1	████	███	███	███	██
德露	0	███	███	███	███	███

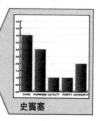

史賓塞

本能特質之特色

這群人在本能上重視個體性、同情心、公平和正義。除非傷害到他人或對他人不公平，不然每個人都享有個人行為的自由。他們直覺地想保護和養育弱者以及無法照顧自己的人，也不太會批判個人選擇。他們喜歡多元、刺激和有個人自由的生活，會因為自己是第一個發現和支持潮流或新產品的人而感到自豪，滿足他想要突破現況的慾望，有別於透過擁有昂貴的符號以提升自己的地位。

敘事

「環顧周遭，我看到世界充滿新鮮的事物，有許多選擇和方式能夠表達自己。我可以利用新的科技挑戰生活裡幾乎每一個面向的極限，這對我來說很刺激，也樂於享受這種感覺。世界觸手可及的時候，你很容易就會得意忘形。我正好熱愛藝術和音樂，能夠輕易並以各種能想像得到的方式探索其中。而我憂心的是，整個世界變得太過武斷，我看見社會上有一大群人想要別人用他的方式或抄近路做事情，我很擔心，因為我覺得如果事情不會影響到你，那你就不該把意見說出來，每個人都有權利以自己認為適合的方式表達自己。舉例來說，我看看周遭，發現很多人狀況也都不佳，而我認為我們沒有盡力做到確保每個人身下都有張安全網接住他。有太多例子都是有人並未受到法律同等的保障，這是不對的，我們有義務確保這種事情不會發生。」

人主義者和社會約束者都要在業務領域取得成就，他們一定會
面臨不同的挑戰，且具有不同的內在能力。

　　近期與我們合作的一個業務部門內，領導人有一份用於評
估候選人的專屬業務表格，內容包括業務技能調查、生活型態
和性向問卷，以及任選的技能面試。我們分析了業務職缺的
各種要求之後發現，業務職位最可能吸引個人主義者或社會約
束者世界觀。了解目前部門的組成後（傾向個人主義者的中庸

表10-2　業務特質原型：強項與挑戰	
第2元世界觀	**第3元世界觀**
業務特質強項： • 對世界充滿好奇。 • 認為新出現的潮流很具啟發性。 • 自然流露出對他人的同理心。 • 人際關係是他的強項。 • 彈性和非結構性問題為其常見的特質。 • 通常在其人際關係中，有天然的公平和互惠本能。 • 經常「發現」新的做事方式，造成意想不到的結果。 • 本能刺激源為：關愛、公平、正義。	業務特質強項： • 在具有明確規範和責任的群體中表現良好。 • 自在地處於階層式權威中。 • 通常具有根據社會秩序建立團隊的本能。 • 認為團隊有效運作的重要性大過於個體的「感受」。 • 極可能在注重交易型領導的環境中表現突出。 • 重視以系統性程序或規則為本的解決方案。 • 在結構中自主性強、有紀律，喜歡成就被彰顯。 • 樂於用「我們的方式」來做事。
業務特質挑戰： • 抗拒傳統可能是自然反應。 • 可能認為結構太過武斷和／或嚴格。 • 無法自然體會「我們」的神聖性。 • 可能無法好好記錄事情。 • 可能出現拖延問題。 • 覺得例行事項太過無聊。 • 想要找尋「新方法」的想法會與「這是我們的做事方式」產生衝突。	業務特質挑戰： • 難以突破傳統和接受改變。 • 有結構雖然感覺自在，卻也會產生限制。 • 成就變成唯一的價值所在。 • 難以主動拓展責任範圍。「這不是我的職責。」 • 階層式秩序（例如領袖對比追隨者、贏家對比輸家）可能太過嚴苛。

| 表10-3　業務特質原型：預測成功的因子 ||
第2元世界觀	第3元世界觀
將這些特質與職務要求配對： • 很依賴建立人際關係和管理技能的業務機會可能代表了成功。 • 這種人對他人有強烈的本能和真誠的興致，因此會依賴人際關係作為基本的銷售工具。 • 根據他們的本能，有時候可以策略性安排，或可以自然發生。 • 在需要解決問題、銷售循環較長和非標準產品方案的特定銷售情境中，這些特質可能很有利。 • 顧問式銷售（consultive selling）為成功的自然法則。	將這些特質與職務要求配對： • 業務機會有明確目標、程序和期許時，最符合這群人的本能。 • 這群人什麼都可以賣，但對於秩序、團隊運作和目標的本能是他們的優點。 • 了解了方法和期許後，他們就能在體系中獨立運作。 • 這群人可以成為優化團隊程序的資源。
管理風格也很重要： • 如果業務管理結構依賴的是定期回報、階層式秩序和統一的方法，可能會抑制這群人的熱情和效率。 • 這群人在鼓勵解決問題、支持非傳統或個人獨特方法的結構中，表現最為良好。 • 提供各式各樣的挑戰、現實的刺激並給予深入過程的機會，會是很好的作法。 • 變異和刺激式動機來源。	管理風格也很重要： • 如果業務管理結構依賴的是定期回報、階層式秩序和統一的方法，這群人會感覺很自在。 • 可預測性和秩序讓他們安心。 • 解決方案銷售（solution selling）是理想方案，其中銷售被視為是集個人技能、知識和重複程序之大成。 • 這群人難以適應模糊、遲緩、需要借住「非傳統方案」的銷售情境。這對他們會是個挑戰。

者），就有辦法了解部門的需求，選擇技能組合與工作內容最相關的候選人，因此完成工作的可能性也最大。

　　向部門領導人提出看法後，業務主管回話說：「這樣說就通了，我們團隊太過富有同情心了，我們得要找一些第3元世界觀的社會約束者來，才有拒絕的能力。」我們很開心能看見領導人並不只是在尋找正確「特質」的候選人，而是會詢問自

己，我們還缺少哪種觀點？我們要眺望哪個方向才能讓組織成長？由於該公司的銷售循環很長，目前還無法正式評估我們的建議，因此並未寫在本書中。不過我們已經發現，圖10-3的資料中能預測成功的指標，通常會跟本能特質和管理風格的搭配有所連結，而能夠作為提升團隊整合性、生產力和表現的模型。

重點在於，「原因模型」這項工具能協助人事經理在嘗試想要召募到符合公司價值觀和道德風範的人才時，可以了解自己有沒有犯下無意識的偏誤，不至於誤用「與本公司契合」這項要求，反而造成歧視或阻礙多元和包容。研究顯示，種族歧視、性別歧視和年齡歧視，跟誰能夠參加面試，以及誰最終能獲得職位，都絕對有關。人都會想要雇用跟自己最契合的人，若身邊的人與自己擁有共同的興趣、習慣、語言，或者人種和性別相同，往往會感到比較自在，因此可能就傾向雇用能跟他當朋友的人、可以一起去喝一杯的人、唸同一所學校的人、有或無家庭的人、住得離工作地點近的人、在大學參加相同運動的人，或在同一個城鎮長大的人——種種因素都可能導致我們選擇某人，而不選擇另一個具有與工作最相關技能組合的人。這並不是指學業成績最好或工作經歷最優的人，你或許會根據誰最容易上手來判斷此人是否最適合。而原因模型則幫助你在決策的過程中，也能更加了解公司本身，這麼一來就可盡量避免年齡、性別或種族偏差干擾決策。該模型也可以確保人事主管不會再落入陷阱中，一再雇用「一樣」的人，導致不斷強化有害的行為和系統性的歧視。

你屬於哪種風格？

團隊並非在真空狀態裡成立，而是懷抱著企業的文化和策略建構的。你所屬企業的策略是什麼呢？是需要創新和探索，還是著重在穩定和穩健成長？如果是前者的話，你就需要尋找個人主義者的開放心胸，去嘗試新事物、發揮韌性；如果是後者，你就會偏好社會約束者，因為他們重視階層、規範和一致性。每種類型都有其優缺點—— 優秀的領袖會知道如何在正確的時間把正確類型的人放在正確的計劃案裡。

我發現最佳的團隊都能夠跨功能運作、多元又包容，且成員具有不同的背景和工作經驗。不同的工作型態也是關鍵，因為每個人都能貢獻自己重視的東西，貢獻出自己完成任務的作風，還有他們喜歡的互動方式。有些團隊成員會追求挑戰，會受目標刺激，有些人則重視團隊合作和忠誠度；有些人渴望穩定和秩序，而其他人則因可能性和可以探索備受鼓舞。有些人很務實，但其他人喜歡挑戰極限；有些人果斷又權勢，而其他人則比較小心翼翼並謹慎行事，一個組織中大多數人都會重視信任。這樣的例子不勝枚舉，你大概也可以在自己或同事身上看到部分上述特性的影子。

雖然我們歡迎每種型態，但各種型態之間會有自然的角力，也是因為這樣，明確的方向和個人與團隊期待不可或缺。如果一位團隊成員想要腦力激盪、列出所有可能，但另一人卻傾向有架構的方式，只討論實際的選項，會發生什麼事呢？他們一人的信念是天馬行空，另一人卻相信組織和細節，不想要

多此一舉或浪費現有的優勢。如果一個人解決問題的方式非黑即白，遇到一個認為有必要融合多種重要觀點的人，那又會發生什麼事？這個人鐵定會堅持他的觀點，而另一人則會堅持要尊重—— 甚至鼓勵—— 所有觀點。或者還有最後一種，有人考量遠程的理想方案，有人在乎短期目標，這樣的差異又會造成什麼結果？一人會覺得對方想得不夠長遠，對方又會覺得他有眼前的問題要煩惱，如果沒有立刻解決根本沒有長遠可言。人類當然是比這還要複雜得多，但大概的情況就是這樣。我們每個人的工作方式都不同，但團隊中如果成員的風格都不同，優點就是能夠發現新的視角和新的思考方式；團隊成員若思維相同，優點就是大家比較相處得來，更容易信任彼此，團隊的本性於是包含強烈的忠誠，但這種團隊的問題是容易陷入團體迷思，而且可能出現「我類對抗他類」的態度。

善用團隊

　　我們的目標是要成立有不同思考方式、能達成任務又能愉快合作的團隊。如果你的成員分別屬於各種不同風格，要怎麼達成呢？總的來說，你要了解他們的風格、為什麼他們是這樣，並讓他們說的話能被聽見。舉例來說，對於需要腦力激盪的人，要給他一塊白板和幾個人協助他列出想法，讓他們勇敢創新。如果是在開發產品的話，腦力激盪會議可以有時間限制，接著尋求與會人的意見回饋，每個人有二到三分鐘回答。這樣一來，團隊裡的每個人都有機會發言，又能尊重其他對

於冗長腦力激盪沒有興趣的人。為了從需要架構的人身上得到新的點子，我們要在腦力激盪開始前，提供相關資料給與會人閱讀及思考，這麼一來就能夠幫助需要更多時間抉擇的團隊成員，讓他有時間整理自己的思緒或蒐集資料。對於那些透過競爭來成長的成員，你要給他挑戰的空間；如果他可以透過建立人際關係茁壯，那就給他機會認識並聯絡組織裡的其他團隊。

最重要的一點是，我鼓勵你優先考量弱勢觀點的那些聲音，如果不這麼做的話，你的團隊可能就會忽略新的資料，繼續做他們本來就相信的事。根據我的經驗，引進新的點子之後，對話就會開始變得有趣！差異正是我們的資源。

加拿大銀行行銷個案研究

這裡還有一個運用PathSight原因模型的個案研究，這個例子讓你理解原因模型如何探究市場資訊。我們可以得知該市場中的某組織如何反映出市場的組成，還有如何將其轉換為該市場中的任一個別品牌。每個品牌行銷和傳播工作之間的動態關係，會反映在它所吸引的元世界觀人士裡，了解這點後，品牌就能推行某種廣告活動，用以吸引品牌認為會重視其產品的世界觀人士。市場接著就會成為計分卡，評斷品牌的優異程度。

我們的分析首先判定出加拿大的元世界觀組成情況。第七章說過，加拿大市場（相對於美國市場）擁有較高的第1元世界觀比例，我們擁有這個資訊後，要謹慎評估品牌回應市場的

成功度。接著我們開始研究銀行業的一個部門，仔細檢視在這個問題上，五間最大的銀行表現如何。觀察這個分析的時候，請留意這幾間銀行怎麼刻劃自己與世界觀之間的關係。它們對各個世界觀的吸引力有什麼不同嗎？金融服務市場中有沒有多元性，還是它們只是瓜分了相同的受眾而已？

　　我們的分析是在新冠肺炎疫情之後進行的，因此我們很好奇，消費者會怎麼與他們曾經信任的品牌互動。品牌還會受到信任嗎？有沒有哪個部門不受到影響？誰會回歸原本的行銷方式，而誰又需要尋找更優的溝通方式？

　　加拿大的銀行若想要回歸到新冠肺炎危機之前的營運方法，可能需要好好反省一番。銀行業——或說任何產業——都很難回到原本的作業方式了，我們有必要從一間公司的內部，也就是執行單位最混亂的核心部位，看看它的反應。我們會觀察銀行領導人有何作為：是趕快行動以挽救債券市場，還是會追求新的機會？研究五間不同的銀行後，我們分析了其各自的客戶群，預測它們的客戶會如何回應新冠肺炎後的行銷推廣。這項分析也認知到，在疫情後的新世界裡，品牌也可能有機會觸及新的客戶。整體來說，我們的目標是要得知以下事項：

1. 透過原因模型整理而得的加拿大消費者市場一般特性。
2. 主要銀行的市場如何自我組織，發展出行銷和溝通策略並回應結果。
3. 具體來說，各家銀行如何從其吸引的特定客戶群身上獲利（研究所有本能模式）。

加拿大人口

加拿大的文化組成類似於其他西方自由民主的社會，但在每個文化、不同風格的政府和經濟體系裡，我們都能識別出相同的五種元世界觀——第0元世界觀（平衡者）、第1元世界觀（中庸者）、第2元世界觀（個人主義者）、第3元世界觀（社會約束者）和第4元世界觀（宿命主義者）——引導著人類的決策行為。

圖10-17　元世界觀的分布

圖10-17顯示了二十至八十歲成人的元世界觀分布情況，以及各代表的市場大小。人數最少的是第4元世界觀，共有一百九十四萬八千四百七十六位加拿大人；人數最多的則是第1元世界觀，共有一千〇二萬五千七百三十三人。這表示加拿大的文化穩定性來自於第1元世界觀，與這些人在知識上的彈性，能從常理的觀點判斷事物。但這並不表示加拿大的文化僅有單一面向，而是這種常理為他們身分的核心，由於許多其他文化都會自然傾向某一個極端，因此這點非常重要。

我們請全國的消費人口給不同的品牌評分，接著分析數據，以計算這些品牌的「淨好感度」排名，消費者從零（討厭）到一百（喜愛）分給品牌打分數，五十分為尚可的中間

點。「淨好感度」分數的計算方式為把正分（六十到一百分）減掉負分（零到四十分），這樣的結果會比直接使用原始的好感度分數還有用。我們總共為三十個品牌評分，其中十六個計為淨正分，十四個計為淨負分。尤其注意的是，正分列表由加拿大輪胎公司（Canadian Tire）、羅布勞超市（Loblaws Supermarkets）、鵲巢（Nestles）和西捷航空（WestJet）領頭。可參看圖10-18。

這個列表結合了許多不同市場，消費者品牌比起B2B企業對企業的公司（像是能源和運輸），被評為正分的機率較高，這樣的結果毫不令人意外。但我們亦可從中發現市場上更細微的規律，首先我們先來檢視市場對第1元世界觀的吸引力。請參看圖10-19。

在總品牌圖表上獲得淨正分的所有品牌（圖10-18），在第1元世界觀這裡（圖10-19）也都獲得了正分──這很合理，因為第1元世界觀就是加拿大最常見的世界觀，確認了加拿大人的直覺等同於深入人心的共識。

因此你可以把這份資料解讀為：加拿大品牌通往成功的道路，就是要取得第1元世界觀的認可。這句話部分屬實，但也就只有部分而已。檢視以下的圖89之後，可以看到一直獲得淨正分的品牌都跟另一個元世界觀群體培養了密切的關係，那就是第2元世界觀。加拿大輪胎公司、羅布勞超市、鵲巢和西捷航空都贏得了第2元世界觀的大力認可，與剩餘的市場相比，吸引力直接加倍。通常如果品牌的價值主張目的就是要吸引不只一群人，而且品牌對外的溝通也反映出了這種策略，就會有

圖10-18 各品牌的「淨好感度」列表

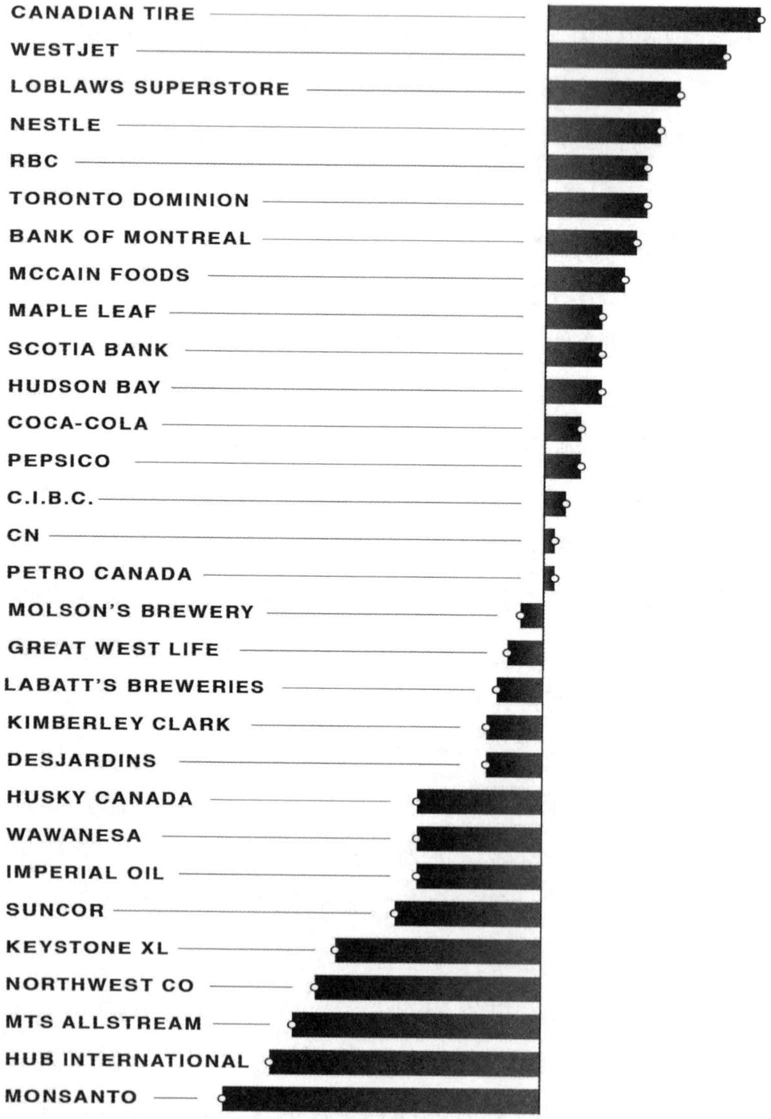

圖10-19　第1元世界觀者對各品牌的「淨好感度」列表

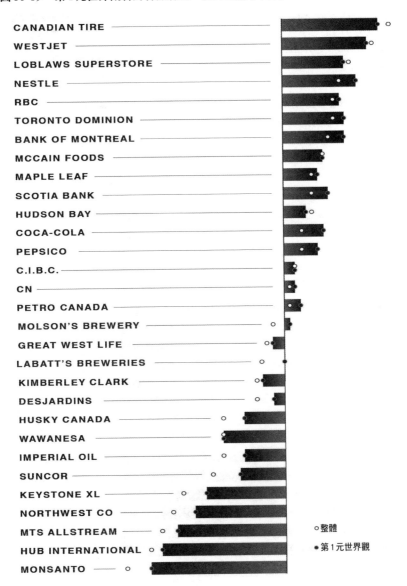

圖10-20　第2元世界觀者對各品牌的「淨好感度」列表

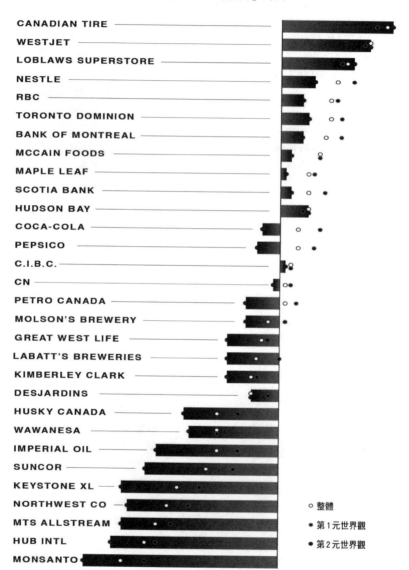

這種狀況。從這邊來說，要與第2元世界觀連上線的關鍵就在於：這些品牌必須擁有「公義／公平」的本能。相較於社會整體，第2元世界觀更在乎世界會怎麼影響個人。

因此，雖然「吸引最在乎現況的那群人」很重要，但確保你的價值主張能觸及不只一種世界觀，這點也很重要。

全業務銀行的市場

首先我們要明白，誰會使用銀行，還有銀行吸引客戶的原因。銀行在所有金融體系中都扮演了重要的角色。研究加拿大銀行積極支持加拿大人財務決策的方式後，我們可以看見各家銀行的表現如何。

下方圖10-21呈現的是在新冠肺炎疫情前，銀行的總市場品牌淨好感度評分結果。我們可以看到一號銀行、二號銀行和三號銀行名列前茅，接著是五號銀行，而四號銀行則遠遠落後。（注意：考量銀行機密，我們只會以編號稱呼銀行。）

這張圖沒有告訴我們的是，這些銀行使用的策略。究竟一、二和三號銀行都採取了相同的策略，還是他們用不同的方法達成了相同的成果呢？四和五號銀行是否利用了不同策略，試圖想要利用其他方式競爭？

這五間銀行是老字號銀行，觀察其總淨好感度排名之後，我們可以看見以下評分：

圖10-21　銀行：在消費者當中的「淨好感度」分數

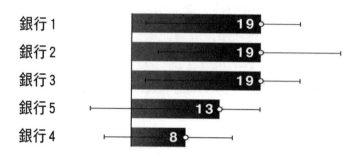

○消費者整體「淨好感度」分數

在所有元世界觀者當中獲得最低分 ├───┤ 在所有元世界觀者當中獲得最高分

圖10-22　第1元世界觀者：銀行的「淨好感度」分數

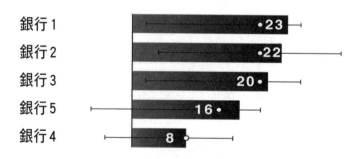

○消費者整體「淨好感度」分數

在所有元世界觀者當中獲得最低分 ├───┤ 在所有元世界觀者當中獲得最高分

　　我們想知道在各個元世界觀的評分會怎麼改變。以下圖10-22為第1元世界觀的結果，跟所有其他銀行相比，一號銀行抓住了更多來自第1元世界觀的客戶群，二號銀行則略勝三號銀行。五號銀行對第1元世界觀的吸引力比總分預測的結果

還要高，而四號銀行則完全與總分預測的結果相同。

　　顯然，一號銀行將自己的吸引力完全建構在加拿大市場的基石之上，也就是第1元世界觀，相反地，四號銀行則缺乏這種吸引力。

　　現在，如果我們來探討加拿大人口中第二大的世界觀，第2元世界觀，就會看見品牌相對的強度有所變化。該分析顯示一號銀行的品牌吸引力縮水了近百分之五十，市場領袖二和三號銀行則縮水百分之三十三，現在二號和三號銀行幾乎平手，而一號和五號銀行也形成拉鋸，其他則沒有變動。

　　（切記，加拿大輪胎公司、羅布勞和西捷航空對第2元世界觀這個客群的吸引力，遠大於它們對第1元世界觀的吸引力。）對這個市場來說，突來的吸引力表現並不良好。雖然第2元世界觀的人向來喜歡新點子，就算是他們以前沒有往來的的品牌所推出的新點子，他們也很喜歡，但對這些銀行來說，可能無

圖10-23　第2元世界觀者：銀行的「淨好感度」分數

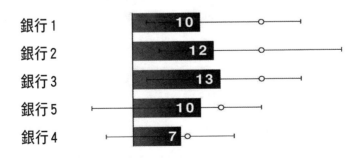

○消費者整體「淨好感度」分數

在所有元世界觀者當中獲得最低分 ├────┤ 在所有元世界觀者當中獲得最高分

法吸引到第2元世界觀的客群。

　　所以為了要幫助銀行市場建立第二大受眾，我們要來看看與第2元世界觀正巧相反的群體——第3元世界觀。第3元世界觀最重視社群的不可侵犯性，認為個體絕對不比群體重要，生命有自然的秩序——有贏家和輸家，有領袖和追隨者，這都是合理的現象。一號銀行在第3元世界觀獲得的淨好感度分數跟在第1元世界觀所獲幾乎完全相同，而二號和五號銀行基本上是平手狀態。五號銀行的排名與第1元世界觀給的排名相同，二號銀行比第1元世界觀的給分低了百分之三十，四號銀行對這個群體來說則是負分。

　　老實說，對全體銀行來說，這樣的結果實為典型，財金領域有自己的行話，且在該市場裡的人通常會比別人更為熟悉這類詞語。

圖10-24　第3元世界觀者：銀行的「淨好感度」分數

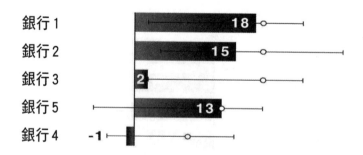

○消費者整體「淨好感度」分數
在所有元世界觀者當中獲得最低分 ├──┤ 在所有元世界觀者當中獲得最高分

　　令人驚訝的是，三號銀行似乎不受第3元世界觀的人歡迎，其分數比起總分低了近百分之九十，表示三號銀行與金融的核心傳統派沒有正向連結。這群人適合能夠輕鬆面對金融、經濟和市場規則的世界觀，他們能夠應對結果而非情緒，而且具有悠久的傳統。這是個關鍵的領悟。

　　到目前為止，顯然一號和二號銀行拓展了自己對偏好常理的世界觀（第1元世界觀）以及社群傳統派（第3元世界觀）的吸引力，這些群體忠於傳統的生意模式，而且不喜歡改變。

　　最後的兩群人則顯然不是大規模全業務金融服務的目標客群，第0元世界觀和第4元世界觀加起來共代表了五百八十四萬五千四百二十八名加拿大人，他們並非核心受眾，因此品牌策略顧問在對主要顧客行銷時，對他們的態度通常比較不明確，或只期望加減透過月暈效應獲得一點好處就好。

圖10-25　第0元世界觀者：銀行的「淨好感度」分數

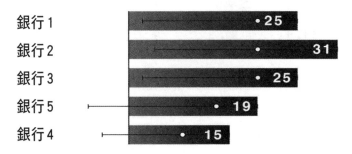

○消費者整體「淨好感度」分數

在所有元世界觀者當中獲得最低分 ├────┤ 在所有元世界觀者當中獲得最高分

第4元世界觀對上述任何一個品牌的影響力都極小，但如
果一個品牌想要進入高度倚賴科技而較少社會互動的市場，那
最好就要能滲透這群人。相形之下，第0元世界觀則是最有效
的部位，這個世界觀在很多方面就是第1元世界觀的分支，他
們有相同的敏感度，但有一項使兩者截然不同的特質：第0元
世界觀對人與人之間的社交界線較有意識。若說第4元世界觀
對社交活動毫無興趣，那第0元世界觀就是對此非常積極。只
要一有新的潮流或生活型態進入主流，第0元世界觀通常就是
把新潮流轉換成大眾共通語言的那個人。

圖10-26 第4元世界觀者：銀行的「淨好感度」分數

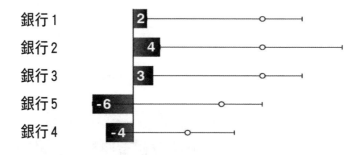

。消費者整體「淨好感度」分數
在所有元世界觀者當中獲得最低分 ├──┤ 在所有元世界觀者當中獲得最高分

在這個個案中，二號銀行在這群人中得到的淨好感度分數
最高，一號和三號銀行則緊跟在二號銀行之後，這與他們在第
1元世界觀中的排名一致，五號銀行與總排名的結果也一致。

整體來說，大多數金融機構與第3和第0元世界觀都有著

緊密的關係。還記得吧，第3元世界觀圍繞著社會約束性的觀點，第0元世界觀則是具有強烈的中庸者視角，又對個體差異非常敏銳。我們可以為各家銀行總結出下列結論：

一號銀行

該品牌非常專注於搶下典型的金融客戶群。

- 該品牌定位良好，能與二號和三號銀行並駕齊驅，其淨好感度排名確保它能夠在市場上運用其忠誠度。
- 可以預期接下來能提供第2元世界觀新的方案──為想要避免落入疫情後時代陷阱的市場帶來全新、公平又合理的提案。

二號銀行

這間傳統派的全業務銀行將自己在市場上定位為「以極保守風格吸引群眾」的銀行。

- 對於加拿大主流人口（第1元世界觀）有強大的原生吸引力，並尋求市場領導者的平衡。此外，二號銀行與在乎金融機構穩定性的人（第3元世界觀）也有長遠的關係。最後，它也深植於市場中最支持現況的人（第0元世界觀）的心中。
- 在品牌吸引力方面，跟第2元世界觀關係薄弱可能是它的弱勢，或可以視為是開創市場的方式，而這種市場通

常會接受這類機會。或許該銀行可以依此訂定自己的年度計劃。

三號銀行

在消費者市場中非常活躍的一間銀行，其品牌有時表現得像傳統金融品牌，有時又不然。

- 這間資本充足的跨國銀行很吸引偏好常理的中間市場（第1元世界觀），以及準備好在現況中交易的人（第0元世界觀）。不過對於深信傳統金融和金融市場的那些人來說（第3元世界觀），他們對它缺乏信任感。
- 該品牌可以靈活地以具公信力的方法觸及第2元世界觀。

四號銀行

該品牌顯然還在尋找其價值主張，所有的淨好感度分數都介於中等，對於金融傳統派的吸引力也並未浮上檯面。

- 可能可透過其在市場多年的經驗，觸及第2元世界觀，這可能是絕佳的機會，能與市場忽略的客戶群一同建構策略。
- 對第0元世界觀市場的強烈吸引力可為進入主流鋪路。

五號銀行

以身為前五大金融機構來說，五號銀行並未將自己的未來著眼於特定的市場上，它在每個元世界觀群體獲得的淨好感度分數都很一致，但也不是特別起眼。

- 「一致性」可以概括描述五號銀行。只要該銀行能夠在後疫情時代做出理想的策略性決策，即可透過選擇屬於它的元世界觀展現卓越成就。
- 擬定策略以優先吸引一種元世界觀絕對不會錯，如此便能打造出合乎常理的成長計劃。

到這裡為止，我們回顧了本能模式在各種場域中應用的方式，希望已能讓讀者明白，「原因模型」可作為理解人類行事原因的工具。我們相信這些例子已能證實該方法的一致性，以及其能跟其他模型、資料組和可觀察行為整合的能力。

接下來，我們將探討在這個世代裡大家討論最熱烈的議題：人的世界觀會怎麼塑造每個人的立場。

第十一章
翻轉情況：以本能解決問題

　　要以原因模型來解決問題，而這個模型的前提卻是「具有無法變動的兩極世界觀」，這樣聽起來似乎是極為矛盾的概念。要從哪裡開始下手呢？當我們理解社會約束力光譜之後，我們就能夠衡量兩種極端對於一些複雜議題（例如墮胎、氣候變遷、槍枝和死刑）產生之強烈情緒。幸好我們的人口曲線讓我們曉得，只有很少數比例的人具有如此強烈的情緒。大多數人都落在中庸者類群之中，他們的看法比較溫和，因此更有可能找出解決之道。

　　那麼，如果我們並沒有要從邏輯上說服另一邊的人，最終的目標究竟為何？

　　實務上來說，目標是要找出大多數人會接受的是什麼。此作法隱含的意義是，成功的文化即可吸引到社會約束力光譜上的所有人。如果我們認同光譜的任一端在道德上都並沒有更為優越，那麼我們的立場就是要將問題導向調適的過程：怎樣最適合大多數人。有無數的社群、國家和企業都會以這種原則的來運作，只是形式可能有些差異，只要想想拉丁諺語「不造成傷害」或谷歌原本的口號「不作惡」，你就可以明白了。

　　最佳的領袖，就是能讓大多數人都能獲得最大利益，像是

為小鎮人民利益服務的鎮長，或是企業執行長把員工和股東當成唯一重要事物看待，都是這類的例子。這會如何改變企業治理情況？又會怎麼影響國會的運作？

在川普總統任期的頭幾年，他和他的政務團隊非常清楚自己的盟友是誰。這是有史以來最兩極化治理的政府，因為他們顯然打定主意，只從支持者的角度去執政。由於川普支持者的觀點特性都非常一致，也就是非常遵從階級、架構、法律和秩序，這種類型的治理不太可能有所變動。對於宗教教條有強烈想法（高度純潔），還有堅持維護傳統或「我們的做事方式」（高度權威），代表被抑制的衝動，這樣的本能模式就像是一張濾網，為該群體創造了一種共同性，尤其會表現在他們對人種、性別、收入和種族的共同信念上。這似乎就是他們能夠吸引「內」團體（基礎支持者）的緣故。回想一下哪些團體受到川普早期政策的影響最大，不論他們的意圖為何，結果就是總統試圖依靠基礎支持者給他的支持來治理全國，使得他無法跨越社會約束力光譜的本能障礙。

這並不表示我們沒辦法解決社會問題。我們要如何運用對本能模式的了解，鼓勵不同本能類型的人合作，而不是操弄本能使大家更為分裂呢？這代表單純診斷問題，還不足以解決問題——可能得還要促使大量不特定的民眾改寫幾乎已經刻劃在文化基因裡的東西。我們通常稱這種作法為翻轉情況（Flipping the Script）。

首先來看看，「行為」如何成為各種世界觀的「替身」。舉例來說，種族平等的議題，常被權威、純潔和忠誠的替代物

搶走注意力，因為權威、純潔、忠誠等可用來扭曲與種族平等相關的議題。具體來說，討論治安的政策時，時常使用的替身就是打破規則的藉口。例如非洲裔人士喬治·佛洛伊德被明尼蘇達州警察動用私刑而死的事件中，紐約市的抗議者想要把焦點全放在人種、種族和警察暴力行為的議題上——當時有一小段時間紐約市還出現宵禁令。在大多數狀況裡，如果集會還算和平，政府就會同意讓抗議者返家。在其他情況中，紐約市的警察在混亂的暴力行為中毫不克制地攻擊抗議者，很多抗議者甚至根本算不上挑釁，警方的理由是抗議者違反了規定，因此合理化了自己的暴力行為。這正是實質性議題（與人種相關的治安）碰上替身（「他們」違反了規定）的完美範例，讓掌權者能夠宣稱自己是在執行公務，而不是正在強化種族歧視。「要是抗議者沒有違規的話，我們也是可以表現得更人性化一些。」

美國與槍文化：為什麼會這樣

另一個明顯的例子則是美國與槍枝之間的微妙關係。

美國槍枝管制及大眾對槍枝的看法，完美呈現了社會約束力光譜兩極意見無法變動的事實。在其中一個極端的本能，集中在權威、純潔和忠誠，這些人傾向支持人民擁槍，前往大多數地方都可帶槍，政府不可干涉。雖然他們的聲量很大，但卻遠不及選民的總人數，事實上他們的人數還逐年縮減，不過可能會使剩下的人表現更為激進。這樣的挑戰必須以更高層次的

價值主張來解決，或許美國社會可以調整與擁槍權相關的憲法基本權利，同時仍保障更多國民擁有居住安全和安全社群的權利。

美國憲法增修條文第二條，就是擁槍權的法律基礎，不過這種保障來自於許多核心本能，回歸到海德特和約瑟夫道德基礎理論（參見第二章）的核心本能。讓我們來看看每一項的本能。

權威： 槍枝擁護者具有法律基礎的支持，還可以維護傳統。

純潔： 這項權利是見諸文字、與美國基本自由相關的權利。

忠誠： 像我們這種真正的愛國者就是要維護這項權利。

這些本能替社會約束光譜上「社會約束」那一端的人產生了一種基本的敘事：「我想要有不被干涉的自由，可以擁有我認為適當數量的槍枝，用於娛樂、運動以及最重要的個人安全守護。增修條文第二條是神賦予熱愛自由的美國人的權利，真正的愛國者將捍衛這種自由。」

這種敘事與權威、純潔和忠誠的典型定義非常符合，關鍵的信念包括：

- 你不能要求我做任何事：這是神賦予我的權利。
- 如果你不認同，你就不是愛國者。
- 如果我們有任何退讓，情況就會一路走下坡，最終政府會奪走我們所有的槍枝。

- 你不了解槍枝文化。
- 真正的安全是讓更多人擁有槍枝保護自己，好人擁有槍枝才是抵抗擁有槍枝的壞人的最好方式。
- 我們只能靠自己，不能期望政府會保護我們。
- 政府本來就不值得信任。
- 我們要擁有槍枝，才能抵抗政府。

值得思考的事實：

- 美國境內的槍枝數量，大約等於人口數量（三億三千萬）。
- 約百分之三十的美國人擁有槍枝。
- 百分之三的美國人擁有百分之五十的槍枝。

社會約束力光譜另一端的個人主義者，也具有許多由本能引發的信念，或說無法改變的意見，推動他們的主要本能為關愛和公平。

關愛：讓人擁有武器的權利當然立意良善，但少數的槍枝危害了所有人的安危。

公平：如果有人擁有槍枝的權利威脅到所有其他人，那就不公平了。美國憲法是動態變化的文件，本來就要配合現代生活的情況，政府有責給予我們符合常理的法規。

這些本能塑造出不同的敘事：「我想過著不會讓任何國民承受不必要風險的生活，以合理的法規保護我們，免於被槍枝

所有權這種可裁量的風險威脅，是必要、謹慎且理智的作法。沒有人想要消除槍枝，但就像我們所有的權利一樣，擁有槍枝的權利也要附帶責任。你擁有槍枝的權利不可以蓋過我擁有安全的權利。合理的法規也是我的權利。」

關鍵的信念包括：

- 擁有槍枝的權利顯然不是絕對的權利，美國已經規範了機槍、坦克和其他戰爭武器。
- 人民享有安全感的權利是政府最應該要確保的首要權利。
- 到現在還想著「全副武裝的義勇軍」是必要措施一點都不合理。
- 擁有槍枝的權利與讓孩子能安心就學的權利相衝突。
- 百分之九十的美國大眾支持合理的槍枝法規。
- 只有透過槍械取得管道，來防堵施暴者、恐怖份子和精神疾病患者有槍，這才合理。
- 沒有人需要擁有火力強大的自動步槍。

顯然，這些無法變動的意見（以及槍枝產業的力量，尤其美國全國步槍協會NRA）使得美國社會在槍枝議題上，無法出現有效的領導力。要翻轉這種情況勢必得要有人願意下苦功夫，令人難過的是，這並非唯一的例子。

找出氣候變遷的原因

　　整體社會的另一個戰場就是氣候變遷議題。讓我們先來看看哪些東西，會變成氣候變遷議題的替身。

替身	
個人主義者	社會拘束者
• 該考慮的事很多，但我們知道，科學已證明碳與氣候之間的關聯。	• 氣候自有循環，我們終將熬過大自然的規律。
• 主要的責任在於人為污染。	• 人類並非氣候環境當中的因素。
• 氣候變遷威脅人類生存。	• 人類總有一死。
• 事實俱在，必須立刻拿出行動，否則就來不及了。	• 我們不可依據不確定的風險，而對抗自然進程。
• 放眼看去，巨變明顯。	• 你不可強逼我。

　　再一次，我們本能模式的表達，會組成許多完全相反的意見。雖然近年來我們對氣候變遷的認知已經出現轉變，但仍有人質疑這件事究竟有多急迫，以及人類應該有何作為。

　　二〇一四年，四十萬人在紐約參與全民氣候運動（People's Climate March），外表看起來相當壯觀，可能讓人有錯誤的印象，以為環保運動很團結。接下來兩年間我們推出了一項計劃，希望了解世界各地的人如何看待環境運動，我們尤其關注其中使用的語彙。舉例來說，我們在調查中加入了一道題目，要答題者告訴我們當他們聽到「綠色」一詞時的想法想法，答案請見以下列表。

| 你覺得「綠色」的意義是什麼 ||
個人主義者	社會拘束者
熱情	攪擾
連結	被迫回應
關愛	抱樹人
慈愛	風險
情感	強迫
抱樹人	不忠
啟發	激進

　　領袖面對這類難題時，都會想要選邊站和靜觀其變（川普就是這樣），但這種方法沒用，不論議題是槍枝還是環境，想要解決問題的方式絕對是在核心。思想的啟發雖來自於極端，但結構性的轉變則需要建構橋樑，通往越多的不同本能模式的人越好。

　　我強調，這並不單純只是妥協或削弱一個人的原則而已，而是要找到一個價值主張，足以吸引各種本能模式背後的驅動力。切記，人類的運作模式就是如此，在我們遠古祖先的時代，人要生存靠的就是這個。

　　讓我們來看看氣候變遷困境中可能出現的價值主張。

　　社會約束者的價值主張：生活的方式要能尊重世界上的資源，確保大家能取得乾淨的水源和空氣，減少對碳的依賴，提

倡採用可再生能源，畢竟保守主義的基本原則就是取之有度。

但如果我們了解本能模式扮演的角色，就有機會找出能夠吸引到所有本能模式的共通訊息。

社會約束者的本能動機為：

- 保護群體
- 維持既有的行事方法
- 領袖與追隨者、贏家與輸家
- 依循事物的天然秩序

替身包括：

- 沒有任何個人比團體重要
- 科學並不明確
- 我們要為自己的所作所為負責
- 人無法對結果有（太大的）影響力

對社會約束者有效的訊息會類似這樣：

- 一直以來，我們都珍惜著居住的地球……我們的水、我們的空氣和我們美麗的大自然
- 我們的傳統向來要求，要留給後人更美好的地球
- 乾淨的空氣、乾淨的水：確保有足夠的資源可以使用，是我們的責任

- 科學不重要……這是我們在道德上該做的事。

個人主義者的價值主張：生活的方式要能尊重世界上的資源，確保大家能取得乾淨的水源和空氣，減少對碳的依賴，提倡採用可再生能源。

個人主義者的本能動機為：

- 思考每個個體是否被公平對待
- 思考是否能以新的方式來理解氣候
- 不要「從眾」，這樣才能發現有別傳統的解決方式
- 把氣候變遷想成是生存威脅

替身包括：

- 科學就是行為的動機
- 把人類放一旁，利益擺中間，並不公正
- 如果我們毀了這個世界，我們就別無所有
- 這是人為的問題，所以我們都有罪

對個人主義者有效的訊息會類似於此：

- 我們知道自己該做什麼
- 不論需要付出多少，我們都應該要無條件投入
- 我們正為這個星球打著一場生存戰

- 唯一的問題在於，我們的動作要多快，又要做到什麼程
  度才夠

顯然，個人主義者無論如何都不會滿意於該用多大的力道
反應，該多麼快速的反應。給他們的訊息需要置入警告，提醒
「完美，是善的敵人」。幸好，這種本能模式對異議和不滿的容
忍度很高。

同樣的，我們也要提供社會約束者能夠激發他們的替身的
訊息：珍惜資源的「傳統」、承擔讓世界變得更美好之「責任」
的本能，不論代價為何我們都該這麼做。

由於這兩組無法變動的意見看起來天差地遠，用這種方式
來審視問題起碼能為我們指出一條可以凝聚大眾（或至少是多
數）意見的道路，了解要從何處著手。對於想找到建立治理方
法的領袖來說，這是一項課題，考慮了人的本能模式之後，我
們就有機會能勸誘市民跳脫自己的小圈圈。這並不是在說支持
現況的中庸者是煽動改變的人，相反的，整個大環境需要產生
真正且永續的變化。

扭轉氣候變遷

以本能解決問題的大前提，是要運用原因模型思考人類、
團體、企業和政府之間的關係為什麼會偏離正軌。現實的考驗
可以幫助我們跳脫過往阻礙著我們的習慣和規律，或至少讓我
們可以更容易看到自己在哪裡犯了錯。這個過程包含揭開埋藏

的要素，能夠定義問題如何和何時變得難以處理。

二〇一四年，我與一群科學家、擁護人士、作家和非營利團體受邀到冰島參加一場活動，議程內容是要討論環境運動的命運。主辦人引用了一道核心命題：「為什麼現有的科學沒辦法對氣候變遷議題產生更大的影響力？」現今的硬科學到底有沒有激發具建設性的行動呢？

在活動中，我們聽了數小時有關科學一致性的討論，以及尋找能激起人們果斷行為之起點的過程。到了末尾，我對大家說了一句本來是開玩笑的話：「搞不好科學根本就不重要？」

我得先說明，早在大家察覺碳跟人類有關係之前，科學家就已經在研究碳循環了，早在十九世紀晚期就開始。在一九三〇年代引進了氣候循環的概念，一九六〇年經常被稱之為正式開始測量大氣中二氧化碳比例的年份。在那年，科學家大衛・基林（Dave Keeling）在夏威夷的茂納羅亞火山（Mauna Loa）首度設立二氧化碳標準為三百一十五 ppm（百萬分之一），全球均溫為攝氏十三點九度，此為地球存活的理想條件。一九六七年，真鍋淑郎（Syukuro Manabe）和理查德・韋瑟爾（Richard Wetherald）發出第一次大氣中二氧化碳濃度因為人類活動而升高的警告，並預測全球氣溫會因為溫室效應開始上升。而現在，每年達到溫度新高似乎已經是既定命運的一部分了。[1]

所以，我們對這種科學敘事的反應已經有悠久的歷史了，產生的意見通常都不是來自於理性檢視一串數據，而是來自於我們的生活經驗和本能模式。氣候變遷的科學只是我們吸收

資料的其中一個管道，不論科學有多麼強大，大眾對這個議題
僵化的概念是長期發展出來的，只能在當前的文化脈絡之中解
決。

　　作為比較，我們來看看另一個急迫的主題：癌症。
一九七一年，美國國會宣示向癌症開戰[2]，當時許多人罹癌而
死。在這個案例中，科學的角色就像是現實的主宰者。我們在
這場戰爭中表現如何？是正在獲勝還是敗退？在當時這件事
很容易評估。科學的細節都埋藏在癌症實驗室裡，大眾對於該
支持或不支持哪種試驗並沒有任何特別有意義的意見。當時雖
然與宗教產生了衝突，不過大體看來，只要大家覺得研究有進
展，就不會遭受議論。外界主要的情緒是要團結一致，支持受
害者和募款。就連到今天，都還有無數不具政治傾向的基金會
為了打擊癌症而募了數十億美元的資金。身為癌症科學家，就
等於受人尊敬。

　　但氣候科學就不是這麼回事了。就在我們向癌症宣戰的時
間點左右，尼克森總統成立了美國環境保護署（Environmental
Protection Agency）[3]。一開始這是個兩黨制的機關，而環境保
護就像癌症一樣，被視為是個大家共有的議題：也就是並沒有
爭議，但有些主要的差異：

- 氣候科學與全球的大企業相衝：能源，主要來自於礦物
  燃料。很自然的，能源產業並不認同氣候變遷相關的新
  知。
- 成立環境保護署會影響人類當下的生活選擇，但卻是為

了未來才會看見的結果，這種觀念很難得到某些人的支持，因為太抽象了，動機要確切才容易執行。

- 科學成為了問題的公開變項，氣候科學家無法預測何時才真的會發生各種災難，只知道這是無可避免的事。

- 因為科學被宣導為公認的解方，任何一點衝突的看法都會被當成是否認了所有的努力。舉例來說，一張照片是美國冰川國家公園（Glacier National Park）安裝的招牌，招牌文字預測二〇二〇年時這裡的冰川都會融化，但既然現在冰川尚未完全融化，有人就認為這是個錯誤的說法，因此更有理由質疑氣候變遷科學。

與癌症議題不同的地方在於，美國人沒有打算要團結一致地支持氣候變遷的受害者，或者為他們募款，而在我抵達冰島之時，我們已經開始詢問原因了。如前所述，在社會約束力光譜之中，每種本能在這個議題上都有明確的替身。在社會約束者的那端，支持小政府力量的人拒絕改變傳統對碳製品的依賴，或不願遵從任何突來的政策變更，不論是誰提出的都一樣。在個人主義者那端，驅動的力量是相信社會正義，應該矯正資本主義的不公，還有要保護地球的高道德標準。他們還認為面對這麼顯而易見的問題，遊行實在不必要，每個人都可以看出這不僅僅是個科學現實，更是道德危機。

時至於此，科學還能夠重申自己是現實主宰者的角色，如同在癌症議題上清楚表明自己的立場嗎？寫下這項科學紀錄的科學家，現在意識到自己還有了額外的任務，那就是要倡導接

下來要做什麼。這會讓我們的情況變得更複雜嗎？正常來說，我們需要他們的專業，但我們也必須認知到他們的意見仍會被我們的本能特質和生活經驗過濾。

　　因此我們不能把問題都留給科學家，我們必須先解開為什麼科學提出的明確警告沒有被所有人接受——至少不足以推動實質行動。我們在PathSight也發現，如果不要把行為連結到特定的一組動機，就更容易說服別人改變這種行為。也就是說，我們要讓更多人做正確的事，但不要堅稱他們是為了我們認為「正確」的理由而做這些事。以下這張圖簡化了整個流程，也讓我們在工作過程中為此案分工。

　　在第一階段，是科學和科學家扮演著主宰者。在這場戰役中，我們獲勝了嗎？第二階段提及將該現實裡的元素與群眾有

圖11-1

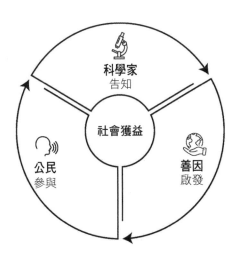

興趣的事配對，與國民興趣一致的活動就能成為行動的基礎架構。如我們之前所說，如果大家能把自己的本能和價值與活動連線，就能有動力做出了不起的事情。第三階段象徵國民參與事務，這是他們的個人動機受到特定活動或興趣領域啟發後的結果。

線上期刊《對話》（The Conversation）有一篇有趣的文章，討論內容為關鍵選民如何被替身戰給消耗，使他們真正的意圖被抹滅。在〈不願面對的真相的真相〉（An Inconvenient Truth About an Inconvenient Truth）這篇文章裡，作者多明尼克・史德庫拉（Dominik Stecula）和莫克爾（Eric Merkle）詳述了美國前副總統高爾的電影《不願面對的真相》（An Inconvenient Truth）有多麼成功[4]。他們指出該電影大幅提升了美國人對氣候變遷的意識，然而媒體對電影的報導卻有意外的結果，將科學與傳遞訊息的人連結，反而削弱了科學的影響力。史德庫拉和莫克爾寫道，「我們仔細研究了自一九八〇年代起媒體報導氣候變遷議題的方式，以及這個議題在美國大眾分裂成兩極中扮演的角色，最常觀察到的現象就是大眾很容易會追隨而非領導著政治菁英的辯論。」

選民很容易對政黨產生強烈的正面和負面情緒，在美國尤其如此，這是他們社會身分中的關鍵要素。如果對嶄新的政治議題（例如氣候變遷）沒有肯定的態度，他們就會從政治菁英身上尋求指引的訊號，而這些訊號經常都是由大眾媒體傳達給他們的。

在我們的研究裡，我們檢視了主流且高發行量的日報中，

氣候變遷報導的政治訊號，像是《紐約時報》、《華爾街日報》和《今日美國報》，以及網路電視頻道美國廣播公司、美國哥倫比亞廣播公司和美國國家廣播公司與有線新聞台福斯新聞。我們發現，一個小小的故事就可以清楚訴說為什麼大眾在氣候變遷的主題上會變得兩極化。首先，政治人物在氣候變遷新聞報導的版面大幅提升，使該議題在重要度上升的同時，也變得政治化。結果就是，大眾會從政治菁英接收到越來越多與氣候變遷主題相關的訊息。

第二，民主黨的訊息在新聞版面上更為常見，且不令人意外地持續支持氣候，共和黨的訊息則較少，而且到歐巴馬上任前方向都不明確。正巧與媒體中普遍的敘事相反，共和黨的氣候變遷訊息僅有少數明確表示拒絕接受科學共識。

如果像現在提到的這種狀況，一方的訊息很清晰而另一方的訊息卻一片模糊，那麼共和黨的選民就可能受到民主黨深刻影響。在情感極化的世代，共和黨和民主黨都越來越厭惡對方，共和黨為了回應民主黨菁英發出的訊號而在氣候變遷採取對立姿態，也是非常合理的一件事。

那麼，高爾又是怎麼回事？高爾大量出現在媒體有關氣候變遷的版面上，尤其氣候變遷剛剛成為主要關注議題時更是如此，而美國人也還在兩極化的過程中。舉例來說，二〇〇六年在福斯新聞上，百分之四十八氣候變遷相關的報導中都提到高爾，二〇〇七年則是百分之五十七，二〇〇六年的報導中有百分之二十八明確提及那部電影，二〇〇七年則為百分之十七。另一方面，共和黨主要反對氣候變遷的領袖奧克拉荷馬州參議

員吉姆・英霍夫（Jim Inhofe）並沒有出現在二〇〇六年福斯新聞任何的報導內，且只出現二〇〇七年百分之一的報導內。

傳統的媒體幾乎都把重心放在艾爾・高爾身上。二〇〇六和二〇〇七年間，前美國副總統在美國發行量最高的報紙所占的新聞報導比例分別是百分之十三和百分之十七，而在網路廣播上則是百分之十六和百分之二十三。換句話說，如果在那段時間裡你轉到有關氣候變遷的新聞，你就會看到高爾，且接收到他的訊息。而且，雖然訊息一味支持氣候和提倡激進的氣候行動，卻也有把共和黨呈現得像是反對這種訊息的效果，因為對他們而言，高爾不過就是個他們討厭的民主黨政治人物罷了。5

有了這樣的認知之後，我們就可以重新思考面對最繁雜的挑戰時的策略。舉例來說，環保人士格蕾塔・童貝里（Greta Thunberg）會不會浮上檯面成為新的艾爾・高爾？你可以思考，二〇二〇年一月在達沃斯，美國財政部長史蒂芬・梅努欽（Steven Mnuchin）被問了一個有關童貝里還有她警告氣候變遷的問題，他的回答是，「等她到大學唸了經濟學之後，可以再回頭跟我們解釋一遍她的話。」他質疑了她的身分資格，而非討論人類的生存挑戰。有這種回應我們還意外嗎？到了這個時候，我們難道不該快點想出方案來激發國民行動，免得太遲嗎？

現在要翻轉氣候變遷的情況，是否為時已晚？我希望還沒。如果我們能停止要求每個人都以同樣的方式理解問題，或以同樣解法回應問題，或許我們就能成功翻轉情況。但就如他

們說的，時間不斷被浪費了。

教育是否能翻轉情況？

接著讓我們來思考教育議題。大家都曉得國家裡最大的州對於全國的課程有特別大的影響，簡單來說就是州越大，話語權也就越大。美國最大的兩個州是加州和德州，近期《紐約時報》全面檢視了這兩州各個學校如何教導美國歷史：「兩州，八本課本，兩種美國故事 6。」

該報寫道，「課本描述了同樣範圍的故事，從殘酷的奴隸制度到公民權的抗爭，從開國文件的真理到形塑國家的幾波移民。課本有相同的出版商，相同的作者，卻為不同州的學生客製了內容，且內容經常往不同方向發展，反映了深植於美國的兩黨分歧情況。」根據居住地和就學地點，美國的學生在相同的主題上會學到截然不同的觀點，因為大家在教育上的共同看法越來越少。奴隸制度、民權運動、水門案、彈劾柯林頓和川普總統：哪個才是事實？哪個是意見？

這篇文章在推特上引起了不少回應，果然出現許多相對立的觀點，以下舉兩個例子來思考：

推特使用者一號寫道：「國家的團結仰賴國家敘事和政治現實能夠壓下及抹去種族滅絕還有奴隸制的事實，以強調只能用鎮壓百萬人民達成的『概念』。要是真的相信能夠有單一的國家敘事，那就太天真了。」

推特使用者二號回應：「國家的團結仰賴國民成為國家的

敘事，由於美國是建立在概念上的國家，因此在這裡尤其如此。各州塑造自己的敘事的概念是一種矛盾現象，會造成政治失能。」

就跟氣候變遷一樣，這是我們應該要能夠討論的問題，卻不斷被替身戰給干擾。我們要如何重新來過，誠實地套用第一人稱視角來改正這種狀況呢？

是否需要翻轉參與式民主？

假如就連在總統大選中都有將近百分之五十有資格投票的選民選擇不投票，那麼如果試圖提升我國選舉的投票率，可能會出什麼差錯？要是我們就直接從提高美國的投票率開始努力，很快就會出現裂痕。受關愛和公平啟發的個人主義者相信投票是人權，選舉日是國定假日，因此（可能因為他們根本不認為新的選民會跟他們站在同一邊）應該讓每個人以郵件登記投票。

社會約束者也想要鼓勵選民參與，但他們有附帶說明：投票有其連帶的責任，就跟所有的權利一樣。他們認為選民應該要證明自己有資格投票、證明自己是自己描述的那個人，也就是要親自到現場投票。

這似乎就是時代的考驗，個人主義者和社會約束者在投票權問題上的分歧，並不如在槍枝或氣候變遷那樣龐大。如果能為別人設想，會對情況有幫助嗎？例如或許有人因為工作不能休假而無法投票，或許有人就真的非常擔心詐騙帶來的貪腐結

果？有了像新冠肺炎這樣的外在危機迫使我們重新思考投票的機制，會不會也剛好讓我們更有機會達成共識？

第十二章
回歸起點，放眼未來

　　本書從探索市場研究、客戶洞見與行銷傳播應用研究中缺乏的見解為起點，了解上述領域如何塑造不僅是專業溝通人士的心態，更透過從根本、心理特性和行為特徵資料逐步進入大眾媒體，形塑整體文化中人類理解他人的方式。為了說明這點，我們探討了每個人的本能模式如何造成了最終建立的個人世界觀，接著又討論了這些世界觀會如何在大環境中互動，以及其對行銷、廣告、治理和行為改變計劃的意義。現在，我們要將目光轉向整體群眾都會面臨的諸多挑戰。

　　全球化、醫療照護、收入不平等、恐怖主義和疫情這類的事情都只是一小部分而已，而答案都出自於我們如何與他人建立關係。如果我們能把自己打理好，建立永續且可靠的文化，進而培養出自由且有代表性的政府，我們就能以更有效率的方式面對諸多這類的議題。

文明衰退

　　過去五十年來，美國文明穩定地衰退，先前我們曾談論這個現象如何呈現在政黨極度兩極化的狀況裡，但更令人憂心

的是公民參與率——例如舉辦選舉、登記投票和實際投票等行為——一直有下降的趨勢。原因模型可以怎麼樣幫助翻轉情況呢？自二〇一〇年起，公關公司的龍頭萬博宣偉（Weber Shandwick）每年會提出一份年度回顧，標題為《美國文明——全國性研究》（Civility in America—A Nationwide Study）[1]。發份當期就寫道，「許多人認為現今人類互動裡，文明腐敗是個嚴重的問題，且因為衰退的關係，這種慘烈的情況只有越來越糟而已。持續衰退的徵兆包括每天發生的網路霸凌、線上『論戰』和惡劣的部落格留言、某些實境電視節目上還有電視新聞主播與其來賓之間的惡毒爭辯，以及政治人物和其忠實支持者惡意誹謗的行為。」

二〇一八年的更新版中，他們還發現「個人遭遇不文明的事件仍然非常常見，有百分之八十的人表示曾經在某個時刻經歷過不文明的行為。每週不文明行為遭遇的頻率在二〇一八年急速上升並維持在這個程度，平均每週都會發生一次[2]。」會有這種情形，主要是因為我們與其他人互動的方式不斷持續增加。人們對於社群媒體的使用有極大的不滿，而萬博宣偉表示人們認為這些平台要為我們的論述狀態負責，大眾亦認為自己想要表現得文明時，就不要談政治。

二〇一二年，強納森·海德特（其與克雷格·約瑟夫和其他道德心理學同事的研究就是本書前兩章所提及的內容，建立了道德基礎理論，提供原因模型中本能特質的基石）和馬克·海瑟林頓（Marc Hetherington）研究了美國參議院及國會兩極化的狀況，試圖拓展「不文明」的概念[3]。十九世紀美國內戰

後，美國國會一直頗為兩極化，但在一次和二次世界大戰期間有了和解。海德特和海瑟林頓寫道：「不過在一九六〇年代和一九七〇年代，事情就變了，因為民主黨變成了代表民權的政黨，而共和黨則與宗教權結盟。到了一九八〇年代，兩黨都如火如荼地淨化意識形態：自由派到近期連中間派在國會的共和黨員中，已經不再自在，而保守派在國會的民主黨員裡，也不受歡迎。」但事情並沒有到這裡就結束。

西元兩千年，也就是網際網路泡沫破滅的那年，哈佛社會科學家羅伯特・普特南發表了他的代表作《獨自打保齡球：美國社區的衰落和復興》[4]，該著作的大前提為人類不再與其他群體、組織、協會和團隊互動—— 一切都從一九五〇年代起就穩定沒落。如詹姆斯・法羅斯（James Fallows）於《大西洋雜誌》（The Atlantic）中所說，普特南發現我們變成了「一群孤立、沒有聯繫的個體，不需要別人，變成群眾而非一個社會[5]。」

根據普特南的研究內容，打保齡球的人數仍維持相同，但其本質已經有所變化。大家不再是跟固定的一群人定期去打保齡球，而是偶發性前往，有時甚至獨自進行。缺乏定期且有安排地參與保齡球運動—— 更重要的是缺乏與他人互動—— 造成了這樣的結果。普特南發現其他所有團體活動的參與情況也有一樣的現象，包括政黨、公民組織與聯盟。

他主張家庭生活重組也造成了這樣的衰退。一九五〇年代末期，小鎮生活就逐漸式微，全國的人民都搬離小城鎮去到大城市，或者移入郊區再通勤到工作地點，既費時又遠離家庭生

活。在通勤上每花十分鐘，就會減少整體可取得之社會資本的百分之十。想想那些要花兩個小時或甚至更多時間通勤的人，如果每天的通勤就會讓自己的時間銀行破這麼大一個洞，誰還有時間社交呢？除了長時間通勤以外，花在工作上的時間一樣也增加了。對於幸運能擁有朝九晚五穩定工作的人，在夜間和週末工作早就不足為奇，而對處於零工經濟的人來說，他們則是要承受更複雜的狀況。假設人有這麼多事情要忙，根本不會有足夠的時間參加聚會、出席會面或與人交際，因此過去二十多年來我們的挑戰變得更為嚴峻也是稀鬆平常的事，因為我們的娛樂選項也變得更加脫離人群。網站、應用程式、即時訊息、電子郵件和社群媒體都宣傳著自己強大的連結性，但隨著我們不斷使用這些社群媒體，卻變得越來越孤立。

如你在這本書中所見，我們相信了解人的本能再結合他的生命經驗，就可以揭露能刺激他的事物——以及怎樣可以使人改變。如果文明衰退是從嬰兒潮領先開始，並由 X 世代和千禧世代追隨，那麼我們會不會根本就忘了該如何再次團結？什麼東西能促使我們想要摘取團結文化的果實呢？

就我們所知，想要改變任何深植人心的習慣實為困難。你有多常忽略減重、健康飲食、戒菸、多運動的訴求？我們很少願意改變自己的習慣，尤其那些讓我們快樂的更是如此，因為這麼做對我們比較有利。那麼，我們該如何引導本能不要往自己建構的那個孤立、過於個人化的世界去呢？要怎麼讓每天面對的文化壓力源引領我們往共享的理想世界前進，而不是待在角落的小圈圈裡？你可以思考幾個大家都在試圖解決的問題：

- 疫情：科學界表示，全球疫情會成為往後日常生活的一部分。
- 全球化：隨著全球民族主義的氣氛逐漸高漲，過去七十五年來相對和平的局面似乎註定要落幕，數十年來維持的國際貿易協定和條約現在也令人存疑。
- 參與式民主：投票權對民主制度的運作來說，仍然是根本的壓力來源，在（美國）投票率僅達百分之五十的狀況下，我們選出的領袖是否真的能夠宣示自己代表著民意？
- 機會落差／未來的工作：有錢人和窮人之間的機會不平等——或甚至富豪與其他所有人之間的不平等——似乎越來越難以消除。自動化和其他科技革新讓人類對工作與薪資的未來和邊緣人的待遇感到不安。
- 大量的少數群體：千禧世代讓我們看到了大量少數群體的未來會是什麼樣子，而年紀更大的世代正奮力地調整自己以融入新的現實。
- 點對點的社群媒體：文化雖然已經聯繫在一起了，但我們又要如何挽救自己，不掉入同溫層的深淵之中？
- 全球壓力源在地化：全球疫情、氣候變遷、人口爆炸、恐怖主義等等全都是挑戰。我們要如何建立「新常態」？歷史上的參考點難道已無用武之地了嗎？

在本章中，我將提出原因模型能夠幫你在面對這類群眾層

級的挑戰時（包括不文明），超前部屬思考的兩種策略。

1. 留意發言的人：第一人稱視角的概念
2. 從頭開始感受第一人稱視角的影響力

留意發言的人：第一人稱視角的概念

原因模型建構於我們的本能模式上，也就是我們的「初稿」。在生命之中，經歷會逐漸編輯初稿，根本基石會影響我們對道德的觀感、解決問題的方式、喜歡的東西、喜歡的人，以及與世界互動的模式。隨著我們一路成長，我們會建構出引導自己度過各種旅程的敘事，敘事可理清所有我們接收到的訊息，透過敘事我們也能夠與別人分享自己是誰。

原因模型的社會約束力光譜幫助我們具象化不同觀點可能被激發的方式，還有會產生的不適感，每個不斷出現的觀點都是有意義的，每一種觀點都同等重要。一群只有個人主義者的人可能會天馬行空地想出很多精彩的點子，但沒把任何一件事完成；一群只有社會約束者的人可能很有效率也很有安全感，但卻沒享受到多元性或平靜；一群只有中庸者的人也許就算現況並不合他們的意，仍然安於留在原地。

如我們先前的討論，在治理和領導方面，這樣的彈性能解決問題和結識盟友。拓展眼界並納入越多越好的觀點後，我們就能確保有最多的管道能夠通往人心。換句話說，如果我們希

望自己說的話能被聽進去，那就要花心思了解談話的對象。

　　舉例來說，為政府打造傳播企劃時，我們會希望先了解閱聽人是誰，獲取他們的本能模式，明白他們會怎麼看待這個服務或方案，而且必須在企劃實際上線之前就要知道這些事。如果你清楚知道一個人會怎麼回應特定的訊息，你就能打造更有效的策略。

　　在新冠肺炎危機期間，當時缺乏公共衛生的宣傳。我們套用了原因模型來審視情況，目標是要更有效率地溝通安全措施的必要性——戴口罩、盡量不出門、保持兩公尺的社交距離。此時有兩種選擇：利用一般市場策略，也就是社群中大多數人認為可疑的方式，或者試著傾聽社群裡出現的各種不同聲音。

　　這裡的價值主張是要呈現出一系列的訊息，有個人主義者視角（因為你的家人愛你，所以該為他們這麼做）、社會約束者視角（我們經歷過比這更糟的情況；我們會活下去的），也有中庸者類群視角（盡可能不要出門）。考量到所有的視角之後，我們創造了全面性的訊息，讓所有接收者都能看見並聽見傳達給他們的內容6，展現出第一人稱溝通的力量——我們不需要從別人的觀點來解讀訊息。

　　刻意認同其他有意義的觀點時，我們就能抑制「自己的觀點優於其他人」的想法。我們的文化裡許多不文明都來自於自己想要讓別人拋棄他的觀點，但就像先前說過的，這種事情根本不可能發生。如果我們能以第一人稱的方式溝通，是不是就能往更文明的社會發展？

　　本書有個不斷重複出現的概念：如果我們能留意到本能模式，記得它影響我們選擇、價值觀和未來的方式，我們就能駕馭不同類型的個人能力。把這點放在心上後，我們還要運用個人認知抵抗自己的偏誤，欣賞別人看世界的方式，或許也可以明白彼此之間存在的任何差距。假使我們能夠看見並了解差異，那就有機會找到一條回歸文明的路。

　　有了這樣的認知，我們也比較不會覺得自己的世界觀比別人還要優越。例如有人就能明白個人主義者樂於「嘗試新事物」的不合理性，或者也能理解雖然社會約束者可以提供不同觀點的「事實」，但他們也可能代表了巨大、未知的缺失。假如我們都能先假設每種有意義的觀點都是平等的，而且每個人都可以「聽見」不同觀點的聲音，會帶給我們怎樣的預示呢？要讓這種狀況成為現實仍有諸多阻礙，但它能讓我們有所期盼。

　　為了達到這個目的，我們提出一些能夠促進這類思維的方式。

1. 討論政策或策略時，試著從各種本能特質的觀點來書寫。每種觀點會有什麼差別？有沒有可以蒐集的背景資料？
2. 盡可能從完全沒有預設立場的狀況評估人群。如果我們盡力想在本能特質之中達到穩定沉著的目標，那就要有辦法聽見不同觀點的聲音，而不是在考慮其意義前，就先以負面的想法檢視。

3. 勇於說出「我聽見你的想法了，但我沒有被說服。」傾
   聽不代表你認同一切所見所聞，但以尊重的方式傾聽絕
   對是建立人際關係的長遠之路。

我們若能開始依照本能模式來溝通，就是實質地確認了他
人的存在。以第一人稱的口吻溝通價值主張並非在建構事實，
而是以第一人稱觀點的文字、圖像和主題來表達事實，因而有
天壤之別。

沙漏基金會的經驗

雖然今日的派系傳統很容易被當成是民主的喪鐘，但我們
仍能看見一絲希望。不少活動在解決社會的煩惱時，都試圖在
尋找自己能發聲的管道。我們建議在這樣困頓的時代，你可以
將你的時間和精力投資在以下這類的活動裡，以達到最大的影
響力。成功的運動都具有相同的關鍵特性：

1. 確保它能代表一定範圍的人群。
2. 先建立一套人們能夠信任的程序。
3. 清楚知道自己想要做什麼。
4. 公開表明自己的意圖。
5. 相信這件事只有他們在做。

這類的活動在全球各地到處都能看到，有著不同的架
構、規模和用意。以下的範例根據湯瑪斯・佛德曼（Thomas

Friedman）在《紐約時報》的報導，告訴你如何投資社會資本以創造最大的影響力。二〇一八年七月，佛德曼在標題為〈在這裡，美國政治仍然有用〉（Where American Politics Can Still Work）的文章中訴說了一個賓州蘭開斯特市復甦的故事，那裡的人口有五萬九千三百二十二人。就像國內許多其他小鎮一樣，蘭開斯特遭逢困境，「夜裡是個罪犯猖獗的鬼城，大家都避之唯恐不及 7」。

近年在沙漏基金會（Hourglass Foundation，專門協助成長與發展的非營利組織）的幫助和規劃下，蘭開斯特的市民和企業領袖證實了絕對可以透過回歸根本解決混沌的情況。沙漏基金會成立的二十多年內，其主要關注重點為美國東北部小鎮現今可能會遭逢的各種問題：犯罪、教育議題、治安上的種族歧視、經濟不平等、文化衝突、移民和環境破壞。

當然，他們並沒有解決所有問題，但二〇一八年《富比士雜誌》將蘭開斯特列入「美國前十大最值得造訪的酷炫城市」，表示這個「新興的維多利亞風格城市 —— 距離紐約只有三個小時的車程 —— 仍然是美國最不為人知的景點之一」。它「坐擁各種美食，且很快成為了文化的溫床，其建築是最讓人矚目的巨星，因此務必用雙腳探索各個巷弄與礫石街道，參訪諸多改建過、事業再次起飛的老倉庫 8」。這不過是一小部分的進展而已。

該基金會不斷翻轉著蘭開斯特這個城市，刺激成長和正向的改變，在在都養育了整個社群：正是原因模型能運用於不同情境的最佳範例。以下簡述他們是如何遵守我們所建議的原

則：

1. 確保能代表一定範圍的人群。

佛德曼將蘭開斯特描述為「典型的美國小城9」，以白人為主於郊區形成的環狀住宅區，外圍則是較不繁華的市景，有著多元的人口，包括拉丁裔、美國黑人和東南亞人，區域總人口約為六十萬。值得注意的是，沙漏基金會的領袖皆不是該城市或該縣政府的一員，據他們所述，他們在決定參與此非營利組織的時候，就已經把政治立場都拋到一邊了。他們當然也確知彼此之間有差異存在—— 只是不將差異帶到工作上罷了。

2. 先建立一套人們能夠信任的程序。

沙漏基金會徹底將這句話放在心上了。「一切的關鍵就是信任，」佛德曼解釋道，「政治上我們都各有不同的立場，也有不同的經歷，只有在信任彼此的時候，才有可能進步。」蘭開斯特居住與機會合作計劃（Lancaster Housing & Opportunity Partnership）的首席雷・達格斯帝諾（Ray D'Agostino）又採取更進一步的行動，據文章所述，「我們仍然會以保守派或自由派的方式看事情，但我也可以跟我的自由派朋友合作，因為我們都同意哪些事務需要執行—— 而且必須完成。我不會把票投給他們，但我可以和他們一起工作10」。

3. 清楚知道自己想要做什麼。

依基金會在其網站hourglassfoundation.org上的描述，他們原先有一項任務是要拓展全球可得的資訊來源，確保他們為社群做的都是最好的決定。

「沙漏基金會宛如智庫，對重要的議題提供全面性的研究、客觀的分析和嶄新的想法，以促進有效的成長管理——這些議題因為規模宏大又複雜，因此非常難解，人們避之唯恐不及，」他們的任務是這麼描述的。「我們也是社群的守護者——監控著新浮現的問題、刺激討論，並擬定高水準的決策。」

4. 公開表明自己的意圖。

行為（與反應）都有明確記錄且會公開分享，沙漏基金會透過隔週發行刊物、調查和以邀請方式參加的首週五論壇，定期與社區溝通，這種策略與注重成果的互動邏輯相符：聆聽、執行、再聆聽。

5. 相信這件事只有他們在做。

再次強調，沙漏基金會裡的人都不是地方政府的執政官員，他們清楚知道自己並沒有什麼仙丹妙方，只是沒有政績的領袖，但卻身負重任——這是任何成功企業都必備的要素。

第一民族的經驗

　　另一個極具包容性的行動為我們近期在加拿大的工作實例。過去四年間，我們與曼尼托巴省有著非常特殊的「複雜適應結盟」關係。曼尼托巴身為草原三省之一，經濟重度依賴農業、觀光、電力、石油、礦產與林業，溫尼伯（Winnipeg）為最大的城市，周邊圍繞著數十個較小的都市和溫尼伯湖。就跟加拿大的其他地方一樣，這裡的人為了第一民族（按，加拿大原著民）及聯邦和省政府之間的文化衝突情況所苦。當然也有常見的問題：氣候變遷、經濟流動性、可負擔住屋、教育和基礎建設。

　　不過有別於沙漏基金會，我們在曼尼托巴合作的對象都是挑選過的官方代表，他們願意直接與當地人或地方政府溝通，尤其是那些直接對選民負責的人，致力於解決區域問題。二〇一六年，曼尼托巴首都區的非營利聯盟總監柯林‧史卡拉（Colleen Sklar）邀請我們來到溫尼伯，協助了解選民對環境的態度。該聯盟包括溫尼伯以及周遭區域的市長與地方官員在內，都有興趣了解加拿大人對氣候變遷的想法，因為溫尼伯湖優養化（由於氧氣耗盡造成藻類大量增生）是該地區民眾長久以來都很關心的議題。

　　於是我們著手研究加拿大和草原三省的氣候變遷議題，使用的即是本能特質模型，接著我們把對該區域及國家的工作知識套用到在曼尼托巴省上。那裡的複雜適應結盟稱作合作領導

倡議（Collaborative Leadership Initiative），由史卡拉、梅洛—安·費爾（Merell-Ann Phare，加拿大原住民環境資源中心Centre for Indigenous Environment Resources，創始執行長）及麥可·米田堡（Michael Miltenberger，加拿大西北特區史密斯堡的前任鎮長及鎮議會委員）領導，三人集結了經濟發展、爭端解決、用水權、原住民權和社群自覺等領域數十年來的經驗。

合作領導倡議最初的價值主張是要解決氣候變遷、經濟流動性、可負擔住屋、教育和基礎建設帶來的問題，但他們決定先從該區域最棘手的問題開始著手，其中最嚴重的莫過於加拿大政府與第一民族之間僵持一百四十八年的局面，上一次曼尼托巴省各市政府和第一民族的首長有任何形式的直接對談，已經是久遠的事情了。顯然，我們面對的是艱鉅的任務。其價值主張非常明確：

1. 區域經濟發展：拓展經濟發展的概念以涵蓋整個區域，而不是只有個別的市鎮。
2. 提升住民生活品質：準確衡量生活品質有賴現實檢驗每個人對事實的感知。
3. 珍惜水資源：水和其他資源是生存的基本需求，也是該省份重要的長期價值主張。

你大概已經猜到了，這些團體彼此之間的信任程度並不高，為了集結一群願意參與的人，合作領導倡議團隊與每一位

他們認為會有興趣的首長、市長或地方官員親自單獨會面。他們直白地表達自己的恐懼與期許，以及他們預想中的問題，果然一百四十八年的不信任還需要非常多的努力才能克服。

找出建立信任的過程中浮現的本能議題並繪製出整個過程是一件很有趣的事，這兩群人的領袖——首長與市長／地方官員在解析每種本能疑慮時非常相像。

- **忠誠優先**。兩方人馬都覺得有必要先釐清這個程序中自己代表的是誰，雖然看似明顯，但還是有必要跟對方說清楚講明白。

- **權威**。一旦把忠誠議題講明白後，他們就要測試這個程序以向前邁進——也就是行規，他們對於模糊的語言非常習鑽，例如：「你說的甲是什麼意思，而我說乙的時候，你理解的又是什麼？」雙向探索的過程幫助他們消除了遍布的謠言，不再阻礙建立對彼此的信任。我們發現有必要給予足夠的時間進行這個步驟，來奠定可預測性。

- **公平**。了解彼此的期許之後，大家就藉此提出疑慮，以檢視程序是否公平。嚴肅且認真面對信任問題立刻就有所回報。首先，首長、市長或地方官員之中沒有任何人退出。第二，二〇一九年三月二日，參與者簽署了一份諒解備忘錄，讓大家擔保會參與合作區域經濟發展。在全加拿大，這是唯一一份這類型的協議。二〇二〇年，諸多計劃攤開在大眾面前，測試著這二十六位領袖的決

心。

　　除了運用本能追蹤建立信任的過程以外，我們還使用原因模型來建構大眾形象。為了達成此目標，我們運用社群內的追蹤紀錄分析三種不同的傳播平台，且不斷用各個群體的本能話語與他們對談。

- 第一個平台關注的是原住民和非營利組織社群。在閱讀他們的歷史交流紀錄後，我們發現其中以個人主義者的聲音最為突出。
- 第二個平台著眼於企業社群、貿易組織和服務業，非常明顯的，社會約束者的聲音宰制了他們。
- 第三個平台包括主流資源，像是報紙、電台、臉書、推特、IG，顯示出中庸者的聲音駕馭了他們的對話。我們透過各個平台揭露的本能聲音，開始與各群體建立人際關係。如同大多數的關係一樣，我們首先向整個群體介紹主要人物──首長、市長和地方官員，接著告訴他們我們先前談論的內容（區域經濟發展），還有他們為什麼應該在乎這些議題（生活品質）。

　　為了要增添內容，每次的合作領導倡議會議都會錄影，並剪輯到時長四十五分鐘的紀錄片中。我們放映了溫尼伯第一期工程的影片，這樣一來樣領袖就可以直接與社群談話，告知他們對整個程序的期許。

自此之後，人們發現曼尼托巴開始有特別的事情發生。倡議失敗了二十年之後，柯林‧史卡拉和她的聯盟終於主辦了一場座無虛席的午餐會，讓溫尼伯和曼尼托巴邊境的企業社群一起聆聽羅伯特‧莫瑞博士（Dr. Robert Murray，公共政策和區域經濟發展權威）分析曼尼托巴可以怎麼面對氣候變遷、經濟流動性、可負擔住屋、教育和基礎建設等議題。重點概念如下：

1. 開啟通往策略性區域經濟發展的道路
2. 致力於完全接納第一民族
3. 保護該地區的環境資源

這些重點正巧反映了三年前合作領導倡議提出的價值主張，實在不令人意外，無權領袖比「官方」還早發現該做什麼事，難道還是新聞嗎？這也是為什麼我們總是會看好因為工作成就而獲得權勢的領袖。

如何讓自己的聲音被聽見？

現今我們面對許多挑戰，問題都出在大家的聲音沒有被聽見，實在讓我非常訝異。我的意思並不是指告訴別人路怎麼走、或膚色適合搭什麼色彩乃至於該買哪款車的時候，會被別人誤會，我所指的是生命中那些需要被另一人準確且毫無模糊空間地聽見我們所言所述的關鍵時刻。這種領悟的時刻——成

功的溝通——應視為人文的勝利。

但勝利是指贏了誰呢？假使我們連最基本的溝通都做不到，無法準確且毫無模糊空間地與另一名人類溝通，過往經驗讓我們知道自己有時會生氣、感覺無力、不受尊重；我們會斷了友誼、變得憂鬱，或講話變得大聲。如果溝通不良的情況持續，我們可能會侮辱他人、自以為道德高尚、在網路上胡搞、把話說得更大聲、拒絕「他人」、變得野蠻、說服自己別人就是不懂、只願意花時間在真朋友身上、身處於長期抗戰中而要抵抗持續性的焦慮，有時還可能對自己或「他人」產生暴力行為。這些都是很嚴重的事——也是為什麼我們真的成功的時候，要視為是人文的勝利。

目前情況看起來對我們十分不利，我們討論了國內對制度消極意見的複雜性、要瀏覽令人眼花撩亂的媒體平台、科技的怪現象，還有在應付疫情時定義共同利益出現的危機、經濟脆弱性和文化中持續存在的種族歧視。

而讓一切看起來更為緊繃且極可能阻礙我們前進能力的，則是現實中派系的本質還有我們對他人使用的語言。在我撰寫本書的同時，卡托研究所（Cato Institute）針對兩千名美國人的全新調查發現，百分之六十二的美國人表示政治氛圍讓他們不願意分享政治觀點，因為他們害怕別人會覺得受到冒犯11。有一句老話是怎麼說的？千萬別在禮貌的場合討論政治或宗教，世事難料。但在現實中，我們確實需要討論政治和宗教或任何其他熱議的主題，我們也希望能鼓勵開放且充滿活力的公民對話。反對彼此也一樣重要，只有在我們的聲音沒有被聽見

時，反對才會變成問題。我們已知在自己的觀點被拒絕時，大腦會影響我們抗拒拒絕我們的那個人，因此對話就沒有交集了。如我們在這本書中所討論的內容，從多方面看來，今日派系傳統就是衝突的原因。

我們會選擇一個與我們世界觀相符的團隊，接著就緊跟著它，我們會投票給自己的團隊是因為如果團隊輸了，就等於我們自己也輸了。我們都在尋找能肯定自己信念的證據，並回歸到道德的制高點以保有該信念，因為找到與自己信念相同的群體而感到自在，所以又更加堅定了自己的立場。越來越個人化的演算法讓人可以輕鬆地活在美好泡泡之中，你幾乎能夠就這麼過一輩子，都不用遇到會反駁你的人。我們要用共同的一套信念一起治理，讓我們能夠對爭議的結果有信心，如果有辦法做到這點，我們就不需要拋棄自己珍視的信念，在一同為共享的成果努力時，仍然能保有完整的世界觀。今日的衝突通常都是以「我勝、你敗」的形式呈現，也使得我們堅持「失敗／失去」的概念。

為了要打破複雜議題的迷津，以下是幾個可以遵循的建議步驟：

1. **判定溝通的目的**。這是很關鍵的步驟，首先要區分溝通內容與一般對話內容有關，還是溝通內容代表了你或另一人深層的信念。在前者的情況裡，如同大多數的溝通，我們以平常的方式進行，並記得確認意思是所有對話的關鍵。詢問以確認細節應該列入標準作業流程，例

如你要讓別人搭便車到一個地方的話，與對方確認剛才的細節就是個簡單且良好的習慣。

但是，如果話題與你自己或另一人深層的信念有關，我們建議你更加謹慎。你可以先設想溝通的最終目的，例如：

- 你與這個人有交情嗎？
- 你會想與這個人培養人際關係嗎？
- 你會想與這個人培養專業上的人際關係嗎？
- 你在乎結果嗎？

如果你對前三個問題的答案是肯定的，那我們建議你可以思考第二點。關愛和持續培養感情對所有的人際關係都有幫助，而溝通即為關鍵。

2. **被聽見並不是孤獨的行為**，過程中包含了發話人與訊息接收者。如果我們想要被聽見，就要明白對方在這個過程中也占有一席之地。我們讓你自己處理人際關係中個人碰上專業的部分，但首先還是要了解溝通的目標，這樣事情才會有起始點。如果你想要更加了解自己的世界觀，切記要思考談話對象的人的本能特質。你可以想想以下幾件事情：

- 你們倆之間有沒有什麼共通點？

- 你不確定。
- 你很肯定你們沒有共通點，但你沒有因此卻步。
- 你根本不考慮這個。

應對一個人的本能特質有數不完的方法，可以先直接詢問他對敏感議題的看法，和／或聆聽他描述特定情況的敏感詞彙以參透價值觀。不管用的是哪種方法，你要明白不論你選擇以哪種方式溝通，另一位參與對話的人也會承擔溝通是否成功的責任。

3. **你的動機為何？**這絕對是想要被聽見和聽見其他人的話的關鍵。現今許多的人際關係在溝通的時候，都會不斷釐清對方到底是朋友還是敵人，是不是我的隊友，或值不值得信任。我們幾乎是不自覺地在做這件事，而不是單純聆聽對方所說的話，因此在許多情況由於過程被中斷了，我們就失去了被聽見的機會。在本書中我們已經多次討論過，有神經學的證據證實人腦面對挑戰深層信念的事實時，會刻意忽略或不予考慮該事實12。我們應當預期到這樣的反應，如果我們能學會區分所述的判斷和說話的人，會非常有幫助，因為假設能夠切割一個人的價值判斷——你可能喜歡也可能不喜歡這個人——我們就有辦法同時評估兩者，我們可以否定或認同說出來的話，可以否定或認同說話的人。這件事情並不容易，但我們認為在這個兩黨制的時代裡，能夠分辨兩者極為

重要。

舉例來說，我們預期一位第2元世界觀和第3元世界觀的人討論經濟議題時，情況如此：他們都認同因為新冠肺炎疫情的關係，至少在近期看來，經濟都會遭逢困頓。兩人都認同實際的問題：此危機中公衛部分的處理方式。

第2元世界觀的人認為重新開放就是罪過，來得太快太急了，但第3元世界觀則認為那種觀點離實情太遠了，不該相信。他認為經濟是復甦的關鍵，而我們必須意識到全國只有不到百分之五的人會因為這個病毒而生病，大多數人很快就會康復。他認為我們應該保衛上兆元的經濟損失，如同我們面對其他流行病時的處置方式。顯然，兩種對立的觀點都可以說是在攻擊對方深層的信念，抉擇的時刻就來臨了。

這兩人有沒有可能彼此認同最終的目標就是要重建國家策略，以解決醫療危機和經濟問題，來避免爭執呢？當然，這麼一來可能得要大幅重構他們的本能，才能不走最簡單的路、不要訴諸人身攻擊，但在大家的聲音都有機會被聽見的情況下，我曾經見過這個方法奏效，且結果也更加完善。選擇不斷盡力讓自己的聲音被聽見和傾聽他人，我們就能避免因為被誤解而產生無力和絕望感。我還要說，我從沒看過在這種對話之後，還會有不和平的情況，但我曾目睹過在達成真正的對話後，雙方承諾還要再這樣溝通的案例。

那麼，我們學到了什麼？

今日相互依賴的世界裡，最複雜的結點就是人類這個媒介。透過將視角往後拉以容納更多不同的起始點，而不要只看到自己，我們就能看見新的道路，將每個人與他們在乎的事物連結在一起。受到數十年來生物本能研究的啟發，我們透過原因模型，試圖將所學應用於增強同理心和解決龐大的問題，讓溝通過程中更能容納人的本能特質還有其運作的方式。在越來越複雜的市場及以數位溝通為主的領域裡，取得有用的資料再容易不過了。溝通的時候，我們可以策略性地融入使用基本特徵、心裡特性特徵和行為特徵等資料。先採取更複雜、仔細的方法將彼此當作獨立個體好好了解，再與他人交涉，我們就能有著更順遂的生活。明白道德制高點聽起來有多麼不合理，成功的文化就是需要採納各式各樣的觀點，這麼一來我們就更接近自己理想中國家的樣貌。如果事實證明這個不文明的世代只是悠久歷史之中短暫的失常，那就是因為我們找到了重視自己價值的方式，而不再拘泥於差異。

註釋

前言

1. Davide Castelvecchi, "Neutrinos Reveal Final Secret of Sun's Nuclear Fusion," Nature 583, no. 7814 (2020): 20–21, doi:10.1038/d41586-020-01908-2.
2. Arthur Stanley Eddington, The Internal Constitution of the Stars ((Cambridge, UK: Cambridge University Press, 1999).
3. Campbell Leaper, "More Similarities Than Differences in Contemporary Theories of Social Development?," Advances in Child Development and Behavior 40 (2011): 337–378, doi:10.1016/b978-0-12-386491-8.00009-8.
4. Robert D Putnam, Bowling Alone (New York, NY: Simon & Schuster, 2007).
5. Ibid.
6. Thomas L Friedman, Hot, Flat, and Crowded (New York: Farrar, Straus and Giroux, 2008).
7. "Adhocracy," English Wikipedia, 2020, https://en.wikipedia.org/wiki/Adhocracy.
8. Arnold P Goldstein and Norman Stein, Prescriptive Psychotherapies (New York: Pergamon, 1976).

第一章

1. Robert M. Sapolsky, Behave: The Biology of Humans at Our Best and Worst (New York: Penguin, 2017).
2. "ISI Foundation," 2020, https://www.isi.it/en/home.
3. Ibid.
4. Sapolsky, Behave.
5. "History of Microscopy—Timeline," Science Learning Hub, 2016, https://www.sciencelearn.org.nz/resources/1692-history-of-microscopy-timeline.
6. Ibid.
7. Daniel Kahneman, Thinking, Fast and Slow (New York: Farrar, Straus and Giroux, 2013).
8. Michael S Gazzaniga, Who's in Charge?: Free Will and the Science of the Brain (New York: Ecco, 2011).
9. Robert Wright, The Moral Animal (New York: Vintage Books, 1995).
10. Ibid.
11. Gazzaniga, The Ethical Brain.

12. "Nielsen Global Connect | Nielsen Global Media," Nielsen.Com, 2020, https://www.nielsen.com/us/en/.

13. Point Bleu Design, "The Evolution of the Coca Cola Slogans: Delicious and Refreshing," retrieved 2020 from pointbleudesign.com.

14. "An Introduction to Market Basket Analysis," Megaputer Intelligence, 2000, https://www.megaputer.com/introduction-to-market-basket-analysis/.

15. Simon Sinek, "How Great Leaders Inspire Action," Ted.Com, 2009, https://www.ted.com/talks/simon_sinek_how_great_leaders_inspire_action.

第二章

1. "Nielsen Global Connect | Nielsen Global Media," Nielsen.Com, 2020, https://www.nielsen.com/us/en/.

2. Jonathan Haidt, The Righteous Mind: Why Good People Are Divided by Politics and Religion (New York: Pantheon Books, 2013).

3. Jesse Graham, Jonathan Haidt, Sena Koleva, Matt Motyl, Ravi Iyer, Sean P. Wojcik, and Peter H. Ditto, Moral Foundations Theory: The Pragmatic Validity of Moral Pluralism (University of Southern California, New York University, University of Virginia, University of California, Irvine, 2014).

4. Ibid.

5. Ibid.

6. "Moral Foundations," Moral Foundations Theory, https://moralfoundations.org/.

7. Gary F. Marcus, The Birth of the Mind: How a Tiny Number of Genes Creates the Complexities of Human Thought (New York: Basic Books, 2004).

8. Graham et al., Moral Foundations Theory.

9. Haidt, The Righteous Mind.

10. Graham et al., Moral Foundations Theory.

11. Oliver Scott Curry, Matthew Jones Chesters, and Caspar J. Van Lissa, "Mapping Morality with a Compass: Testing the Theory of 'morality-as-cooperation' with a New Questionnaire," Journal of Research in Personality 78 (2019), doi:10.1016/j.jrp.2018.10.008).

12. Gary J. Lewis and Timothy C. Bates, "From Left to Right: How the Personality System Al- lows Basic Traits to Influence Politics via Characteristic Moral Adaptations," British Journal of Psychology 102, no. 3 (2011), doi:10.1111/j.2044-8295.2011.02016.x.

13. Allison Lehner Eden, The Influence of Moral Behaviors on Person Perception Processes: An MFRI Investigation, Michigan State University dissertation, 2011.

14. Marcelo R. Roxo et al., "The Limbic System Conception and Its Historical Evolution," Scien- tific World Journal 11 (2011), doi:10.1100/2011/157150.

15. Lisa Feldman Barrett and W. Kyle Simmons, "Interoceptive Predictions in the Brain," Nature Reviews Neuroscience 16, no. 7 (2015), doi:10.1038/nrn3950.

16. Joe O'Connell, "Researchers Pinpoint Epicenter of Brain's Predictive Ability," News@ Northeastern, Comments, June 2, 2015, accessed August 27, 2020, https://news.northeastern.edu/2015/06/02/researchers-pinpoint-epicenter-of-brains-predictive-ability/.

17. Barrett and Simmons, "Interoceptive Predictions in the Brain."

18. Jeremy Frimer, "Moral Foundations Dictionary," OSF, August 19, 2018, https://osf.io/2vpzu/.

19. Ibid.

第三章

1. Allison Lehner Eden, The Influence of Moral Behaviors on Person Perception Processes: An MFRI Investigation, Michigan State University dissertation, 2011.

2. Jesse Graham, Jonathan Haidt, Sena Koleva, Matt Motyl, Ravi Iyer, Sean P. Wojcik, & Peter H. Ditto, Moral Foundations Theory: The Pragmatic Validity of Moral Pluralism (University of Southern California, New York University, University of Virginia, University of California, Irvine, 2014).

3. Dan P. McAdams, "The Development of a Narrative Identity," Personality Psychology (1989), doi:10.1007/978-1-4684-0634-4_12.

4. Andrea V. Breen, Christine Scott, and Kate C. Mclean, "The 'Stuff' of Narrative Identity: Touring Big and Small Stories in Emerging Adults' Dorm Rooms," Qualitative Psychology (2019), doi:10.1037/qup0000158.

5. Robert Shiller, "Economics and the Human Instinct for Storytelling," Chicago Booth Review, May 8, 2017, https://review.chicagobooth.edu/economics/2017/article/economics-and-human-instinct-storytelling)

6. Jesse Graham, Jonathan Haidt, and Brian A. Nosek, "Liberals and Conservatives Rely on Dif- ferent Sets of Moral Foundations," Journal of Personality and Social Psychology 96, no. 5 (2009), doi:10.1037/a0015141.

第四章

1. Dana R. Carney et al., "The Secret Lives of Liberals and Conservatives: Personality Profiles, Interaction Styles, and the Things They Leave Behind," Political Psychology 29, no. 6 (2008), doi:10.1111/j.1467-9221.2008.00668.x.

2. Ece Sagel, "Age Differences in Moral Foundations Across Adolescence and Adulthood," thesis, 2015, http://etd.lib.metu.edu.tr/upload/12619122/index.pdf.

3. Cheryl Staats, "Understanding Implicit Bias—What Educators Should Know," American Educator, 2015.

4. Patricia G. Devine et al., "Long-Term Reduction in Implicit Race Bias: A Prejudice Habit-Breaking Intervention," Journal of Experimental Social Psychology 48, no. 6 (2012), doi:10.1016/j.jesp.2012.06.003.

5.　Walter S. Gilliam, PhD, et al., "Do Early Educators' Implicit Biases Regarding Sex and Race Relate to Behavior Expectations and Recommendations of Preschool Expulsions and Suspen- sions?," Yale Child Study Center, September 28, 2016, https://medicine.yale.edu/childstudy/zigler/publications/Preschool Implicit Bias Policy Brief_final_9_26_276766_5379_v1.pdf.

6.　Kimberlé Crenshaw, "Mapping the Margins: Intersectionality, Identity Politics, and Violence Against Women of Color," Stanford Law Review 43, no. 6 (1991), doi:10.2307/1229039.

7.　Angela Allan, "What 'Norma Rae' Understood About Unions and Racial Solidarity," Atlantic, March 2, 2019, https://www.theatlantic.com/entertainment/archive/2019/03/norma-rae-40th-anniversary-racial-solidarity-unions-labor-movement/583924/.

8.　Allison Lehner Eden, The Influence of Moral Behaviors on Person Perception Processes: An MFRI Investigation, Michigan State University dissertation, 2011.

9.　Jonathan Haidt, The Righteous Mind: Why Good People Are Divided by Politics and Religion (New York: Pantheon Books, 2013).

第五章

1.　"U.S. Census Bureau QuickFacts: United States," Census Bureau QuickFacts, https://www.census.gov/quickfacts/fact/table/US/PST045219.

2.　Vincent Canby, "The Screen: 'Patton: Salute to Rebel'," New York Times, February 5, 1970.

第六章

1.　Tiffany Green, "Forrest Gump Facts No One Saw Coming," Collider, July 20, 2020, https:// collider.com/galleries/forrest-gump-behind-the-scenes-facts/).

2.　Bill Keveney, "How Lovable 'Big Bang Theory' Pals Matured (Well, Not Always) over the Show's 12 Seasons," USA Today, May 8, 2019, https://www.usatoday.com/story/life/tv/2019/05/08/thebigbangtheory-chuck-lorre-actors-praise-character-evolution/1126047001/.

第七章

1.　Erving Goffman, The Presentation of Self in Everyday Life (New York: Anchor Books, 1959).

2.　Ibid.

3.　"Motivational Educational Entertainment," MEE Productions, https://www.meeproductions.com/.

4.　Ibid.

5. A. Tversky and D. Kahneman, "The Framing of Decisions and the Psychology of Choice," Science 211, no. 4481 (1981), doi:10.1126/science.7455683.

6. Ibid.

7. Richard H. Thaler and Cass R. Sunstein, Nudge: Improving Decisions about Health, Wealth, and Happiness (London: Penguin Books, 2009).

8. Cass R. Sunstein and Richard Thaler, Elizabeth Kolbert, and Jerome Groopman, "The Two Friends Who Changed How We Think About How We Think," New Yorker, December 7, 2016, https://www.newyorker.com/books/page-turner/the-two-friends-who-changed-how-we-think-about-how-we-think.

9. Ibid.

10. David Brooks, "Five Lies Our Culture Tells," New York Times, April 15, 2019, https://www.nytimes.com/2019/04/15/opinion/cultural-revolution-meritocracy.html.

11. Shalom H. Schwartz, "An Overview of the Schwartz Theory of Basic Values," Online Readings in Psychology and Culture 2, no. 1 (2012), doi:10.9707/2307-0919.1116.

12. Erik Lundegaard, "Truth, Justice and (Fill in the Blank)," New York Times, June 30, 2006, https://www.nytimes.com/2006/06/30/opinion/30lundegaard.html.

13. G. Feldman, "Personal Values and Moral Foundations: Towards an Integrated Perspective by Examining Meaning, Structure, and Relations," DOI: 10.13140/RG.2.2.32570.49600/1.

14. Schwartz, "An Overview of the Schwartz Theory."

15. Ibid.

16. Feldman, "Personal Values and Moral Foundations."

第九章

1. Jonathan Haidt, The Righteous Mind: Why Good People Are Divided by Politics and Religion (New York: Pantheon Books, 2013).

2. Donelson R. Forsyth, Group Dynamics (Belmont, CA: Wadsworth Cengage Learning, 2014).

3. Steve Stoute and Mim Eichler Rivas, The Tanning of America: How Hip-Hop Created a Culture That Rewrote the Rules of the New Economy (New York: Gotham Books, 2012).

4. Jonas T. Kaplan, Sarah I. Gimbel, and Sam Harris, "Neural Correlates of Maintaining One's Political Beliefs in the Face of Counterevidence," Scientific Reports 6, no. 1 (2016), doi:10.1038/srep39589.

5. Lisa F Barrett, Nathan L. Williams, and Geoffrey T. Fong. "Manual for the Defensive Verbal Behavior Ratings Scale," Interdisciplinary Affective Science Laboratory, 2002. https://www.affective-science.org/pubs/2002/FBWilliamsFong2002.pdf.

6. George Lakoff, "Why Trump?," March 03, 2016, https://georgelakoff.com/2016/03/02/why-trump/.

7. Ibid.

第十章

1. Karen Page Winterich, Yinlong Zhang, and Vikas Mittal, "How Political Identity and Char- ity Positioning Increase Donations: Insights from Moral Foundations Theory," International Journal of Research in Marketing 29, no. 4 (2012), doi:10.1016/j.ijresmar.2012.05.002.

2. Karen Page Winterich, Vikas Mittal, and Karl Aquino, "When Does Recognition Increase Charitable Behavior? Toward a Moral Identity–Based Model," Journal of Marketing 77, no. 3 (2013), doi:10.1509/jm.11.0477.

3. Zach Morrow, "Guilt Appeals in Nonprofit Marketing: How to Do It Right," The RoundUp App: Donate Your Change to a Nonprofit, https://roundupapp.com/guilt-appeal-fundraising/.

4. "Which Came First: Nike's Cortez or Onitsuka Tiger's Corsair?" Sneaker Freaker, https:// www.sneakerfreaker.com/features/which-came-first-nikes-cortez-or-onitsuka-tigers-corsair.

5. Douglas C. Mcgill, "Nike Is Bounding Past Reebok," New York Times, July 11, 1989, https:// www.nytimes.com/1989/07/11/business/nike-is-bounding-past-reebok.html.

6. Anwar Majda, "26 Statistics on Why You Should Consider Omni Channel Marketing," Busi- ness 2 Community, January 26, 2017,https://www.business2community.com/marketing/26-statistics-consider-omni-channel-marketing-01765352.

第十一章

1. "The Discovery of Global Warming," Global Warming Timeline, January 2020, https:// history.aip.org/history/climate/timeline.htm.

2. "National Cancer Act of 1971," National Cancer Institute, https://www.cancer.gov/about-nci/overview/history/national-cancer-act-1971.

3. "The Origins of EPA," Environmental Protection Agency, https://www.epa.gov/history/origins-epa.

4. Dominik Stecula and Eric Merkley, "An Inconvenient Truth About An Inconvenient Truth," Conversation, https://theconversation.com/an-inconvenient-truth-about-an-inconvenient-truth-81799.

5. Ibid.

6. Dana Goldstein, "Two States. Eight Textbooks. Two American Stories," New York Times, January 12, 2020, https://www.nytimes.com/interactive/2020/01/12/

us/texas-vs-california-history-textbooks.html.

第十二章

1. Civility in America—A Nationwide Study, Weber Shandwick, 2010, https://www.webershand wick.com/uploads/news/files/Civility_2010_SocialMediaImplications.pdf.

2. Civility in America 2018: Civility at Work and in Our Public Squares, Weber Shandwick / Powell Tate / KRC Research, 2018, https://www.webershandwick.com/wp-content/uploads/2018/06/Civility-in-America-VII-FINAL.pdf.

3. Jonathan Haidt and Marc J. Hetherington, "Look How Far We've Come Apart," New York Times, September 18, 2012, https://campaignstops.blogs.nytimes.com/2012/09/17/look-how-far-wevecomeapart/?mtrref=undefined&gwh=C6493 1A1E8E44EAE92AF8E012EE3EB8 D&gwt=pay&assetType=REGIWALL.

4. Robert D Putnam, Bowling Alone (New York, NY: Simon & Schuster, 2007).

5. James Fallows, "First Bowling Alone, Now Vaulting Together," Atlantic, March 15, 2015, https://www.theatlantic.com/national/archive/2014/09/first-bowling-alone-now-vaulting-together/380481/.

6. "Motivational Educational Entertainment," MEE Productions, https://www.meeproductions.com/.

7. Thomas L. Friedman, "Where American Politics Can Still Work: From the Bottom Up," New York Times, July 3, 2018, https://www.nytimes.com/2018/07/03/opinion/community-revitalization-lancaster.html.

8. Ann Abel, "The 10 Coolest U.S. Cities to Visit in 2018," Forbes, February 26, 2018, https://www.forbes.com/sites/annabel/2018/02/26/the-10-coolest-u-s-cities-to-visit-in-2018/#5bc95197663b.

9. Friedman, "Where American Politics Can Still Work."

10. Ibid.

11. Emily Ekins, "New Poll: 62% Say the Political Climate Prevents Them from Sharing Political Views," Cato Institute, July 22, 2020, https://www.cato.org/blog/poll-62-americans-say-they-have-political-views-theyre-afraid-share.

12. Jonas T. Kaplan, Sarah I. Gimbel, and Sam Harris, "Neural Correlates of Maintaining One's Political Beliefs in the Face of Counterevidence," Scientific Reports 6, no. 1 (2016), doi:10.1038/srep39589.

國家圖書館出版品預行編目資料

預知為什麼：用全新模型搞懂人類行事的原因，並在行銷、市
調、溝通、群眾運動上觸及更廣泛的群眾/鮑布.雷里(Bob Raleigh)
著；紀揚今譯.-- 初版. -- 臺北市 : 遠流出版事業股份有限公司,
2023.12
    面；　公分
譯自 : The search for why : a revolutionary new model for understanding
others, improving communication, and healing division.
ISBN 978-626-361-391-1(平裝)

1.CST: 動機 2.CST: 人類行為 3.CST: 行為心理學

176.85   112018544

預知為什麼

預知為什麼：用全新模型搞懂人類行事的原因，並在行銷、市調、溝通、群眾運動
上觸及更廣泛的群眾
THE SEARCH FOR WHY: a Revolutionary Model for Understanding Others, Improving
Communication, and Healing Division

作　　　者　鮑布·雷里 Bob Raleigh

譯　　　者　紀揚今

行 銷 企 畫　劉妍伶

責 任 編 輯　陳希林

封 面 設 計　周家瑤

內 文 構 成　6 宅貓

發 　行 　人　王榮文

出 版 發 行　遠流出版事業股份有限公司

　　　　　　地址 104005 臺北市中山區中山北路 1 段 11 號 13 樓

　　　　　　電話 02-2571-0297

　　　　　　傳真 02-2571-0197

　　　　　　郵撥 0189456-1

著作權顧問　蕭雄淋律師

2023 年 12 月 01 日 初版一刷

定　　　價　平裝新台幣 399 元（如有缺頁或破損，請寄回更換）

有著作權 · 侵害必究 Printed in Taiwan

ISBN 978-626-361-391-1

ylib 遠流博識網 http://www.ylib.com E-mail: ylib@ylib.com